JN114789

イギリス大学制度成立史

国家と大学のダイナミズム

The History of British University System:
The Dynamism of the Relationship between the State and Universities

山崎智子
Yamazaki Tomoko

東信堂

はしがき

　近代国家における大学とはいかなる性質を持ち、いかなる役割を果たすものであるのか。日本では近年、大学設置基準の大綱化（1991年）、専門職学位課程（専門職大学院）の創設（2003年）、国立大学の法人化（2004年）、専門職大学の創設（2019年）、大学入学共通テストの導入（2021年）など、大学改革が断続的に実行されている。こうした改革に伴い、学生は職業生活に向けて大学で何をどの程度準備する必要があるか、役に立つ知識を学ぶべきか、役に立つ知識とはそもそも何か、など、大学の役割そのものが問われている。同時に、大学の研究はどうあるべきか、学問の自由や大学の自治はどこまで尊重されるべきなのか、大学は国家に対してどのように、どの程度寄与すべきなのかということも問われている。大学が公教育制度の一端を担っている以上、国家との関係性を抜きに大学を理解することはできない。

　イギリスでもっとも伝統あるオックスフォード大学とケンブリッジ大学は中世に誕生した。大学が近代国家成立前から続く、ある意味では国家を超越したものとして存在していたがゆえに、教育制度としての大学という視点が重視されなかったという研究状況がある。大学史研究には豊かな蓄積がある一方で、国家との関わりにおいて大学を把握しようとする研究は限られたものとなった。それにもかかわらず、そしてそうであるからこそ、イギリス、特にイングランドは、国家と大学の理想的な関係がかつて存在した国として一般的には認識されてきた。それは、国家が大学に対して財政的な援助を行っても統制は行わない（「援助すれども統制せず（support but no control/support without control）」）という、特に大学にとって理想的といえる関係である。

　この認識は日本においてのみならず、イギリスの国家と大学の関係について論じたアメリカのバーダールの研究がイギリスでも通説として扱われてきたことにも表れているように、広く共有されてきたものである。それゆえに、サッチャー政権下での1988年教育改革法以降、国家が大学への関与を強め

たことに対して、強い反発が起きたのであった。しかしこの通説は本当にイギリスにおける国家と大学の関係を的確に言い表したものなのであろうか。

　本書は、大学を公教育制度成立史の中に位置づけながら、問い直そうとするものである。19世紀末・20世紀初頭のイギリスにおける大学制度の成立過程にまでさかのぼりつつ、そこでの国家と大学のダイナミズムを明らかにすることによって、近代国家における大学の性質と役割について考察する。

　イギリスを歴史的に研究することの意義は二つある。一つ目の意義は、イギリスという国の教育制度の特質に関係している。イギリスにおいては、その歴史を通じて複雑で難解な教育制度を形作ってきた。イギリスの教育、特に大学を理解するためには、その歴史についての理解が必要不可欠である。もう一つの意義は、この時代そのものの重要性である。19世紀末から20世紀にかけて、イングランドにおいて中世的な神学校の流れを汲む大学ではない、近代的な大学が設立された。近代的な大学は、教会と距離を置いて世俗的な機関として設立され、発展していった。その中で、科学をどう位置づけるか、また国家（場合によっては地方自治体）との関係をどう結んでいくかが大学にとって重要な課題として浮かび上がった。その過程において、大学と大学ではないものを隔てるものは何かの線引きがなされ、大学とは何かが問い直された。国家と大学の関係を問うには、この時代を研究することが不可欠である。

　本書では一見それぞれが独立しているようにも見える、各都市における新興の高等教育機関の設立、国庫補助金運動、大学昇格といった一連の出来事を、制度という視点から包括的に捉えなおし、プロセスを重視しながら検討していく。なお、大学の制度化の過程は、同時代の産業と教育との関係や、専門職団体などとの関係、国家における宗教の位置づけの変化、既存の大学の改革、当時のイギリス国家の態様の変化など、外部の様々な動きとともに、時にはその影響も受けながら進んでいったものである。そうした動きを考慮に入れつつも、本書においては、制度化の過程においてもっとも重要な役割を担った、国家（中央政府）と政府委員会、そして大学という三者の緊張関係に特に注目しながら検討する。

　つまり、本書はイギリス（イングランド）を対象とした歴史的研究でありつつも、現代的な教育課題を念頭に置きながら検討するというものである。当時のイギリスの大学についての知見がそのまま現代の日本の大学問題にあてはめられるわけでは無論ないが、それでも大学と国家のあり方についての議論には共通点もあり、大学とは何かという問いに対して、一定の示唆を与えてくれるであろう。

目次／イギリス大学制度成立史——国家と大学のダイナミズム

イギリス大学制度成立史
——国家と大学のダイナミズム

序　章

1. 研究の目的

　中世以降19世紀に至るまで、イングランドにおいて「大学 (university)」といえばオックスフォード大学とケンブリッジ大学を指し、両校の寡占状態が長く続いた。11世紀に設立されたといわれているオックスフォード大学と、1209年にオックスフォードから移動してきた者たちによって設立されたケンブリッジ大学は、イングランドにおいて絶対的な地位を保持してきた。スコットランドでは15世紀以降、またアメリカでは植民地時代から大学等の高等教育機関が次々と設立されたのに対して、イングランドでは19世紀に入ってはじめて、ロンドンや各地方都市に新たな高等教育機関が設立されていくこととなる。そうした歴史的経緯もあって、イングランドの大学のモデルはオックスブリッジ[1]であり、19世紀にイングランド各地で設立された新興の高等教育機関は、両大学の影響を強く受けたと理解されてきた[2]。オックスブリッジが長い歴史の中で築き上げてきた自治権は、後発の高等教育機関にも引き継がれ、一般的にイギリスの大学は自律性が高いとみなされてきた。そしてその自律性ゆえに、イギリスの高等教育史研究においては、以下の二点が強調されてきた。

　まずは、各大学が高い独立性を保持しており、それゆえに制度化が遅れたという主張である。例えばサイモン (E. Simon) は、「大学の独立性と責務 (responsibility) は、大学自身によってだけではなく、公衆 (the public) や政府によって、欠くことができないものであると常にみなされている[3]」と評し、その

独立性の高さゆえに「イギリス (Britain) においては大学『制度 (system)』はない[4]」と述べた。シャトック (Shattock) も、サイモンを引用しながら、イングランドにおいて大学は 20 世紀半ばまで——ロビンズ委員会が組織される 1961 年頃まで——制度化されていなかったと主張した[5]。

　もう一つの通説的見解は、イギリスの大学には「援助すれども統制せず (support without control / support but no control)」という原則が存在し、大学の財政がたとえそのほとんどを国庫に依存したとしても、大学自治は十分に保護されてきた、というものである。そして、それを可能にするものとして、大学補助金委員会 (University Grants Committee、以下 UGC) の存在が鍵だと考えられてきた。1919 年に設立された UGC は、大学に対する補助金配分の諸決定を行う機関であった。それは大学関係者によって構成され、大蔵省が管轄しており、政府から一定の距離を保って活動することが可能であったため、大学に対する国家の介入というよりは、国家と大学の「緩衝装置 (buffer)」とみなされてきた。大蔵省は、教育に直接的に関係しない省庁であるがゆえに大学に口出しをする恐れがなく、干渉する恐れがある教育関係の省庁よりも望ましいと考えられたのである。大学と国家の関係について体系的に考察したバーダール (Berdahl) は UGC を「国家のニーズと大学の自治という対立する要求を調和するのに可能な限りの良い方法[6]」であると高く評価し、UGC のような「緩衝装置」が存在するがゆえに、イギリスにおいては国家 (State)[7] あるいは中央政府 (central government) の高等教育への影響力はそれほど強いものではなかったと主張した。このようなバーダールの UGC ＝「善意のエージェンシー (benign agency)[8]」という評価は広く受け入れられている。UGC を国家と大学との理想的な関係を体現するものであるとみなし、その性格は前身の補助金諮問委員会から引き継がれたものであるとするバーダールの研究は、多くの論者が参照する「権威ある (authoritative)[9]」ものであり、広く支持されてきた[10]。日本においてもこの説は受け入れられており、「援助すれども統制せず」と表現されてきた。

　1979 年に『日本における大学自治制度の成立』を出版した寺﨑昌男は、バーダールの研究を、純粋な歴史研究[11]というよりは、「大学の自治の歴史を、

現代における課題との関連において、しかも組織的体系的に再検討[12]」する研究として位置づけている。氏はバーダールの研究について、以下のように指摘している。

> 「アメリカの政治学者であるバーダールは、アメリカの大学が、いわゆる『科学競争の時代』の到来とともに、従来のように州政府に対してではなく、連邦政府＝国家との間の新しい関係に入りつつある、両者の関係についての科学的な洞察が要請されているとの見地から、その洞察のための示唆を求めるという姿勢のもとに、一二世紀以来のイギリスにおける国家と大学の歴史的関係を（主として公刊文書によってであるが）通観している。…。これらの研究[13]は、かつてカウフマン、ラシドール、デイルセ等が中世大学を対象に行ったような純粋な歴史叙述そのものではなく、むしろ大学の自治の現代的課題解決の一方法としての歴史的再整理という性格をもち、その問題意識も多様ではある。しかし、その方法の厳密さと、分析的な歴史記述の点において、多くの示唆を与えるものであった[14]。」

　寺﨑が指摘するように、バーダールの研究は、国家と大学の歴史的関係をモチーフにしながら、イギリスにおける大学の自治を捉えようとするものであった。

　また、緩衝装置としてのUGCの基本的な性格は、1889年にUGCの前身にあたる諮問委員会が設置された時から変わらないものであると一般的に評価されてきた[15]。UGCの「援助すれども統制せず」の原則は、日本の私学助成理念の支柱としても用いられた[16]ために、日本の教育学研究の中でも通説として広く知られてきたといえる。また、これまでの研究の特徴として、国家―大学関係は補助金問題に集約されるとするものがほとんどであったことが挙げられる。

　その一方で、近年はこうした通説的な国家―大学関係理解とは異なった研究もみられるようになっている。例えばヴァーノン（Vernon）は、1830年頃か

ら 1939 年頃までの通史を叙述することによって、バーダールとは異なる国家—大学間の関係を描いた。氏の中心的関心事は、1830 年以降、オックスブリッジ改革やロンドン大学 (University of London) の設立、そして市民大学 (civic universities)[17] の設立を通じた「近代的な大学システム (modern university system)」の発展であり、国家の役割の重要性は、戦間期以降、第二次世界大戦が勃発する頃になって広く認識されるようになったと結論づけている。国庫補助金に関しては、国家が、後に UGC 設立につながる 1889 年の大学補助金交付開始以降、大学・カレッジに対して強い影響力を持っていたと主張し、高等教育制度に対する国家の影響力についてバーダールとは異なった見解を示した[18]。

アンダーソン (Anderson) は、1914 年までに大学が「国家的大学システムの諸要素[19]」を有するようになったと評価している。とはいえ、その「諸要素」とは何を指すのかを明示してはいない。ロウ (Lowe) も、政府が国庫補助金の監督に強い関心を示したことを指摘している[20]。こうした研究状況にもかかわらず、日本におけるイギリス高等教育史研究では、国家と大学の関係について真剣に論じられてこなかった。

歴史学者の村岡健次は、日本におけるイギリス教育史研究の特徴を以下のように捉えている。

「終戦から一九七〇年代にかけて、わが国に根付いた西洋教育史研究は、イギリスを対象としたものも含めて、教育哲学に収斂する理念史であるか法制に収斂する制度史であるかのいずれかで、これら以外の視角はほとんど持ち合わさなかった。…。…理念や制度・政策を研究するにしても、まず何よりも教育を人間ないし人間社会の現実の営みとして捉え、これを政治・社会・文化を含む客観的な歴史の総体のなかに位置づけるという視角はほとんど欠落することになったのであった[21]。」

その上で、氏は、当時のイギリスの教育・科学・技術・プロフェッションにおける、「ジェントルマン支配とその文化[22]」の影響力の大きさを論じた。確かにこうした視角は、当時のイギリス社会を知る上で非常に重要なもので

ある。本研究は、あえて国家と大学との関係に焦点化して論じていくこととしたい。なぜならば、繰り返しになるが、市民の台頭によって高等教育にもたらされた変化について言及した研究には一定の蓄積がある一方で、同時期の国家と大学との関係については十分に検討されていないという研究状況があるためである。

　村岡の研究は、医師や薬剤師、技術者などのプロフェッションにも及んでいる。

　　「…総じてヴィクトリア時代のイギリスにおいては、教養主義と『実地の経験』というアマチュアリズムが国民文化の本質を形成していたのであって、それゆえ工業化の拡大がプロフェッショナリズム、すなわち専門知識とそれにもとづく思考様式を社会の全面にわたって要請するようになっていったとき、両者の衝突を通じて、そこにこの国に独自な文化史上の諸問題が、つぎつぎと提起されざるをえなかったのである[23]。」

　その中でも医師法（1858年）の制定過程の分析を通じた、当時の自由放任（レッセフェール）と国家干渉についての論考は本研究の問題意識ともかかわって、非常に興味深い。「プライヴェイトな領域での不正規医、偽医者の医療行為を認めることで伝統的な医業自由の原則を貫く一方、公的な領域での医療行為は、これを登録した正規医の特権として保証していくというものであり、その実態は、自由放任と国家干渉のみごとな『ヴィクトリア的妥協』であった[24]」という氏の指摘は、本研究で検討課題の一つとなる、高等教育における公と私の領域についての考察に有益な示唆を与えてくれる[25]。なお、プロフェッションの確立に際しては、村岡が指摘したように資格付与団体の存在が重要な要素となるが、高等教育分野ではそうしたものに加えて、国庫補助金の存在が大きいと考えられるため、本研究は国庫補助金に特に注目して論を進めていくこととなるであろう。

　本研究は19世紀に一連の高等教育機関が設立されたことを契機として発展していく国家と大学（高等教育機関）との関係を、特に地方都市に設立され

たいわゆる「市民大学」をめぐる動きに注目しながら検討することを目的とする。バーダールに対する有力な対抗仮説を提示したヴァーノンはオックスブリッジ、ロンドン大学、市民大学それぞれについて述べているが、本研究が特に市民大学に注目する理由としては、国庫補助金交付運動や市民カレッジの大学昇格など、「新たな高等教育機関」をめぐる動きが国家と大学の関係を形作る上で重要な役割を担ったという意味で、市民大学の動きを軸にしながら検討することが最も効果的だといえるからである。

2. 19-20 世紀初頭イングランド高等教育の歴史的展開

中世以降イングランドにおいてはオックスフォードとケンブリッジ以外の大学が存在しなかったことは先に述べた通りである。両大学は(他の多くのヨーロッパの中世大学と同じように)神学校として出発し、神学と密接な関わりを持つ機関であった。入学に際してもいわゆる「イングランド国教会 39 箇条」の宣誓が必須とされたために、国教徒以外の者は大学からは排除され、スコットランドなどイングランド外の大学で学ぶよりほかなかった。このようなオックスブリッジの教育に対抗する目的で作られたのが 1826 年のユニヴァーシティ・カレッジ・ロンドン (University College, London: UCL[26]) である。UCL は 1826 年にブルーム (Henry Brougham) やキャンベル (Thomas Campbell) などが中心となり、国教会に属さない者(非国教徒)のために設立された[27]。一方、国教会とトーリー党が中心になり、UCL に対抗する目的で 1829 年にキングス・カレッジ・ロンドン (King's College, London) が設立された。大学(高等教育機関)が学位を授与するには、そのための勅許状 (Royal Charter)[28] を得る必要があったが、国教会からの乖離を目指して作られた UCL はもちろん[29]、キングス・カレッジも学位授与権は与えられていなかった。その解決策として、1836 年に「政府のとりなし[30]」で「既存の 2 つの教育機関はそのまま存続させ、同時に両者の学生と、以後政府によって資格を認められる教育機関の学生に学位を授ける機関として[31]」ロンドン大学が設立された[32]。ロンドン大学は、「受験料で維持される試験委員会以上の何ものでもなかった[33]」と評価さ

れている。一方、イングランド北部のダラムにおいては、国教会が中心となり、1832 年に「ダラムの首席司祭と聖堂参事会に教会と関連した大学の設置を許可する法律 (an Act to enable the Dean and Chapter of Durham to appropriate part of the property of their church to the establishment of a University in connection therewith)」によってダラム大学が設立された。

　1850 年代以降になると、各地方都市に新興の高等教育機関が次々と設立されていく。これが本研究において中心的な検討対象となる「市民大学」である[34]。市民大学は、主に地域の産業発展を目指す私的なカレッジとして作られ、ある程度カレッジとしての実績を積んだ後に大学へと昇格した[35]。地域の産業に応える目的で作られたという経緯から、各カレッジは実学的な教育や技術・専門職教育 (technical and professional education) を志向していた。市民大学は、大学としての設立年によって、旧市民大学 (1900 年代に設立された 6 大学) と新市民大学 (1920 年代から 1950 年代までに大学昇格) に分類される[36]。

　カレッジとは、語源はラテン語の collegium であるが、イングランドにおいて「カレッジ」が具体的に何を指すのかについては、実は多様である。例えば、オックスブリッジのカレッジは、学寮とも訳され、教員や学生が生活を共にしながら学ぶ場を指し、本研究において研究の主な対象となるロンドンや地方都市に設立された新興のカレッジの名称に見られるそれは、学位授与は行うことができない (通学制の) 高等教育機関を指す。前者も後者もそれ自体で学位授与を行わない (学位授与権がない) 点では共通している。他にも、例えば名門校として名高いイートン校は中等教育機関であるが、名称は「イートン・カレッジ」であり、カレッジという名称が中等教育機関にも使用されるものであることがわかる。

　一方、ユニヴァーシティ (大学) は、学位授与権を持つ機関を指す。本論で詳述するように、一連の市民大学が設立されるまで、イングランドの大学はすべて試験と学位授与を専らとする「連合 (制) 大学 (federal university)」であった (オックスブリッジ、ダラム大学、ロンドン大学、ヴィクトリア大学) という特徴がある[37]。なお、オックスブリッジの「大学」については、カレッジとの対比を明確にするために全学 (組織) と訳されることもある[38]。本研究において

は基本的にユニヴァーシティを「大学」と訳しているが、文脈に応じて、「全学」と訳している箇所もある。

地方都市に設立された新興の高等教育機関は 1884 年に国庫補助金獲得運動を開始し、この運動に応える形で、大蔵省は 1889 年に諮問委員会を設置して国庫補助金交付を決定した。その後 1896 年には各カレッジへの視察 (inspection) が開始された。本論での分析を先取りしていうと、この当時の補助金交付は、①大蔵省覚書にて大蔵大臣が視察者を任命、②視察者が大学を視察し報告書を提出、③大蔵省にて大蔵大臣が諮問委員会を任命、④諮問委員会が②で提出された報告書をもとに補助金交付額を勧告、⑤大蔵省覚書にて補助金交付額が決定、という手順を踏んでなされている。

補助金額は、1889 年開始当初は 12 機関に対して合計 £15,000 であったものの、1903 年には 14 機関に対して合計 £27,000、1904 年には同じく 14 機関に対して合計 £54,000、1905 年には £89,000、1919 年には £1,000,000、というように増額していった。各大学・カレッジにとっては、当初は全体予算の一部を賄うにすぎなかった（といっても財政的に困窮していたカレッジにとっては必要不可欠でもあった）国庫補助金は、徐々に大学・カレッジ財政の主たる部分を担うようになっていく[39]。

国庫補助金交付の開始は 1889 年のことであったが、同年の「1889 年技術教育法（Technical Instruction Act）」により、カウンティカウンシルが技術教育のための地方税を課すことが出来るようになった[40]。続いて 1890 年地方税法（Local Taxation Act）が施行され、ウィスキーに課された税金の一部を技術教育や中等教育に充てることができるようになった。これを通称ウィスキーマネー（Whisky Money）という。ウィスキーマネーは各自治体に課された義務ではなかったが、ほとんどすべての自治体が導入したといわれている[41]。これらの法律により、各市民カレッジは地方自治体からも財政的な援助を受けるようになった。

国庫補助金も一様ではなく、様々な省庁がそれぞれの目的に沿った補助金を交付するようになっていった。1919 年に UGC が作られる直前には、大蔵省の「大学補助金」の他に、教育院の「教員養成補助金」と「技術教育補助金」、

農漁業院の「農業教育補助金」などが存在していた[42]。こうした多様な補助金は1919年UGC設立時に「大学補助金」に統合され、以後「大学補助金」は各大学の財源の多くを占めるようになっていった。

3. 先行研究

　問題関心でも述べたように、イギリス高等教育史研究においては、国家に対する大学の独立性の高さを強調するバーダールの通説が長らく支配的であった。そうした国家―大学関係の理解は、大学には「制度」は1960年代までなかったというシャトックらの見解とも通じるものであった。一方、ヴァーノンは国家が大学に関与したという歴史的事実をもって通説に反論し、国家―大学関係像に新たな視点をもたらした。ヴァーノンの強調点としては、1919年UGC設立以前にも国家が積極的な役割を担ってきたこと、そしてUGCの設立は、オックスブリッジの理念に代表される伝統的な価値観の勝利（triumph）を示すものであったこと等が挙げられる。後者は国内外の教育史研究において指摘されてきた[43]ことでもあり、ヴァーノンの国家―大学関係に関する通説への対抗的見解は、とりもなおさず、イギリス大学史研究において自明視されてきたオックスブリッジの影響力の強さに関するもう一つの通説を補強するものになっている。

　言い換えるならば、これまでのイギリス高等教育史研究には、主に二つの軸があった。一つは、国家と大学の関係において大学の独立性をどのようなものとして捉えるか、という軸である。もう一つは、オックスブリッジがイギリス高等教育においてどの程度までモデルとして強固であったか、という軸である。バーダールやシン（Shinn）やシャトック、そして日本の馬場や兵頭[44]らは、オックスブリッジの影響力については特段の注意を払っていないが、大学の独立性はUGCが大蔵省管轄下に置かれたことで確固たるものになったとみなした。一方、ヴァーノンやロウ、アンダーソンらは、国家が大学に関与し、大学制度を作り上げる際に、オックスブリッジがモデルとされたとみなしている。その他、日本におけるイギリス高等教育史研究におい

ては、大学の独立性の高さとオックスブリッジの存在感が同根のものとして捉えられているといえる。本研究の問題関心は、教育システムの一部としての大学を、特に新興の高等教育機関に対する補助金交付や勅許状交付の分析を通じて再検討することにある。

こうした先行研究の大きな見取り図にもとづきながら、以下では19世紀末から20世紀初頭にかけてのイギリス高等教育研究を三つのトピックに分けてそれぞれ検討する。

3.1. 新興の高等教育機関に関する研究動向

19世紀後半から20世紀初頭にかけての新興の高等教育機関、特に市民大学の発展に関する様々な議論は、主に、①そうした高等教育機関の設立の意義とは何か、②オックスブリッジ流の教養教育（liberal education）は市民大学の教育に影響を与えたか否か、③技術・専門職教育が浸透したか否か、④国庫補助金交付開始はどのように評価できるか、についての研究の中に見出すことができる。

まず、①新たに地方都市に設立された高等教育機関の意義としては、多様な視点で評価されてきた。まずは、産業都市に設立されたという点である。新たな高等教育機関が設立された場所は、例えばマンチェスターやバーミンガムなど、科学技術の発展に伴って産業が活性化した地方都市であった。それまでは、オックスブリッジやロンドンなど、産業都市とは離れたところに大学があったために、産業と大学の関係は物理的に遠かった。しかし、各産業都市にカレッジや大学が設立されたことで、高等教育が地理的に拡大したのであった[45]。新たな高等教育機関は、その都市の産業のニーズに見合う実学を提供するようになったという点でも革新的であった。併せて、こうした機関においては、医学も重要な領域だとみなされた。伝統的にイングランドにおいては、古典人文学を中心とした教養教育が大学教育の中心であった[46]が、新興の教育機関においてはカリキュラムの拡大がみられたのである[47]。これらの意義に加えて、高等教育進学者層の拡大に大きな役割を担ったことも評価されてきた。例えば、非国教徒をイングランドで初めて受け入れたの

はロンドンの UCL であったが、各地方都市の市民カレッジにおいても、宗教は不問とされた[48]。市民カレッジは女子教育の拡大にも寄与したといわれている[49]。また、中産階級の高等教育機会の拡大という点でも、役割を担ってきた[50]。

　次に②と③についてである。世紀転換期のイングランドにおける、オックスフォード大学・ケンブリッジ大学の教育理念である教養教育と、新興の「市民大学／カレッジ」において発展しつつあった技術・専門職教育との相克は、さまざまな先行研究において論じられてきた。ここでは教養教育をめぐる議論と、技術・専門職教育をめぐる議論に分けて整理していきたい。

　まず、②として挙げた教養教育をめぐる議論に関しては、市民カレッジの教育が、大学へと昇格する 20 世紀初頭にかけてオックスブリッジ型のそれに近いものになっていったことが先行研究では指摘されている。例えば、ロウは、「ユニヴァーシティ・カレッジは『技術』モデルから離脱して、オックスブリッジのカレッジのモデルに同化することを望み、このため『人文的』学問と応用的学問との間にくさびを打ち込んだ[51]」と述べ、大学昇格以前からオックスブリッジへの同化が始まったとしている。一方でロウは別の論考で、「新たに勅許状を得た都市大学は、二十世紀の最初の十年間に高等教育機関としての確固とした地位を確立するとともに、徐々にカリキュラムのアンバランスの矯正に着手し始めた。要するに、都市大学は、その設立を正当化する根拠に使われ、いまや満開となった『科学主義』から、オックスフォード大学およびケンブリッジ大学という『規範的教育機関』へと退却したのであった[52]」と指摘し、大学昇格後にオックスブリッジ型の教育を拡大させたのだともしている。それゆえに、氏がいつから市民カレッジの教育に変化が生じたと評価しているのかについては、厳密ではない。また、安原は、「オックスブリッジ流の教養教育理念に沿ったカリキュラムをその一部に取り入れない限り、科学・技術教育に力点を置き地元産業界との密接なつながりをもつ新興の市民カレッジが大学への昇格を果たすことは困難であった[53]」と述べ、大学昇格時、つまり 1900 年代に教養教育が要求されたことを指摘している。バーンズ（Barnes）は、19 世紀末から 20 世紀初頭にかけての高等教育

の発展について、①特に専門職教育に関する大学の社会的役割の変化、②ア
カデミックキャリアそのものの専門職化、③特に財政に関して国家が重要な
役割を担う高等教育の国家システムの出現、④そのシステム内におけるオッ
クスブリッジの優位性の根強さ、⑤20世紀の都市の衰退、という5つの要
素を挙げ、高等教育の国家システムが出現してもなおオックスブリッジの理
念が強固であったと主張した[54]。

　19世紀のイングランドは、大学教育をめぐる論争が沸き起こった時期で
もあった。サンダーソン（Sanderson）は、教養教育論争とも呼ばれるこの議論
において、ニューマン（J.H. Newman）やハクスリー（T.H. Huxley）やJ.S. ミル（J.S.
Mill）らが、大学教育とはいかなるものであるべきかについて論じたことを明
らかにした[55]。それぞれの論点は必ずしも一致するわけではないが、注目を
集めていたこととして、第一に、当時急速に発展していた科学を大学教育に
位置づけるべきか否か、第二に、職業教育は大学教育足りうるか否か、の2
点が指摘できる。

　一連の教養教育に関する考察においては、イングランドの大学では教養教
育としてのアーツ・サイエンス（Arts and Sciences）教育が最重要視されており、
技術教育あるいは専門職教育を大学で行うことに対して大きな反発があった
とみなされてきた[56]。しかし、19世紀後半にカレッジとして設立され、20
世紀初頭に大学へと昇格した一連の「市民大学」が元々は技術・専門職教育
を志向する教育機関であったために、大学教育における技術・専門職教育の
あり方が問題となっていく。これが③の論点である。

　③のイングランドにおける技術・専門職教育に関する先行研究は多数ある
が、これについては多様な評価が存在している。つまり、世紀転換期に技術・
専門職教育が発展したと主張する研究と、逆にそれらの発展は阻害されたと
する研究があり、両者の捉え方には相違がある。前者は主に、当時の経済発
展と教育の関係について考察したウィーナ（Wiener）[57]の説（イギリス経済衰退
の要因はパブリック・スクールやオックスブリッジなどといった威信の高い教育機関
に根差していた反産業主義）への反論の中に見られる主張である。主な論者と
しては、サンダーソン[58]、ロスブラット（Rothblatt）[59]、福石[60]、松本[61]等が挙

げられる。サンダーソンや福石は、エリート教育機関卒業生がむしろ実業界に進んだことをもってウィーナ説に反駁を加えた。また、サンダーソンやロスブラットそして松本は、市民大学の発展をもって技術教育が当時から重視されていたことを主張し、ウィーナ説への反論を試みている。

　他方、後者——つまり市民大学における技術・専門職教育の発展は限定的なものでしかなかったと評価している研究として挙げられるのは、前述のロウ[62]やヴァーノン[63]、広瀬[64]である。彼らは、当時の大学教育において技術・専門職教育が周辺に押しやられたことを共通して指摘している。ただし、その理由に関しては、それぞれの論者の間には相違点がある。

　市民大学のオックスブリッジへの同化について主張したロウは、市民大学が 20 世紀初頭の 10 年間で技術教育志向から教養教育志向へと変わったことを指摘した。つまり、技術カレッジが徐々に人文学重視にシフトし、設立当初は各カレッジにおいて中心的だった技術教育が軽視されるようになっていったというのである。このような市民大学の「退却」は、氏によれば、既存大学のモデルの強固さに起因するものであり、そのようなモデルに「同化」することを望む市民大学による自発的な変革であった[65]。そして彼は、市民大学はオックスブリッジ型の教育にシフトしたが、それがゆえにオックスブリッジを頂点とし、市民大学がその下に位置する厳格なヒエラルキーが出現したということも指摘している[66]。

　広瀬信は、技術教育、特に工学教育に焦点を当てて、当時の技術者養成において大学が果たした役割を分析した。氏によると、実地訓練は必須のものとされた一方で大学での学習は技術者専門職団体によって技術資格獲得の必須要件とされなかったために、大学における技術教育は隆盛しなかった。当時は徒弟制が優勢で、大学で学んだ上に実地訓練を受けるよりも少ないコストで資格を取得することが可能であったので、技術者を目指す若者にとって大学は非常に魅力な進学先というわけではなかった。

　その一方で、ヴァーノンは、1889 年開始の大学・カレッジへの補助金交付を通じて、国家によってアーツ・サイエンスが大学教育の中心に据えられ技術教育は周辺に追いやられたことを指摘している。ヴァーノンは、技術教

育そのものの発展は否定しなかったものの、それが大学という枠組みの中では起こらなかったことを指摘している。この指摘は、以下の④の論点につながる。

　④の市民大学の補助金交付開始についての評価は、③に関する諸研究と同様、市民大学と科学技術の関係について、どのようなものとみなすかによって評価が分かれている。カードウェル (Cardwell)[67] などの科学史の研究者は、科学技術教育機関である市民大学が国庫補助金を得たことに注目し、その交付額は少なかったとはいえ、重要な変化であった——つまり、決してイギリスにおいて技術教育は軽視されていなかった——と強調した。市民大学と科学技術の関係について対照的な評価を下すヴァーノンは、そのような国庫補助金が技術教育科目ではなくアーツ・サイエンスの科目に対するものという名目で拠出されたことに注目し、技術教育が重視されていたとはとても言えないと主張した[68]。また、補助金をアーツ・サイエンスに限定して交付することで、各カレッジが技術教育中心主義からアーツ・サイエンスにもカリキュラムの範囲を拡げるようになったことを示唆した。この指摘は、市民大学が自己改革によって「規範的教育機関」になったのだという前述のロウの主張とも対照的である。国家の関与という意味ではロウも 20 世紀初頭に政府が高等教育に対して統制や指導を行ったと言及している[69] が、これは補助金交付の開始や、高等教育に関する政府機関の増加という事実それ自体についての評価であるので、国家の関与が市民大学のあり方を変化させたというヴァーノンの評価とは異なっているといえる。加えて、ロウが 20 世紀初頭に注目しているのに対して、ヴァーノンは 1889 年以降から関与があったとみなしており、この点でも両者の見解には相違がある。

　以上を整理すると、新興の教育機関がもたらした革新の一つとして技術・専門職教育が指摘されているが、一方で、それが本当に発展したといえるのかという点については論者によって評価に隔たりがあることが指摘できる。これについては、教養教育との関係、そして 3.3. で詳述する国庫補助金問題との関係も考慮に入れながら分析する必要があるといえよう。また、本節で取り上げた研究は、前世紀転換期に目まぐるしく変化した社会的状況の影響

と新興高等教育機関が経験した変容の過程を追うことにはそれほど力点が置かれていないように見えるが、当時の高等教育の発展プロセス、あるいはダイナミズムを明らかにすることが高等教育史研究としては必要であると考える。

3.2. 市民カレッジの大学昇格及び大学設置認可に関する研究動向

　イングランドの大学設置認可の方式は、チャータリング方式であるといわれている[70]。設立の過程において勅許状を必要としなかったオックスブリッジや個別立法によって設立されたダラム大学を除いて、イングランドにおける大学設置には、国家からのお墨付き、つまり国王の勅許状を得るのが一般的であった[71]。この方式は、1836年のロンドン大学設立時に確立されたものであり、19世紀末から20世紀初頭にかけての一連の市民大学設立においても1960年代の「新大学」設立においても適用された、「伝統」であるといえる。1992年継続・高等教育法によるポリテクニクや高等教育カレッジの大学への昇格からもわかるように、現在ではチャータリングが唯一の大学設置認可の方法ではなくなっているが、それでもなお、チャータリングは重要な考察対象の一つであることは疑いない。

　ただし、注意が必要なのは、勅許状とは国王の名の下に出される憲章であり、その対象は大学のみにとどまらないということである。例えばイートン・カレッジのような中等教育機関も勅許状を与えられているし、東インド会社のような組織にも与えられている。さらには、マグナ・カルタも一種の勅許状であるといえる。高等教育機関に対する勅許状のパターンはいくつかあるが、主なものとしては、法人格のみを認める勅許状と学位授与権を持つ法人格として認める勅許状が挙げられる。ここでいうチャータリング方式とは、学位授与権を持つ大学の設置を認める勅許状を交付することを指している。

　日本における大学設置と異なり、イングランドにおいては、高等教育機関である「カレッジ（あるいはユニヴァーシティ・カレッジ）」がいわば「徒弟」期間を経てある程度の実績を作った上で枢密院に勅許状を請願し、枢密院による審査を経て、学位授与権を持つ「大学」へと昇格する、という流れで大学が

設立されることが基本であった[72]。この形で最初に設立されたのが、マンチェスター、バーミンガム、リヴァプール、リーズ、シェフィールド、ブリストルといった「市民大学」である[73]。

チャータリングは、オーストラリアやカナダなど英連邦諸国でも採用されている[74]とはいえ、イギリスで発展した独自の大学設置認可方式であるといえる。こうした独自性は、ニーブ（Neave）の指摘からもわかる。つまり、現代の各国における高等教育改革を考える際に、イギリスの大学は勅許状によって保証される独立の団体であるために、他の国と同じように扱うことはできないという指摘である[75]。このようにイギリスの大学を考察する上で必要不可欠な勅許状交付による設置認可であるが、しかしながら、勅許状について分析した先行研究は数少なく、十分な蓄積があるとは言い難い。以下、勅許状について言及した主な研究を整理・検討する。

横尾は、大学の設立方式を大陸型（大学の設立者と認可者が同じ）とイギリス型（設立者と認可者が異なる）に分け、後者について検討した[76]。イギリス型において、大学は、学徒の集団であって国家の機関ではない半面、国家によるお墨付きがなければ存在しえないものであった。大学設立勅許状によって認められる諸特権とは、一般的に以下のようなものが含まれる[77]。

　(1) 法人（incorporation）としての存在の保証。
　(2) 永代相続（perpetual succession）権。
　(3) 学位の授与権。
　(4) 共通印璽（common seal）ないし紋章（Arms）の保有。
　(5) 団体としての訴訟し訴訟される権利。
　(6) 土地・財産の保有。

勅許状により、大学は「大学の自治（Academic Freedom[78]）」の権利、つまり、法人としての特権と教育・研究団体としての諸特権を得たのであるが、その自治権は無制限ではなかった。勅許状による大学の特権の「歯止め」は、まとめると、①大学には勅許状が必要不可欠であった、②多くの大学において

外部から監察する視察者(Visitor)が置かれた、③学則(Statute)の制定などに国王つまり枢密院の承認が必要とされた、という3点である。彼は、このような「歯止め」の存在について、「たとえ大幅な自治権を認められた法人としての大学といえども、なお国王と議会という最高権限のワク内で存在し行為する、という制約は免れていない[79]」と指摘した。横尾は、大学の自治論として、マウントフォードを挙げている[80]。以上のような横尾の論考は、イギリスの大学設立方式についての先行研究の蓄積が少ない中で非常に多くの情報を提供するものであり、また、勅許状のもたらす特権と歯止めの両面について言及している点で非常に重要なものである。

　安原は、イギリスの高等教育の水準維持についての論考で、新堀[81]による高等教育の水準維持・向上のための方式についての分類——チャータリング方式、政府統制方式、アクレディテーション方式——を用いて、イギリスで採用されているチャータリング方式を以下のように論じている。

　「国王ないし女王が発行する大学設立勅許状(ロイヤル・チャーター)によっていったん設立を認可された大学は、みずからの責任においてそのアカデミック・スタンダードの維持・向上にあたる。大学のアカデミック・スタンダードは何よりもまず、その設立過程すなわち大学設立勅許状獲得プロセスそのもののうちにあり、そこでの厳密な審査を経て大学となった以上、それが何であれ、外部団体からの監督やチェックは受けない。以後は大学の自治のもと、各大学はそれぞれに然るべき方策を自己の責任において工夫する。これがチャータリング方式の骨子である。いわば、チャータリング方式は各大学の自治に基づく自律・自己規制を前提にしたものであり、各大学に対し自主的にアカデミック・スタンダードの維持・向上方策を工夫するよう期待し奨励するものであるといってよい[82]。」

このように、安原は大学設置認可の際に厳密な審査があったことを指摘した。特に、「アカデミック・スタンダード」すなわち「水準」が大学設立勅許状交

付過程において重要なファクターであったという指摘は、非常に重要である
と考えられる。ただし、一連の研究においては、厳密な審査を経ていったん
大学として認められたあとは外部団体からの監査やチェックを受けないとい
う点が強調されている。

　また、同じく安原は、別の論考の中でイギリスの大学設置形態の歴史につ
いても分析している[83]。氏は、法人団体であるイギリスの大学が設立される
までの過程について、そのほとんどが最初は学位授与権や研究機能を持たな
いカレッジとして設立され、いわば「徒弟期間[84]」を経てから大学昇格を枢
密院などに申請し、それが認められて初めて大学として認可されたことを指
摘した。カレッジや自治体の当局などによる大学設立のための勅許状を求め
る動きは、自治体のプライドがかかる一種の運動であり、その運動の中で
アーツや文学 (arts and literature) を含むカリキュラム、財政や学生数の保障が
希求された[85]。氏の強調点は、イギリスの大学は「国家によって設置された
施設や行政機関であったことは、中世以来 800 年に及ぶその長い歴史を通じ
て一度たりともなかった[86]」、自治法人団体であるということである。また、
その設置認可つまり枢密院による勅許状交付は「個別審査」であり、「個別手
造り方式[87]」と呼べるものであったと評価している。安原の研究は、大学の
設置形態の多様性を指摘しており、重要な知見を提供している。その一方
で、上述の通り勅許状交付を「個別手造り方式」であるとみなしているためか、
交付過程のパターンやメカニズムといったものを導出することには重点が置
かれていない。

　バーダールは、勅許状交付過程について言及している[88]。彼によると、勅
許状請願が出されて特別委員会が任命されたことが官報に印刷された後、議
会からの反対がないか 30 日間留め置かれる。反対がなければ、調査委員会
と請願者との間で、勅許状の草稿の詳細についての交渉が始まる。その際、
他の関係者 (内務省や大蔵省、UGC など) とも非公式に相談する。通常 9 ヶ月
ほど後に、もし委員会と請願者との間で合意に達していたら、諸手続きを経
て草稿が認められ、勅許状が交付される[89]。以上がバーダールによる勅許状
交付過程のまとめであるが、その交付過程において、いかなる議論が持たれ

たのか、特に、勅許状の規定を実際に決める枢密院の特別委員会においてど
のような議論が持たれたのかについての検討はない。また、このような勅許
状交付過程がいつから存在するのかについての言及もない。

　大学としての認可を認める過程における国家の関与については、ヴァーノ
ンが言及している[90]。しかしながら、その関与がどの範囲にわたってどの程
度の影響力があるものであったのかについてまでは分析していない。ヴァー
ノンの評価は、「大学としての認可を究極的に決定するのは国家であった[91]」、
というものであるが、大学認可過程で重要な意味を持つ勅許状に関する包括
的な分析を行っているわけではなく、簡単な指摘にとどまっているといえる。
その他、市民大学の設立に言及した研究としては、ヴァーノンの他、アーミ
テージ（Armytage）[92]やサンダーソン[93]などが挙げられる。これらの研究にお
いても、勅許状交付は個別の大学のケースとして取り上げられているため、
大学設立勅許状交付の意義について十分に考察されているとは言い難い。

　各市民カレッジに勅許状が交付されて大学設置が認められたことは、イン
グランドの大学数の倍増（5校から10校）を意味するだけではなく、イングラ
ンドにおいては新しいタイプの大学の設立を意味していた。この点について
指摘した、アイヴスら（Ives et al.）のバーミンガム大学設立史研究[94]、サマーセッ
ト（Somerset）による研究[95]（これもバーミンガム大学設立に関係するものである）、
ロスブラットの研究[96]等は重要な示唆を与えてくれる。つまり、旧来の大学
（オックスフォード・ケンブリッジ・ダラム・ロンドン・ヴィクトリア）では教育と
学位授与が分断されていたのに対して、新たに設立された大学では、教育と
試験／学位授与が連関するものとして捉えられるようになったというのであ
る。教育と試験／学位授与の分離は「連合制原理（federal principle）」とされ、教
育と試験／学位授与が統一された大学は「単一（unitary / single）」大学とも称さ
れた[97]。アイヴスらは、後者を「'市民' モデル（'civic' model）[98]」と呼んでいる。

　こうした研究の中でも特にロスブラットは、バーミンガム大学設立によっ
てイングランドにもたらされた「単一」大学について、大学の社会的位置づ
けとも絡めながら指摘しているという点において注目に値する。すなわち、
大学は公的な存在であり、一方のカレッジは私的な存在であるというもので

ある。ロスブラット自身は市民カレッジの大学への昇格を「公―私の区別を脅かすものであった[99]」と位置づけている。ロスブラットによる高等教育における公私の区分は、大学設置認可について検討する上で非常に重要な指摘であると考えられるが、その意義についての言及は管見の限りほとんどない。大学を公的存在として位置づける著作としては、1851年に匿名の「大学人 (University Man)」によって書かれた『大学に対する公衆の権利 (*Public Right to the Universities*)』も挙げられる[100]。この文献は当時の大学関係者の認識を知る上で有用であるが、一方でカレッジと大学の関係についての言及はない。

　以上のような先行研究の論考を整理すると、以下の点が課題として指摘できる。①イングランドの大学設置認可は個別事例として扱われるアドホックなものであるとみなされてきたためチャータリングそのものの持つ意義についての検討がなされてこなかった。②勅許状交付のプロセスにおいて、枢密院委員会内及び諸関係者との間での議論が大学設立勅許状の実質を決める重要な要素であったことまでは既に明らかにされているが、実際の議論がどのようなものであったのかについては検討されてこなかった。しかし枢密院委員会における議論とその決定は、すなわち中央政府の大学への関与につながるものでもある。国家と大学の関係という視点から、イングランドにおけるチャータリングのプロセスについての、より詳細な検討が必要であると考える。加えて、③市民カレッジへの勅許状交付と大学昇格がイングランド高等教育史においてどのような意義を持つものであったのか――特に公私の視点から――についても検討する必要がある。

3.3. 国庫補助金の意義と UGC の設立に関する研究

　大学補助金委員会 (UGC) は、イギリス全土の大学・カレッジに対して補助金配分を行う機関として、1919年に設立された。「研究の目的」の節でも述べた通り、UGC は非常に評価の高い国家と大学との「緩衝装置」であり、かつてのイギリス補助金制度のいわば「理想」であったため、UGC が廃止されてからは再検討しようという動きは非常に少なかった。むしろ、UGC の代わりに設立された大学財政審議会 (University Funding Council、略称 UFC) や高等

教育財政審議会 (Higher Education Funding Councils、略称 HEFCs) 等が政府の政策
や意向に従うよう求められるようになったことで、UGC に対する評価はよ
り高くなったとさえいえるであろう。高等教育史の分野でも、各大学史につ
いての研究は発達しているものの、複数大学を対象とする研究が重視される
傾向にはないため、UGC については研究が発展しているとはいえない状況
にある。UGC 研究の停滞は、シャトックのように、イギリスの大学に「制度」
は馴染まないとみなす者が少なからずいることに起因しているのかもしれな
い。

　このような経緯から、1990 年以降は UGC に対する研究は下火になったが、
これまでの UGC 研究の総数はかなりの数に上る。その論点は、① UGC の
所管問題、② UGC の性格についての評価、の 2 つが主たるものである。以下、
それぞれについて取り上げた研究について整理・検討する。

　第一に、UGC の所管問題である。UGC は、1919 年に大蔵省管轄の委員会
として設立された。UGC の前身の補助金に関する諮問委員会の開始は 1889
年であるが、その際も管轄省庁は大蔵省であり、1911 年には教育院に移管
されるも、1919 年に大蔵省に再移管されたのである。このような委員会の
所管の変遷については、日本においても、海外の研究においても、国家が大
学自治の意図をもっていたことを示すものとして扱われている。つまり、大
蔵省という教育とは関係ない省庁に委員会を置くことで、大学やカレッジに
介入してくるかもしれない教育院の影響力を最小限に抑えられると考えら
れていた、という主張である。その代表的論者であるバーダールは、「政府
は明らかに (引用者註：視察は自由だが、統制はあってはならないという) 立場に
同意した。その理由は、その委員会が…1919 年に作られた時、教育院下で
はなく大蔵省下に設置されたからである[101]」と述べた[102]。フレックスナー
(Flexner) はバーダールに先立って、「大学補助金委員会…を介する中央政府
からの支援」について言及し、その特徴を「教育省によるコントロールがな
い」ことだと評している[103]。シンもまた、「委員会を監督する政府機関とし
ての大蔵省は、高等教育に関する詳細な知識も、その目的やプロセスに関す
る専門知識や経験も持っていないという限りにおいて、その委員会に多大な

自由を与えた[104]」とし、UGC が大蔵省の管轄下に置かれたことを評価した。「UGC と大蔵省の直接的なつながりが重要な事項であった[105]」という通説的理解は、海外のみならず日本においても非常に高く評価されており、兵頭[106]、馬場[107]、崎谷[108]等がその担い手である。

　このような教育以外の省庁に委員会が置かれたことを大学自治の理念的源流であるとみなす説には、アシュビー＆アンダーソン（Ashby and Anderson）から反論が寄せられた。彼らは、当時の政治家であるホルディーン（R.B. Haldane）の教育への関わりについて論じた研究の中で、UGC の所管が大蔵省になった背景には行政的な問題があったことを示し、UGC の大学の自治保護の性格はあくまでも「結果的な利点[109]」に過ぎないと指摘した。行政的な問題とは、教育院がイングランドとウェールズのみを対象とした省庁であったために、連合王国全土を対象とする大学補助金委員会の管轄省庁にはなりえなかった、ということである。この指摘は重要なものであるが、オーウェン（Owen）[110]などごく一部の研究を除いて取り上げられることはなく、また、検討されることはほとんどなかった。なぜこの反論があまり注目されなかったのか理由は定かではないが、可能性として考えられるのは、アシュビー＆アンダーソンの研究の目的はあくまでもホルディーンの教育問題への関与についてであり、UGC そのものについてはその分析の対象外であったことである。しかも、ホルディーンは UGC 設立に直接関わっていないため、この研究の中でも周辺的なエピソードの一つとしてしか扱われておらず、数ページ割かれているに過ぎない。このように、有力な対抗仮説があるにもかかわらず、UGC が大蔵省に置かれたことについてはバーダール[111]以降、大学自治の観点から高く評価されたままであった。

　第二の論点である UGC という組織の性格についての評価は、上述の所管問題とも密接に関連している。つまり、大蔵省に置かれたことを強調するバーダールやシンなどの論者は、UGC は大学の自治を保護する組織であるとみなしているのである。しかしその一方で、大蔵省に置かれたことには焦点を当てずに、論を展開している研究者もいる。例えば、UGC 設立前史について述べたハッチンソン（Hutchinson）[112]は、その関心は所轄問題ではなく、い

かなる経緯をもって大学補助金に関する委員会が組織されたのか、ということにあった。彼は、1918 年 11 月 23 日に開かれた政府と大学の会合やその前後に両者の間で交わされた議論に注目している。

　ムーディー (Moodie) は、1919 年からの約 60 年の間で、UGC は「緩衝装置」から変化したことを指摘した[113]。彼によれば、UGC は前身の諮問委員会任命時 (1889 年) から性格が変わっていないが、1963 年 (この年に管轄が教育省になった) に「緩衝装置」から政府と大学の「継ぎ手 (coupling)」としての役割が求められるようになり、性格が変化した。このように彼の研究の目的は 1919 年以降の UGC の性格の変遷であるが、前身の諮問委員会については、UGC と同じ性格を持つものとみなしている。さらに、UGC が 1963 年以降政府の要求に応えなくてはならないようになり「緩衝装置」という当初の性格から変わっていったことを指摘したシャトック＆バーダールも、前身の諮問委員会の性格を UGC と同様のものとしている[114]。彼らの分析によると、役割は以下のような変遷をたどった。すなわち、1919 年から 1963 年の UGC は「緩衝装置」としての役割が重視されており、特に第二次世界大戦終戦まではその傾向が強かった。1963 年以降 1979 年までは、UGC は積極的な役割を果たしたが、国家の大学に対する要求に応えなければならなくなり、役割が変化した。1979 以降の UGC は、再び大学問題に対して指揮を取るようになった。彼らの結論はムーディーのそれと同一ではないものの、教育省に移管された 1963 年に UGC の役割が変化したことを主張するなど、多くの点で共通性があるといえるであろう。その他、UGC の委員を務めたフライ (Margery Fry)[115]による回顧録的な論文などもある。これらの研究からは、UGC が設置される以前に存在していた 1889 年以降の諮問委員会の検討が、UGC を高等教育史上に位置づける際に有用であることが明らかとなる。

　日本における UGC 研究は、基本的にはバーダール等のそれと軌を一にしているが、国家と大学との関係を「support without control」と表現することが多い[116]という点において、多少の違いが見られる。実際には、例えばバーダールの UGC 観は日本の研究者のそれと非常に近い[117]のであるが、「support without control」という表現は、イギリスなど英語圏における UGC 研究では

ほとんど使われていない表現であるにもかかわらず、イギリスの大学補助金や UGC の性格を言い表す言葉として定着している。「support without control」の原則は、国家─大学関係にとって、さらには日本の私学助成にとっても理想であると考えられているのである[118]。

UGC の性格に関連した通説的理解としては、5 年単位制度(quinquenniel system)と一括補助金(block grant)の原則も挙げられる。これらは、(使途指定ではない)一括補助金を 5 年に一度交付することで、各大学が比較的自由に長期的な計画を立てることを可能にするものである。これは、イギリスの大学国庫補助金の基本的性格の一つであると高く評価されてきた[119]。

以上のような研究は全体的に UGC が国家から自由な存在であったことを強調したものであるとまとめることができるが、一方で、国家の影響力の強さを指摘する研究も少数ながらある。例えば、前述のヴァーノンは、1919 年設立の UGC を「国家の官僚化された機関[120]」であるとみなしているサルター＆タッパー(Salter and Tapper)[121] の立場を基本的に支持しながらも、UGC が設立された 1919 年以降だけではなく、それよりももっと前──大学やカレッジへの補助金交付が開始された 1889 年──から、国家は高等教育領域において強い影響力を持っていたのだと主張した[122]。大学への国庫補助金が科学技術振興のためのものであったとする説に対しては、補助金が技術教育科目ではなくアーツ・サイエンスの科目に対するものという名目で拠出されたことに注目し、技術教育が重視されていたとはとてもいえないと指摘している。

ヴァーノンの研究の意義は、国家が 19 世紀後半から 20 世紀初頭にかけて様々な場面で大学に関与しようとしたことを明らかにしたことである[123]。例えば市民大学の発展に関しては、「そうした大学の役割を国家的機関の地域的模造物であると一方で定義しながらも、補助金、規則、そして究極的には勅許状を通じて、国家は地方大学が新たな大学セクターへと変容するよう助けた[124]」と指摘している。ここで念頭に置かれているのはオックスブリッジの直接的・間接的な影響力の強さである。国家が補助金を交付することでカレッジに対して影響力を行使しようとしていたことを明らかにしたヴァー

ノンの研究は重要なものといえるが、実際には補助金交付に関する様々な勧
告が国庫補助金諮問委員会から出されているにもかかわらず、教育内容に対
する評価以外については言及していない。そのため、国庫補助金交付にあたっ
てどのような基準が提示されていたのか、包括的に考察することが必要であ
るといえる。また、オックスブリッジの優位性はロウなど他の研究者によっ
ても指摘されていることではあるが、オックスブリッジの影響力があらゆる
場面において浸透していたのかについては再検討の余地がある。

　シンは、大学補助金について論じた著作の題名を『*Paying the Piper*』とした[125]。
これは、「笛吹きに金を払った者が曲を決める (He who pays the piper calls the
tune)」——つまり、資金の提供者に決定権がある——ということわざに由来
するものであり、政府が大学に補助金を拠出することが政府の関与をもたら
す可能性があることを暗に示唆している。しかしながら、あくまでも示唆に
とどまっているために、実際に彼女が政府の関与をどのように評価していた
のかを読み取ることは難しい。全体的な論調からみると、通説的な UGC 評
を支持しているように解釈するのが自然だといえるであろう。ヴァーノンは
それを意識して 2001 年の論文のタイトルを 'Calling the tune' とし、国家の関
与を強調した[126]。

　藤谷謙二は、イギリスの国庫補助金についての研究において、国庫補助
金の重要性を、中央政府と地方政府をつなぐ「紐帯」としての役割に見出し、
それを「中央統制の手段」であり、中央政府は地方政府の持つ「統制管轄権を
買取った」と評価した[127]。藤谷の研究対象はイギリスにおける行政一般につ
いてであるが、その範疇には教育も含まれており、重要な知見を提供してい
る[128]。しかしながら、高等教育における中央—地方関係については、(改め
て指摘するまでもなく初等中等教育分野では非常に多くの研究がなされてきたが) こ
れまでのイギリス高等教育研究ではほとんど検討されてこなかった。

4.　課題設定

19 世紀以降の近代的大学の設立以降、イギリスの高等教育においてはい

くつかの重要な変化があった。それは以下の３つ──①新興の高等教育機関に対する国庫補助金交付の開始、②新興の「市民カレッジ」の大学昇格、そして③イギリス全土を対象とする統一的な補助金委員会の設立──に分けることが可能である。日本においては、①と②については主に教育史や経済史において、そして③については主に教育行政学の分野において検討されてきた。いずれの点についても、節目節目で国家が大学に様々な形で関与しようとしてきたことは様々な研究から示唆されているが、包括的な研究はほとんど見当たらないことが先行研究の検討から明らかとなった。また、国家の新興高等教育機関に対する関与はオックスブリッジを頂点としたヒエラルキーにもとづくものであるとヴァーノンやロウは主張してきたが、その説の妥当性も問う必要がある。さらに、本研究の関心からいうと、国家の関与を「制度」や「政策」という視角から分析した研究が極めて少ないことは重要である。

4.1. 「制度」および「政策」について

本研究における「制度(system)」や「政策(policy)」が意味するものについて、確認しておく。

イギリス全土における大学についての包括的な政府文書が、1963年の『ロビンズ報告書』までは存在しなかったというのは確かに事実である。イギリスで「大学(university)」あるいは「高等教育(higher education)」をタイトルに含む法律にいたっては、1992年継続・高等教育法(Further and Higher Education Act)が最初である。それ以前にも「大学」が含まれる法律はあったが、特定の事柄に対する法律[129]や、個別の大学に関する法律[130]、特定の地域に関する法律[131]であって、イギリス全土の大学／高等教育に関する法律という意味では1992年継続・高等教育法が初めてであった。付言すると、1988年教育改革法(Education Reform Act)は高等教育に特化した法律ではないが、大学教員の終身制(テニュア)の廃止や大学財政に関する条文があるなど、大学等高等教育機関にとっては大きな改革がもたらされている。だからこそ、シャトックはこうした状況を踏まえつつ、ロビンズ委員会が組織された1961年までは「高等教育制度は存在しなかった」という評価を下したのであろう。しか

しそれは本当に正しいといえるのであろうか。

　そもそも、「高等教育制度」とはいかなるものであるのか。イギリス高等教育研究においては、前述の通り、ヴァーノンは「近代的な大学制度」という言葉を用いているが、それが何を指すのかについては不明瞭なままである。他にもロウ、アンダーソンなど「高等教育制度」に部分的に言及した研究はあるにせよ、特にその制度の態様に焦点を当てた研究は管見の限り見当たらないため、ここではあえて高等教育制度に限定せずに考えてみたい。

　イギリスの教育制度に関する研究は、日本においては、主に教育行政学の分野で、初等（基礎）教育・中等教育を中心に様々な研究者によってなされてきた。その中でも特に「教育制度」をタイトルに冠した研究としては、以下のようなものがある。まず、大田直子は、イギリス近代公教育制度の起点を1862 年の改正教育令としつつ、1902 年教育法と 1904 年教育法制定によって中央―地方関係のパートナーシップ原理が成立したことを明らかにした[132]。藤井泰は 1944 年教育法によって三類型別中等教育制度が成立したこと[133]、菅野芳彦は同法によって初等教育・中等教育・継続教育という三つの累進制段階による教育制度の基本が定められたこと[134]、空本和助は 1870 年教育法を公教育制度の起点とし、1944 年教育法によって近代的国家公教育制度が確立したこと[135] を示した。また、髙妻紳二郎は 1839 年の勅任視学官任命から 1862 年の改正教育令制定を視学官制度の成立期とみなしながら、イギリスにおける視学制度の意義を論じた[136]。これらすべてに共通しているのは、基本的に教育法規の制定をもって制度成立とみなしているということである。加えて、法規の制定をもって制度成立としているからか、「制度」とは何であるのかについては特に定義を示しているわけではないことも指摘できる。

　これらの教育制度研究とは異なったアプローチを採用している研究もある。それが松井一麿の研究である。松井は、『イギリス国民教育に関わる国家関与の構造』において、国民教育の形成にかかわって「まず『国民教育らしき』活動が既に存在して、それに『国家関与』が加わろうとしたことによって、逆に『国民教育』の対象が問われ、明瞭になって行ったとも言い得る[137]」と

述べている。そして、「教育制度」あるいは「公教育制度」についての二つの定義を紹介している。一つは、「『教育法規の存在』を、教育制度を定義する概念規定上の重点に挙げ[138]」るものであり、もう一つは、「公教育制度が成立する契機を『国家の関与』に求めている[139]」ものである。松井の議論は、「教育法規」——つまり1870年基礎教育法——が制定される以前の「国家の関与」を詳らかに分析することで、イギリス公教育制度の萌芽を明らかにするものであった。

また、対象とする国も教育段階も異なるものの、日本の各種学校の歴史に関する「実は、大変旺盛な制度外の教育活動が存在し、それに対して国は規制・保護の対象を明らかにしようと『学校』の定義を試みた[140]」という土方苑子の指摘は、本研究の問題関心とも重なる。イングランドにおける大学の制度化は、大学とは何か、またどうあるべきかが問われる過程でもあった。

必ずしも教育法規の制定等を根拠としない「制度（system）」論としては、ミュラー（Müller）の「システム化（systematisation）」という概念も有用であると思われる。ミュラーはもともと、プロイセンにおける中等教育の変化について説明するために、この概念を提示した。そしてこの概念を下敷きに、ミュラー、リンガー（Ringer）、サイモン（B. Simon）らが中心となり、主に1870年から1920年イギリス・フランス・ドイツにおける教育について『現代教育システムの形成』の中で論じている。ミュラーの「システム化」論について、リンガーは以下のようにまとめている。

「当初には明確には規定されていない種々の学校類型群が、十九世紀末〜二十世紀初頭に、プロイセンでは—その他ドイツ諸邦でも—、高度に構造化されたシステムへと徐々に再編された。そして、そのシステムは、厳密に規定された、機能的には相互に関連づけられた教育諸制度から構成された。ある意味でプロイセンの教育体制はいっそうシステム化された。すなわち中等学校の異なった諸類型間の境界は、いっそう明確化され、カリキュラムと卒業資格は詳細に明記され、また全システムにおける種々の諸部分の機能的関連は完全に接合化された。このような過程は、

部分的には官僚的合理化の過程であった。国家官吏たちは、かつては暗黙の慣行であったものから、確定した明示的な諸規則を抽出し、また合理的分業化を求めて、諸制度それぞれの役割を完全に明確化した[141]。」

　ミュラーの定義はプロイセンの中等教育についてのものであるが、同書においては、イギリスの高等教育もその検討対象になっている[142]。特に、「かつては暗黙の慣行であったものから、確定した明示的な諸規則を抽出」することでシステム化が進んでいくという指摘は、イギリスの高等教育の分析にも援用可能であると思われる。

　本研究では、松井やミュラーの定義を援用し、「制度」あるいは「システム」を「国家の関与」の分析から抽出できる「諸規則」という意味で用いることとする。そして、イギリスにおける国家の大学・カレッジへの関与を明らかにしていく。その意味において、これまでのイギリス初等・中等教育制度史研究のように、教育法規の制定をもって制度成立とみなす先行研究とは異なった位置づけにある。無論、教育法規や政府白書の欠如により制度成立は 20 世紀後半までなかったとみなすようなイギリス高等教育研究とも、異なった立場を採っている。本研究では、国家が新興高等教育機関にいかなる関心を寄せ、これに関わる機会を拡大していったのかについて検討することで、類似性があるとはいえそれぞれ独自に設立された機関が「国庫補助金」と「勅許状」の交付を経て、教育階梯の一角をなすものとして発展していく過程を描き出したい。本論での議論を先取りして述べるならば、特に、大学間の標準化と、教育階梯の構築（中等教育との接続）が「制度化」には重要な要素であった。

　併せて、本研究においては「政策」ということばは中央政府の意図を指すものとして使用する。先行研究の検討からもわかるように、これまでのイングランド大学史研究においては、大学の自律性の高さがあまりにも重要視されるがゆえに、対として存在しているはずの政府の意図というものについての検討が、一部の例外を除いて極めて少なかった。しかし、高等教育機関側の動きと政府側の動きは相互に連関しており、これらを包括的に検討するこ

32

となしに当時の高等教育を正確に捉えることは難しいであろう。

4.2.「イギリス」と「イングランド」

　本研究においては、連合王国のうち、主にイングランドの大学を対象とし、分析を進めていく。当時の連合王国、すなわちイングランド、スコットランド、ウェールズ、アイルランドはそれぞれ異なる大学の発展の歴史を持ち、教育システムも異なる[143]。結論を先取りすると、イングランドの大学を制度化するという議論が進むにつれて、イングランドだけではなくイギリス全土を対象とした大学制度という視点が出てきて 1919 年の UGC 設立へとつながっていく。このことを踏まえ、実際には本論の多くの部分をイングランドの大学の分析・考察に割いているものの、タイトルを「イギリス大学制度成立史」とした。

4.3. 本研究の検討課題

　以上にもとづいて、本研究の検討課題を、以下のように設定する。まず、1889 年以降に大学・カレッジへの国庫補助金が交付されるようになって生まれた国家―大学関係のダイナミズムの検討である。その中でも特に、科学の発展という当時の社会的状況の中で、大学教育というものがいかに捉えられ、またそれが変容していったのかについて注目する。伝統的な大学つまりオックスブリッジの教育内容と、科学の発展に伴う新たな教育要求の相克が、新設の大学・カレッジにおいてどのような形で実現されたのかについて考察していく。ここでは、特に、中央政府と補助金諮問委員会、そして大学・カレッジの三者に着目しながら分析を行う。

　教育内容だけではなく、「大学」そのもののあり方も重要な検討課題である。つまり、大学という組織が、市民大学が相次いで設立される 1900 年代にどのようなものとして想定され、そのガバナンスはどうあるべきと考えられたのかについて明らかにする。ここでも、オックスブリッジの大学のあり方――特に大学（ユニヴァーシティ）とカレッジの関係について――との比較が分析の要となるであろう。分析にあたっては、政府（特に枢密院と教育院）

と大学昇格を目指すカレッジのやりとりに注目する。

　もう一つの検討課題は、国家—大学関係のダイナミズムの中にあっても貫かれた国家の役割の再検討である。前述の通り、イングランドにおいては、大学制度は長らく存在しなかったと考えられてきた。それゆえ、個別の大学に注目した研究や、殊更に大学の独立性を強調する一方で国家の役割を非常に軽いものとする研究がイギリス高等教育史研究の中で大きな位置を占めてきたのであった。しかし、本研究では、「制度」としての大学に着目する。そして、その際に、イギリスにおける国家と大学の関係は、近代的大学の設立・発展とともに国家のイシューとなり、UGC 設立を以て一つの到達点に達したという仮説にもとづいて検討していきたい。

　特にバーダールによる通説と、ヴァーノンによる対抗仮説との関係で本研究独自の視点を述べるならば、まず、「制度成立」の要素としての「補助金」と「勅許状」双方への注目が挙げられる。これまでの先行研究においては、補助金が勅許状交付に影響を与え、また勅許状が交付されることによって補助金交付にも変化がもたらされるようになるという両者の連関についてはほとんど注意が払われてこなかった。本研究はこの点を明らかにすることで、制度成立のプロセスやダイナミズムを描き出そうとするものである。また、制度というときに、大学制度のみならず、教育階梯の構築という観点から見ていることもこれまでの先行研究には十分ではなかった点であるといえる。さらには、制度ができていくプロセスにおける地方と中央の関係、私と公の関係にも注目するという点[144] で、これまでの国家—大学関係の研究とは異なったものであるといえる。

5.　各章の構成

　以上のリサーチクエスチョンを検討するための各章の構成は以下の通りである。本論は、第一部（第 1 章〜第 4 章）、第二部（第 5 章〜第 6 章）、第三部（第 7 章〜第 8 章）に分けられている。第一部は 1889 年から 1901 年頃までの国庫補助金について、第二部は 1900 年代の大学昇格運動とその帰結について、

そして、第三部は 1919 年 UGC 設立に至るまでの経緯と UGC 設立が意味するものについて主に扱う。

　第一部では、1889 年以降大学・カレッジへの国庫補助金がどのような論理で出され、どのように国家が大学やカレッジに関与したのかについて明らかにする。まず、第 1 章では、1889 年以前の大学・カレッジへの国庫補助金交付の前例について言及した後で、1889 年に国庫補助金が出された経緯と、初期の補助金諮問委員会の流れについて確認する。

　第 2 章では、国庫補助金運動の中心的存在でありながら初期の補助金交付においてリストから外されたハートレー・インスティテューション・サウザンプトン（現サウザンプトン大学）への評価結果を分析することを通じて、当時の補助金交付条件とその変遷を明らかにする。

　第 3 章においては、教育面に関する補助金交付条件の詳細について考察する。そのために、教育内容が理由で補助金交付に問題が生じたレディング（現レディング大学）とエクセター（現エクセター大学）を事例として検討を行う。両カレッジに注目することで、教育面で何が必要とされたのかを示すことが可能となる。

　第 4 章では、国庫補助金諮問委員会から提示されたカレッジのガバナンス面への勧告を分析する。また、地方自治体の影響力が強かった市民カレッジと中央政府の関係の変容についても論じる。

　続く第二部では、1900 年代に立て続けに起こった市民カレッジの大学への昇格の意義を再検討することが主目的である。第 5 章では、市民大学の設立の意義を、「大学（university）」についての概念の変容という視点から論じる。それまでの「大学」とは異なった形の「市民モデル」の大学が作られたことにどのような意義があるのか、そして、それを可能にした社会的背景はいかなるものであったのかについて検討する。

　第 6 章では、カレッジ法人化に際して出された勅許状と大学設立勅許状の比較検討を通じて大学設立勅許状の特徴について確認した上で、市民大学への大学設立勅許状（royal charter）交付の過程を、「水準（standard）」という視点から検討していく。

　最後の第三部は、1919年にUGC設立をもって一つの到達点に達したイングランドの国庫補助金制度の歴史とその意義についてのものである。第7章では、第5章と第6章での議論を踏まえ、「大学水準の教育」の定義の変化について考察する。大学補助金諮問委員会において「大学水準の教育」は、1900年代に大きく変化することとなるのであるが、それはどのような変化であり、なぜそうした変化が起きたのか。これらについての検討が、この章では試みられることとなる。併せて、質保証の問題として浮かび上がってくる経緯と、国庫補助金の再編に係る議論を示す。

　第8章では、1919年にUGCが設立されたことの意義について論じる。先行研究では、UGCが大蔵省のもとに作られたために「大学の自治」保護の性格を持つに至ったと評価されてきたが、そうした通説を批判的に再検討することを通じて、イングランドにおける国家と大学の関係を論じることが可能となろう。

6.　研究方法

　本研究は、一次資料を基本とした史的研究である。先行研究レビューでも確認してきたように、これまでのイギリス大学史研究においては、教育史・社会経済史など、寺﨑がいうところの「純粋な歴史叙述」にもとづく研究と、バーダールのように課題を焦点化して検討する研究という二つのアプローチがあったといえる。本研究は、後者のアプローチを採用し、国家と大学の関係に係る歴史的事象の中でも特に、市民大学の生成と発展に注目する。なぜならば、市民大学はその発展過程において、国家と大学、そして関係諸機関が「大学とは何か」をめぐって議論を重ねたにもかかわらず、これまでの国家―大学研究ではオックスブリッジの影響に隠れて十分に検討されてこなかった機関であるためである。

　具体的には、各大学のカレンダーなどの一次資料のほかに、イギリス公文書館に所蔵されている関連文書を用いて分析を行う。具体的には、教育院文書（大学補助金諮問委員会に関する資料など）、枢密院文書（勅許状に関する、カレッ

ジ・個人・関係諸団体などからの大学昇格を求める請願書や枢密院の覚書、関係者の書簡など）等である。また、各大学・カレッジのカレンダーも用いる。カレンダーは年度ごとに出されており、カリキュラム編成やシラバス、学位試験科目の詳細、学位試験の内容（実際の試験問題）、各科目の受講者数、運営メンバーの構成などが書かれている。

註

1　オックスフォード大学とケンブリッジ大学のこと。英語では Oxbridge。

2　R. ロウ「イングランドにおける高等教育の拡張」K. ヤーラオシュ編『高等教育の変貌 1860-1930—拡張・多様化・機会開放・専門職化—』望田幸男・安原義仁・橋本伸也監訳、昭和堂、2000 年、29-50 頁；安原義仁「高等教育改革に関する日英比較研究」『日英教育研究フォーラム』第 4 号、2000 年 8 月、35-42 頁（以下安原 2000b と略）；秦由美子『イギリスの大学—対位線の転位による質的転換』東信堂、2014 年など。

3　E. Simon, 'The Universities and the Government', *Universities Quarterly*, Vol.1, 1946, p.79.

4　Ibid.

5　M. Shattock, 'The Creation of the British University System', in M. Shattock ed., *The Creation of a University System*, Oxford: Blackwell Publishers, 1996, p.2.

6　R.O. Berdahl, *British Universities and the State*, Berkley: University of California Press, 1959, p.189.

7　本研究においては、「国家（the state）」という用語を、ヴァーノン（K. Vernon, *Universities and the State in England: 1850-1939*, London: Routledge Falmer, 2004, p.5）と同様に、中央政府の諸組織（内閣・大蔵省など）の総称という意味で用いている。

8　M. Shattock, *The UGC and the Management of the British Universities*, SRHE, 1994, p.ix.

9　G. Moodie, 'Buffer, Coupling, and Broker: Reflections on 60 Years of the UGC', *Higher Education*, 12, 1983, p.333.

10　C.H. Shinn, *Paying the Piper: The Development of the University Grants Committee 1919-1946*, London: The Falmer Press, 1986; Moodie 1983, *op. cit.*; Shattock 1994, *op. cit.* など。

11　なお、イギリスの大学についての通史としては、例えば以下のようなものがある。V. H. H. グリーン『イギリスの大学—その歴史と生態—』安原義仁・成定薫訳、法政大学出版局、1994 年；R. Anderson, *British Universities: Past and Present*, London: Hambledon Continuum, 2006；安原義仁『イギリス大学史――中世から現代まで』昭和堂、2021 年。

12　寺﨑昌男『日本における大学自治制度の成立』評論社、1979 年（増補版 2000 年）、20 頁。

13　寺﨑は、バーダールと共に、ドイツの大学について著した A・クルーゲによる『大学の自治─その歴史および現代の法制』(A. Kluge, *Die Universitäts-Selbstverwaltung*, Klostermann, 1958) を挙げている。（寺﨑 1979、前掲書、20 頁）

14　同上。

15　Berdahl 1959, *op. cit.*; Moodie 1983, *op. cit.*; 馬場将光「イギリスにおける大学財政国庫補助金制度の成立 (2)─イングランドへの国庫補助金の交付─」『東京教育大学大学院教育学研究集録』7、1968 年、29-38 頁など。

16　例えば山本敏夫・山崎恒夫「イギリスの教育と大学」大学基準協会編『外国における大学教育』大学基準協会、1958 年、376-377 頁など。

17　Civic universities とは、19 世紀後半以降にイングランドの地方都市に設立された高等教育機関の通称であり、「市民大学」の他に「都市大学」と訳されることもある。また、その校舎に赤レンガが多用されたことから赤レンガ大学 (red brick universities) と呼ばれることもある。本研究では、一般的に civic universities の訳語として用いられている「市民大学」を採用している（横尾壮英「イギリスの大学勅許状（ロイヤル・チャーター）と設立方式に関する断章」『大学論集』第 3 集、1975 年；グリーン 1994、前掲書など）。なお、初めのうちこれらの教育機関は大学に昇格しておらず、カレッジあるいはユニヴァーシティ・カレッジという位置づけであった。それゆえ、正確を期すために、本文では当時の状況に即して市民大学ではなく市民カレッジ (civic colleges) という表記を用いる。

18　K. Vernon, 'Calling the tune: British universities and the state, 1880-1914', *History of Education*, 30 (3), 2001, pp.251-271; Vernon 2004, *op. cit.*

19　R.D. アンダーソン『近代ヨーロッパ大学史─啓蒙期から 1914 年まで』安原義仁・橋本伸也監訳、昭和堂、2012 年、221 頁。

20　ロウ 2000、前掲論文。

21　村岡健次『近代イギリスの社会と文化』ミネルヴァ書房、2002 年、57-58 頁。

22　同上、24 頁。

23　村岡健次『ヴィクトリア時代の政治と社会』ミネルヴァ書房、1980 年、iii 頁。

24　同上、313 頁。

25　これは「営業の自由」論争にもつながる視点である（同上、284 頁など）が、この点についての考察は今後の課題である。「営業の自由」論争については、以下を参照。岡田与好『独占と営業の自由』木鐸社、1975 年。

26　設立当時の名称は the London University、ロンドン大学の設立に際して改称。

27　H.H. Bellot, *University College, London: 1826-1926*, London: University of London Press,

1929; N. Harte and J. North, *The World of University College London, 1828-1978*, London: University College London, 1978. UCL 設立者たちに影響を与えたジェレミ・ベンサム（Jeremy Bentham）については、J.H. Burns, *Jeremy Bentham and University College*, Athlone Press, 1962 参照。

28 Royal Charter の訳語としては「設立勅許状」あるいは「勅許状」が一般的であるといえるが、大学設立以外の場合にも Royal Charter が出される場合もあるということを考慮し、本研究においては基本的に「勅許状」と訳出することとする。

29 UCL はイングランド国教会からは「The Godless Institution of Gower Street（ガウワー街の神なき学校／神を恐れぬガウワー街）」、トーリー党からは「Cockney College（コックニー訛りのカレッジ）」などと呼ばれて揶揄され、保守勢力の攻撃対象となっていた（グリーン 1994、前掲書、347 頁）。

30 横尾壮英『大学の誕生と変貌―ヨーロッパ大学史断章―』東信堂、1999 年、232 頁。

31 同上。

32 N. Harte, *The University of London, 1836-1986: An Illustrated History*, London: Athlone Press, 1986.

33 島田雄次郎『ヨーロッパの大学』復刻版、玉川大学出版部、1990 年、247 頁。

34 W.H.G. Armytage, *Civic Universities: Aspects of a British Tradition*, London: Ernest Benn Ltd., 1955; M. Sanderson, *The Universities and British Industry, 1850-1970*, London: Routledge & Kegan Paul, 1972.

35 各大学史として、例えば、A.W. Chapman, *The Story of a Modern University: A History of the University of Sheffield*, London: Oxford University Press, 1955; A.T. Patterson, *The University of Southampton: A Centenary History of the Evolution and Development of the University of Southampton, 1862-1962*, University of Southampton, 1962; E. Ives, D. Drummond and L. Schwarz, *The First Civic University: Birmingham 1880-1980 an Introductory History*, University of Birmingham, 2000 など。

36 グリーン 1994、前掲書、170 頁。

37 ただし、オックスブリッジとダラムは学寮制大学、ロンドンとヴィクトリアは通学制大学という点においては異なっている。

38 例えばアンダーソン 2012、前掲書。

39 当時の新興高等教育機関の財政状況については、馬場将光「イギリス大学財政の課題――大学財政は公費か私費か」『教育制度研究』第 4 号、1970 年、39-46 頁参照。

40 P.R. Sharp, '"Whisky Money" and the Development of Technical and Secondary Education in the 1890s', *Journal of Educational Administration and History*, 4 (1), 1971, p.31.

41 馬場将光「イギリスにおける大学財政国庫補助金制度の成立 (3)」『東京教育大学教育学部紀要』第 15 号、1969 年、27-28 頁。

42　University College（Great Britain）Grant in Aid. Report of the Committee, 6th June 1907. ED 24/513.

43　S.V. Barnes, 'England's Civic Universities and the Triumph of the Oxbridge Ideal', *History of Education Quarterly*, Vol.36, No.3, 1996, pp.271-305 など。

44　兵頭泰三「イギリスの大学補助金委員会制度」『京都大学教育学部紀要』第 11 号、1965 年、135-151 頁。

45　Sanderson 1972, *op. cit.*; R. ロー「高等教育における構造変動　1870-1920 年」D. K. ミュラー・F. リンガー・B. サイモン編『現代教育システムの形成―構造変動と社会的再生産　1870-1920』望田幸男監訳、晃洋書房、1989 年；ロウ 2000、前掲論文；Vernon 2004, *op. cit.* など。

46　金子元久は、英米型のリベラルアーツ教育について、キンバル（B. Kimball, *Orators and Philosophers: A History of the Idea of Liberal Education*, The College Board, 1995）を参照しながら「テキストとなったのはギリシア・ローマの古典であり、その修得が階級共通の知識となったことも事実であるが、むしろ教育過程として重要だと考えられたのは教師と学生との対話を通じて、学生は自分の思考のそれまでの殻に気づかされ、そこから新しい考え方を身につける、という知的成長である」と指摘している。（金子元久『大学教育の再構築』玉川大学出版部、2013 年、15 頁）

47　松本純「世紀転換期イギリスにおける科学・技術教育と企業家の対応―市民大学の分析を中心に」『商学研究論集』9、1998 年、97-113 頁；松本純「イギリスにおける実業教育振興の萌芽と市民大学設立運動」『松山大学論集』16（6）、2005 年、41-69 頁；福石賢一「実業界は大学に何を求めたのか―19 世紀後半から 20 世紀前半のイングランドにおける大学改革と実業界」『大学史研究』第 24 号、2010 年、32-52 頁など。ただし、新たなカリキュラムの位置づけについては、評価が分かれている（後述）。

48　グリーン 1994、前掲書など。

49　J.S. Gibert, 'Women students and student life at England's civic universities before the First World War'. *History of Education*. Vol. 23, No. 4, 1994; 香川せつ子「19 世紀イギリスの市民大学と女性の高等教育―女性教育団体の活動を中心にして」『西九州大学佐賀短期大学紀要』34、2004 年など。

50　ロー 1989、前掲論文など。

51　ロウ 2000、前掲論文、44 頁。

52　ロー 1989、前掲論文、238 頁。

53　安原義仁「近代オックスフォード大学の教育と文化―装置とエートス」橋本伸也・藤井泰・渡辺和行・進藤修一・安原義仁『エリート教育』ミネルヴァ書房、

40

2001 年、205 頁。

54 Barnes 1996, op. cit.

55 M. サンダーソン『イギリスの大学改革―1809-1914』安原義仁訳、玉川大学出版部、2003 年。

56 同上など。

57 M.J. ウィーナ『英国産業精神の衰退―文化史的接近』原剛訳、勁草書房、1984 年。

58 M. Sanderson, 'The English Civic Universities and the "Industrial Spirit", 1870-1914', *Historical Research*, 61 (144), 1988, pp. 90-104 など。

59 S. ロスブラット「イングランドにおける高等教育の多様化」K. ヤーラオシュ編『高等教育の変貌 1860-1930―拡張・多様化・機会開放・専門職化―』望田幸男・安原義仁・橋本伸也監訳、昭和堂、2000 年、123-143 頁。

60 福石賢一「二十世紀英国における企業経営者の類型変化―社会移動と学歴―」教育史学会『日本の教育史学』第 45 集、2002 年、257-276 頁。

61 松本 1998、前掲論文；松本 2005、前掲論文。

62 ロウ 2000、前掲論文；ロー 1989、前掲論文。

63 K. Vernon, 'Civic Colleges and the Idea of the University'. in M. Hewitt (ed.), *Scholarship in Victorian Britain (Leeds Working Papers in Victorian Studies)*, 1998, pp.41-52; Vernon 2001, op. cit.; Versnon 2004, *op. cit.*

64 広瀬信『イギリス技術者養成史の研究―技術者生成期から第 2 次世界大戦まで』風間書房、2012 年。

65 ロウ 2000、前掲論文、44 頁。

66 ロー 1989、前掲論文、226 頁。

67 D.S.L. カードウェル『科学の社会史―イギリスにおける科学の組織化』宮下晋吉・和田武編訳、昭和堂、1989 年。

68 Vernon 2001, op. cit.

69 ロウ 2000、前掲論文、44 頁。

70 横尾 1975、前掲論文；新堀通也「アクレディテーションとアメリカの高等教育」天城勲・慶伊富長編『大学設置基準の研究』東京大学出版会、1977 年、35-36 頁など。

71 横尾 1975、前掲論文など。

72 Shinn 1986, *op. cit.*; 安原義仁『イギリスの大学・高等教育機関の設置形態に関する歴史的研究』(平成 17 年度～平成 19 年度科学研究費補助金 (基盤研究 C) 研究成果報告書)、2008 年。

73 「近代になって設立された大学は、設立勅許状を授与されて後に初めて、シラバスを考案し独自の学位を授与することができた。それまでは、これらの大学の学生はロンドン大学の学外学位 (external degree) を取得したのである。しばら

くの間は、これら新設の大学が提供する教育は、大学の要求水準というよりは
中等学校のそれに見合うものであったし、またそこで授与される学位も旧大学
のそれとは比較にならなかった。」(グリーン 1994、前掲書、259 頁)

74　安原義仁「第 4 章イギリス高等教育の水準維持方式―学位授与審議会の役割
　　とその変化」飯島宗一・戸田修三・西原春夫編『大学設置・評価の研究』東信堂、
　　1990 年、71 頁。(以下、安原 1990a と略)

75　G. Neave, 'Accountability and Control', *European Journal of Education*, 15 (1), 1980, p.58.

76　横尾 1975、前掲論文。

77　同上、71 頁。

78　同上。

79　同上。

80　J. Mountford, *British Universities*, London: Oxford University Press, 1966. マウントフォー
　　ドの「6 つの自由」(pp.158-166) とは、①学生の選抜②教員の任用③大学教育の内
　　容の決定と学位水準のコントロール④規模と成長率の決定⑤教育と研究と先端
　　研究 (advanced study) のバランスの確立、研究計画の選定、そして出版の自由⑥
　　多様な種類の支出の中で経常収入の配分、である。

81　新堀 1977、前掲論文。

82　安原義仁「イギリス高等教育の水準維持方式―学外試験委員の役割」『高等教育
　　研究紀要』第 11 号、1990 年、47 頁。(以下、安原 1990b と略)

83　安原 2008、前掲書。

84　安原 1990a、前掲論文、72 頁。なお、シンも、ユニヴァーシティ・カレッジが
　　大学へと昇格するまでの期間を指し、「大学徒弟 (University Apprenticeship)」の例
　　として取り上げているが、簡潔に述べるにとどまっている (Shinn 1986, *op. cit.*)。

85　安原 2008、前掲書、46 頁。なお、誰がこうした条件を求めたのかについては、
　　言及されていない。

86　同上書、ii 頁。

87　同上；安原義仁「日英高等教育の比較考察―質と水準の保証に着目して―」『日
　　英教育研究フォーラム』第 16 号、2012 年、20 頁。

88　Berdahl 1959, *op. cit.*

89　*Ibid.*, pp.110-111.

90　Vernon 2004, *op. cit.*

91　Vernon 1998, op. cit., p.46.

92　Armytage 1955, *op. cit.*

93　Sanderson 1972, *op. cit.*

94　Ives et al. 2000, *op. cit.*, p.104.

95   E.J. Somerset, *The Birth of a University: A passage in the life of E.A. Sonnenschein*, Oxford: Blackwell, 1934.

96   Rothblatt 1987, op. cit.

97   Ibid.; Somerset 1934, *op. cit.*

98   Ives et al. 2000, *op. cit.*

99   S. Rothblatt, 'The federal principle in higher education', *History of Education*, Vol.16, No.3, 1987, pp.164-165.

100   University Man, *The Public Right to the Universities*, London: Benjamin L. Green, 1851, p.17.

101   Berdahl 1959, *op. cit.*, pp.58-59.

102   バーダールは、アシュビーの議論を踏まえつつ、大学の自治と学問の自由について定義している (R.O. Berdahl, 'Academic Freedom, Autonomy and Accountability in British Universities', *Studies in Higher Education*, 15 (2) , 1990, pp. 171-172)。バーダールによれば、学問の自由 (academic freedom) とは、個々の学者が、政治的、宗教的、社会的正統性のために処罰や雇用の終了を恐れることなく、教育および研究において真実を追求する自由である。大学の自治については、実質的な自治 (substantive autonomy) と手続き的な自治 (procedural autonomy) の２つがあるとしている。実質的な自治とは、自らのゴールやプログラムを決定するための組織形態における大学またはカレッジの力――いわば、学究の何たるか (what of academe) であり、手続き的な自治とは、そのゴールやプログラムが追求される際の手段を決めるための組織形態における大学またはカレッジの自由――学究の方法 (how of academe) である。アシュビーによると、大学の自治は、①学生とスタッフの任用②水準の設定と学位授与の決定③カリキュラムの設計④資金の配分の４点に集約されるものである (E. Ashby in association with M. Anderson, *Universities: British, Indian, African: A Study in the Ecology of Higher Education*, Cambridge: Harvard University Press, 1966, p.296)。

103   A. フレックスナー『大学論―アメリカ・イギリス・ドイツ』坂本辰朗・渡辺かよ子・羽田積男・犬塚典子訳、玉川大学出版部、2005 年、252 頁。

104   Shinn 1986, *op. cit.*, p.44.

105   M. Kogan and S. Hanney, *Reforming Higher Education*, Jessica Kingsley Publishers, 1999, p.142.

106   兵頭 1965、前掲論文。

107   馬場 1968、前掲論文；馬場 1969 年、前掲論文；馬場将光「自由主義諸国の大学問題」梅根悟監修『世界教育史大系　大学史 I』1974 年、318-332 頁など。

108   崎谷康文『英国の大学行政―大学補助金委員会 (UGC) の歴史　1919-1972―』XXX、1975 年。

109　E. Ashby and M. Anderson, *Portrait of Haldane at Work on Education*, London: Macmillan, 1974, p.152.

110　T. Owen, 'The University Grants Committee', *Oxford Review of Education*, 6 (3) , 1980, pp.255-278. オーウェンは、①UGC の起源、②大蔵省所管となった理由、③委員の変化の意義、④ 1946 年以降の委員会の仕事の主要な変化、⑤委員会の「緩衝装置」としての役割、という 5 つの問いについて検討している。

111　Berdahl 1959, *op. cit.*

112　E. Hutchinson, 'The Origins of the University Grants Committee', *Minerva: A Review of Science Learning and Policy*, Xiii (4) , 1975, pp.583-620.

113　Moodie 1983, op. cit.

114　M. Shattock and R. Berdahl, 'The British University Grants Committee 1919-83: Changing Relationships with Government and the Universities', *Higher Education*, 13 (2) , 1984, pp.471-499.

115　M. Fry, 'The University Grants Committee: An Experiment in Administration', *Universities Quarterly*, 2, 1948, pp.221-230.

116　馬場 1968、前掲論文；山本・山崎 1958、前掲論文など。

117　たとえば馬場は、国庫補助金交付の最初期から「support without control」の原則は貫かれていたのだと評価している（馬場 1968、前掲論文）。

118　なお、この説に関しては、上田学『日本と英国の私立学校』玉川大学出版部、2009 年に言及がある。

119　崎谷 1975、前掲書など。

120　Vernon 2001, op. cit., p.251.

121　B. Salter and T. Tapper, *The State and Higher Education*, The Woburn Press, 1994.

122　Vernon 2001, op. cit.

123　ヴァーノンの見解は、UGC を大学自治と国家のニーズを両立させうるものと評価するバーダールとは明確に立場を異にしているといえるが、その一方で、国家は第二次世界大戦以降、UGC や研究に関する審議会を通じて資金を拠出しながらも、基本的には「不干渉（hands-off）」の態度を示したとも指摘している（Vernon 2004, *op. cit.*, p.215）。

124　Vernon 2001, op. cit., p.269.

125　Shinn 1986, *op. cit.*

126　Vernon 2001, op. cit.

127　藤谷謙二『イギリス国庫補助金の研究』法律文化社、1957 年、215-216 頁。

128　同上書。

129　1877 年オックスフォード・ケンブリッジ大学法（Universities Of Oxford

And Cambridge Act, 1877）や非国教徒の大学入学を認めた 1871 年大学テスト法
（Universities Tests Act 1871）など。

130　ロンドン大学に教育機能を付加した 1898 年ロンドン大学法（University of London Act 1898）など。

131　スコットランドの大学について定めたスコットランド大学法（Universities （Scotland）Act 1858）など。

132　大田直子『イギリス教育行政制度成立史—パートナーシップ原理の誕生—』東京大学出版会、1992 年。

133　藤井泰『イギリス中等教育制度史研究』風間書房、1995 年。

134　菅野芳彦『イギリス国民教育制度史研究』明治図書、1978 年。

135　空本和助『イギリス教育制度の研究』御茶の水書房、1969 年。

136　髙妻紳二郎『イギリス視学制度に関する研究—第三者による学校評価の伝統と革新』多賀出版、2007 年。

137　松井一麿『イギリス国民教育に関わる国家関与の構造』東北大学出版会、2008 年、1 頁。

138　同上、2 頁。

139　同上。

140　土方苑子「『学校』と『学校でないもの』」『UP』39（1）、2010 年、19 頁。

141　F. リンガー「序章」D.K. ミュラー・F. リンガー・B. サイモン編『現代教育システムの形成—構造変動と社会的再生産　1870-1920』望田幸男監訳、晃洋書房、1989 年、2 頁。

142　ロー 1989、前掲論文。もっともイギリスの高等教育に関してのロウの論考は、高等教育と社会的再生産の関係について論じたものであり、本研究の課題意識とは幾分異なっている。

143　スコットランドの大学は実学や科学技術を比較的早い時期から重視したことで知られ、例えばグラスゴー大学では 1840 年から工学教育を行っていた。一方で、その教育水準に関していえば、高等教育と呼ぶにふさわしいものであったのかについて議論がある。

144　地方と中央の関係については、ヴァーノンが一部言及しているが、本研究の見解とは幾分異なっている。この点については、第 4 章で述べる。

第一部　国庫補助金交付の開始

第1章　補助金諮問委員会の概要　1889-1911年

　本章においては、1889年から1911年までの間の大学（カレッジ）補助金に関する委員会について時系列的に検討してゆく。具体的には1889年に諮問委員会がつくられる前の大学／カレッジに補助金が拠出されたいわば例外的事例を第1節で、1884年ごろから活発になり1889年の諮問委員会設置につながる、主としてイングランドにおける補助金獲得運動と諮問委員会について第2節で、1889年諮問委員会以降設置された5つの臨時諮問委員会（通称 Five *Ad Hoc* Committees）と、ホルディーンが議長を務めた通称ホルディーン委員会について第3節から第6節で扱う。以上を通して、補助金が大学に対して支払われるようになった背景と、そしてその初期の補助金諮問委員会の流れを確認する。

1.　1889年以前の動き

　イングランド政府による大学（高等教育）に対しての財政援助は1706年まで遡る。1705年1月16日成立のスコットランド議会法（Act of the Scottish Parliament）は「前述のプロテスタント宗教と、この教会の崇拝、教会規律、そして政府のより大きなセキュリティのために、上で定められたように、前述の制定法に助言と同意を持った女王陛下は、セント・アンドリュース（St. Andrews）、グラスゴー（Glasgow）、アバディーン（Aberdeen）、エディンバラ（Edinburgh）の大学およびカレッジが、今法則によって確立されたとともに、この王国内に永久に継続するものとすると規定する[1]」と定めた。この法律により、1706年のイングランド・スコットランドの連合（joint）に際してそれ

までスコットランドで出されていた国庫補助金を、イングランド政府が引き継ぐこととなったのである。補助金ははじめ、王室の遺産（財産）から支払われていたが、1831 年以降は議会に委ねられることとなった。この補助金は、主に講座を新設したり、給与の支給を補足したりするために拠出されたものの、その額は極めて少なかった[2]。

　その後、長い間政府が大学・カレッジに対して財政援助を行うことはなかったが、1836 年創立のロンドン大学（University of London）に対して、政府は少額ではあるものの「内務大臣の勧告にもとづき大蔵省から大学に対して交付され[3]」る「学生から徴収する授業料だけではカバーし切れない試験運営費、賞・学位の判定費、事務費等を賄うことを目的とした[4]」補助金を出すことを決めた。これは、「政府のとりなし[5]」で「既存の 2 つの教育機関はそのまま存続させ、同時に両者の学生と、以後政府によって資格を認められる教育機関の学生に学位を授ける機関として[6]」ロンドン大学が設立されたという経緯によるものであると考えられる。ロンドン大学は、「受験料で維持される試験委員会以上の何ものでもなかった[7]」といわれ、また、「政府の一部局として編成された[8]」ともいわれている。ただしロンドン大学への補助金は、あくまでも特別な目的のために拠出されるものであって、「国家による大学に対する援助」といえるものではなかったと評価されてきた[9]。オックスフォード大学とケンブリッジ大学はもとより、ダラム大学もそれぞれに潤沢な資産を有していた。それゆえ、馬場は、「国家の関与の道を開くような国家計画（national planning）[10]」に対する警戒があったとしている。1851 年に匿名の「大学人（University Man）」によって書かれた『大学に対する公衆の権利（*The Public Rigtht to the Universities*）』においては、以下のように述べられている。

　「大学は国家によって作られた公的な法人（a public corporation created by the State）であり、一般的な利益（general good）のために委託された義務を持っており、その創造主（creator）である国家に責任を持っていることは明白である。創造された権力は無効にしうるものであり、そしてもし無効にするかもしれなければ、修正したり改正したりできる。何人もこれに異

議を唱えることはできない[11]。」

「我々は、大学改革が中央政府による国家的教育のコントロールの第一歩となることがないよう注意しなければならない。強調したいのは、大学改革に向けた我々のあらゆる努力において、完全な責任と共に、完全な自治 (self-government) があるべきであるということである。さもなければ、結果が実権のない君主から暴君への (from [King] Log to [King] Stork) 無責任なルールの転嫁 (transfer) となることはあまりにも明らかである[12]。」

ここでは、大学は公的な存在であるということが表明される一方で、中央政府による統制に対する懸念も表明されている。

　財政的な点でいうと、「高等教育関係者の中に、すでに 1853 年に、高等教育機関設立計画を討議した際に、国庫補助金による財政援助を受けるべきであるとするアンビシャスな発想があり、積極的に討議が重ねられていた[13]」という事実もまた存在した。それでも、「大学財政国庫補助政策は、討議こそされたが、1870 年代になってすら、政府が国庫補助金交付の方向にその政策を推進しなかったため、決して実施に移されはしなかった[14]」のである。

　政府は、

　「国家 (nation) の最高の知性を象徴するものとしての大学は、その国家政策に従属すべきではない。繁栄する大学の常態は、独立しており (independent)、安定 (stability) していることである[15]」

と考えており、「高等教育の発展に財政援助を与えるのは、これまで政府の政策ではなかった[16]」という姿勢を維持していた。

　そのため、いくつかの大学が政府に財政援助を求めたにもかかわらず、それらの要請は、いずれも受け入れられることはなかった。馬場は、「Owens College (Manchester) は、創立の翌年の 1852 年と 1872 年に、Aberyswyth College (Wales) は、1870 年代に国庫補助金を請願していた[17]」と指摘している。

　そうした状況の中、1882 年以降、ウェールズの高等教育（と中等教育[18]）促進のため、政府から補助金が拠出されることになった。補助金は特定のカレッジ（Aberystwyth、Bangor、Cardiff）に対して出され、その額は£ 4,000 であった。この補助金は、ウェールズにおける補助金獲得運動が精力的に行われた結果得られたものであり、その背景には、大学財政の困窮と、それ以上に「地域平等主義」があったといわれている[19]。

　以上のように、1889 年に補助金に関する諮問委員会が設置されるまでにも大学・カレッジに対する国庫補助金の交付がなかったわけではない。スコットランドの大学に対する補助金、ロンドン大学に対する補助金はそれぞれの特殊な背景が補助金交付の根拠となっていたが、ウェールズの場合の交付の根拠は前述の通り「ウェールズの高等教育の一般的発展」であり、その後のイングランドのカレッジへの国庫補助金獲得運動に影響を与えた。しかし、この 3 つの事例すべてに共通していえることは、それぞれの機関が抱える特殊な状況に対する「例外的事項[20]」として扱われたものであり、経常的な国家と大学との関係の構築とは言い難く、したがって国家の大学への関与という点でも非常に限定的なものであったため、国家政策としての大学・カレッジへの補助金交付というほどのものではなかったということである。

2. 1889 年補助金諮問委員会の設置

　イングランドにおける高等教育機関に対する国庫補助金は、1889 年に始まった。1884 年、ユニヴァーシティ・カレッジ・ブリストル（University College, Bristol）の校長であったラムゼー（W. Ramsay）と、ファース・カレッジ・シェフィールド（Firth College, Sheffield）の校長であったヒックス（W.M. Hicks）が中心となって、ユニヴァーシティ・カレッジへの国庫補助金の交付を求める運動を開始した。この運動が起こった背景には、まず何と言ってもカレッジの財政的困窮という問題があった。マンチェスターのオウエンズ・カレッジを除いては、ほぼ全てのカレッジが財政的援助を必要とする状態であったといわれている[21]。ウェールズのカレッジが国庫補助金を得ていることの影響も当

然ながらあった[22]。そして、より重要な点として、国家による教育支援の重要性と正統性が当時のイングランドにおいて認識されるようになっていったということが馬場によって明らかにされている[23]。

　ラムゼーとヒックスが中心となってカレッジ長会議が開かれ、カレッジへの補助金を求める決議がなされた。そうした執行部の呼びかけに応じてこの運動に参加したのは、バーミンガム（Birmingham）、ブリストル（Bristol）、ロンドンのユニヴァーシティ・カレッジとキングス・カレッジ（University and King's College）、ニューカッスル（Newcastle）、ノッティンガム（Nottingham）、シェフィールド（Sheffield）、サウザンプトン（Southampton）の8つのカレッジであった[24]。これら8つのカレッジは協力して運動を展開していたが、マンチェスター（Manchester）、リヴァプール（Liverpool）、リーズ（Leeds）の3つのカレッジは別に計画を立てていたためにこの運動に参加したのは後になってからであった。これら3カレッジはヴィクトリア大学（Victoria University）[25]を構成するカレッジであったために、はじめのうちは、前述の8カレッジと共に補助金運動をするよりも、ヴィクトリア大学としてロンドン大学と同様に「連合制大学（federal university）」の運営にかかる諸経費の援助を求めるという方針を採っていた[26]。

　カレッジによる運動の盛り上がりを受けて、政府は国庫補助金をカレッジに交付することを決定し、1889年3月11日、大蔵省覚書（Treasury Minute）においてユニヴァーシティ・カレッジに関する補助金諮問委員会（The Committee on Grants to University Colleges in Great Britain／a Committee to Report on the Appropriation of a Grant of £15,000 for University Colleges in Great Britain）の設置が示された。諮問委員会のメンバーは、以下の通りである[27]。

Sir John Lubbock Bart., M.P.

Sir Henry Roscoe, M.P.

The Rev. J. Percival, D.D.（Head Master of Rugby School）

The Rev. G.F. Browne, B.D.（Hon. Fellow of St. Catherine's College, Cambridge）

R.G.C. Mowbray, Esq., M.P.

ラボック (J. Lubbock)、ロスコー (H. Roscoe)、モウブレイ (R. G. C. Mowbray) の
3名が国会議員 (Member of Parliament) であった。ロスコーは南マンチェスター
(South Manchester) 区選出 (自由党)、モウブレイはランカシャー (Lancashire) の
プレストウィッチ (Prestwitch) 区選出 (保守党) の議員 (1887-1892年大蔵大臣ゴッ
シェンの議会担当秘書官 (Parliamentary Private Secretary)) であったのに対し、ラボッ
クは初めメードストン (Maidstone) 区選出 (自由党) であったものの、1880年以
降はロンドン大学の大学選挙区[28]から選出されている。また、パーシヴァル (J.
Percival) は名門パブリック・スクールであるラグビー校の校長、ブラウン (G. F.
Browne) はケンブリッジ大学を構成するカレッジの名誉評議員であった。委
員会書記官には教育局 (Education Department) のオークリー (Mr. H.E. Oakeley)
が任命されている。この委員会の諮問事項 (terms of reference) は、「議会の年
毎の予算によって認められるならば、(引用者註:補助金) 総額 (£15,000) をど
このカレッジにどの割合で配分するべきか決定することを助ける (to assist in
determining the colleges, amongst which and the proportions in which, the said sum should, if
approved by annual Vote of Parliament, be distributed[29])」というものであった。

　国庫補助金の交付を希望していたのは、以下のカレッジであった[30]。

　　In England:

　　　　1. King's College　　　　　　　- London.

　　　　2. University College　　　　　- London.

　　　　3. Owen's College　　　　　　- Manchester.

　　　　4. Mason's College　　　　　　- Birmingham.

　　　　5. Firth College　　　　　　　- Sheffield.

　　　　6. The Yorkshire College　　　- Leeds.

　　　　7. University College　　　　　- Liverpool.

　　　　8. University College　　　　　- Bristol.

　　　　9. University College　　　　　- Nottingham.

　　　10. The Durham College of Science　- Newcastle-on-Tyne.

　　　11. The Hartley Institute　　　　- Southampton.

In Scotland:

　12. University College　　　　　　　　　　　- Dundee.

　補助金交付を希望していたカレッジは、スコットランドのダンディー・ユニヴァーシティ・カレッジ（Dundee University College）を除いて全てイングランドのカレッジであった。これは、スコットランドの伝統的な 4 つの大学が 1706 年から、そしてウェールズのカレッジが 1882 年から補助金を交付されていたことに拠ると考えられる[31]。

　委員会は、これら 12 のカレッジが国庫補助金の交付に見合うカレッジであるか、また、その資格があると判断されるならば、どのカレッジにどれだけ配分すべきなのかについて協議した。数ヶ月の協議の結果、補助金は以下のように交付されることとなった[32]。

　　Owens College, Manchester ······················· £ 1,800

　　University College, London ························· £ 1,700

　　King's College, London ····························· £ 1,700

　　Liverpool University College ······················ £ 1,500

　　Mason College, Birmingham ······················· £ 1,400

　　Yorkshire College, Leeds ··························· £ 1,400

　　Nottingham University College ···················· £ 1,400

　　Bristol University College ·························· £ 1,200

　　Durham College of Science（Newcastle-on-Tyne）···· £ 1,200

　　Firth College, Sheffield ···························· £ 1,200

　　Dundee University College ·························· £ 500

　　（Hartley Institution, Southampton ···················· £ 0）

　　　　　　　　　　　　　　　　　　　　　　　————————

　　　　　　　　　　　　　　　　　　　　　　　£ 15,000

　この委員会における補助金配分の最大の特徴は、補助金獲得運動で主導的な役割を果たしたサウザンプトンに対して補助金交付が認められなかったという点である。その詳細については、次章で扱う。

　また、もう一つ注目すべき点として、補助金配分のための大学視察を行なうべきであるという勧告が出されたことが挙げられる。委員会は、「学生を調査する目的ではなく、建物や実験施設を視察するために、そして様々な学習コースの性質と範囲について個人的に精通するために、政府を代表する人物が時折カレッジを訪問することが望ましいだろう」と述べた[33]。続く 1892年、1894 年の諮問委員会でもこの勧告は支持され、1896 年に最初の視察が行われることとなった。

　では、なぜ政府は国庫補助金をカレッジに交付することに決めたのであろうか。カレッジの補助金獲得運動が政府に受け入れられたことの後押しとなったのは、当時の国際社会における競争の激化があったといわれている。当時アメリカやドイツといった「新興国」が科学技術の振興により発展を遂げていた。それに対して、イギリスは科学技術を軽視する傾向があったため、国内においても危機感を募らせる者が増えていった。多少時期は後になるが、ロンドン・スクール・オブ・エコノミクス（London School of Economics and Political Science、略称 LSE、1895 年設立）[34]創設者としても有名なシドニー・ウェッブ（Sidney Webb）は、1901 年に『フェビアン・トラクト（Fabian Tract）』108号において「国家的効率（National Efficiency）を高めるため[35]」に大学に対する巨額の財政的援助の必要性を強調した。1902 年にはバーミンガム大学創設に深く関わった（第 5 章参照）ことでも知られる植民地大臣ジョセフ・チェンバレン（Joseph Chamberlain）が、「国家間の大学競争は建艦競争と同様に重要である。そして、それゆえに我々の大学の状態が最大の国家的関心事となりうるのである[36]」と述べている。また、1851 年第一回ロンドン万国博覧会開催以降、万国博覧会が数年毎に開催されるようになっていた[37]が、これも各国の科学技術の進歩を確認する指標の一つとなった。

3.　1892 年諮問委員会

1889 年諮問委員会に続く 1892 年諮問委員会では、以下の 5 名が委員として、またオークリーが再び書記として任命された。

H.E. Roscoe

G. Curzon

J. Bryce

R.G.C. Mowbray

W.J. Courthope

委員のうち、ロスコーとブライス (J. Bryce) については、1895 年の (通称) ブライス報告書で知られる中等教育に関する委員会 (Royal Commission on Secondary Education) の委員でもあった[38]。

1892 年 3 月 21 日付の委員会の報告書によると、前回補助金交付リストから外されたサウザンプトンは補助金申請をせず、11 のカレッジは前回と同額の補助金を得た[39]。この委員会においては、補助金額に変化は見られなかった。しかし、入学に際して教会法 39 箇条の宣誓を課していたキングス・カレッジ・ロンドンへの補助金交付の妥当性について、ロスコーとブライスから疑義が呈された点にだけは留意する必要がある。これについては、次の委員会で議論されることとなった。

4.　1894 年諮問委員会

続く 1894 年諮問委員会では、1894 年 7 月 5 日に報告書が出されている[40]。この委員会は、委員である

J. Bryce

L. Playfair

H.E. Roscoe

W. Kenrick

の4名と、1889年、1892年諮問委員会の際にも書記官であったオークリーによって構成されていた。補助金配分額は以下のように決定された。

Owens College, Manchester	£ 1,800
University College, London	£ 1,700
Liverpool University College	£ 1,500
Mason College, Birmingham	£ 1,400
Yorkshire College, Leeds	£ 1,400
Nottingham University College	£ 1,200
Bristol University College	£ 1,200
Durham College of Science（Newcastle-on-Tyne）	£ 1,200
Firth College, Sheffield	£ 1,200
Bedford College, London	£ 700
	£ 13,300
King's College, London	£ 1,700
	£ 15,000

　この委員会での補助金配分総額は前回までと同様で、ロンドンのベッドフォード・カレッジが新たにリストに加わった関係で補助金配分額には多少の変化が見られたのみであった。しかし、前回の諮問委員会で指摘されたように、イングランド国教会と密接な関わりを持つキングス・カレッジへの補助金交付について、議論が交わされた。この点については、宗教と大学との関係という観点からは重要な問題であると考えられるものの、本研究の関心

とは異なるため、ここでは扱わない [41]。

---

5. 1897 年諮問委員会

　1897 年諮問委員会は、前回までの委員会における、大学視察を行ってその結果に従って補助金を配分するべきであるという勧告を受けて、初めて各カレッジの視察を行ったという点において重要な意味を持っていた。諮問委員会設置に先駆けて、大蔵省は 1896 年 3 月 3 日、オックスフォード大学のマグダレン・カレッジの学寮長であるウォレン氏（Mr. T.H. Warren, President of Magdalen College, Oxford）と、ケンブリッジ大学のセント・ジョンズ・カレッジのフェローであるライヴィング教授（Professor G.D. Living, Fellow of St. John's College, Cambridge）に各カレッジの視察を行うよう依頼した [42]。依頼を受けた両名は、1896 年 12 月 31 日に視察報告書を提出した。また、シャルマース（Mr. Robert Chalmers）による財政報告書も同日提出された。大蔵省は 1897 年諮問委員会を任命し、これらの報告書をもとに補助金を配分するよう諮問した。委員会のメンバーは、

　　The Right Honourable J. W. Mellor, K.C., M.P.

　　Sir Henry Roscoe, D.C.L., F.R.S.

　　Sir R. C. Jebb, M.P., Litt.D., &c., &c.

　　C. A. Whitmore, Esq., M.P.

　　W. J. Courthope, Esq., C.B.

の 5 名であり、財政報告書を作成した大蔵省のシャルマースが書記として参加した。1897 年 5 月 20 日に諮問委員会の勧告が出され、同年 6 月 2 日に大蔵省は以下のように補助金配分額を決定した。

　　Owens College, Manchester······················· £ 3,500

　　University College, London ······················· £ 3,000

University College, Liverpool	£ 3,000
Mason College, Birmingham	£ 2,700
King's College, London	£ 2,200
Yorkshire College, Leeds	£ 2,200
Durham College of Science	£ 2,200
University College, Nottingham	£ 1,500
Firth College, Sheffield	£ 1,300
University College, Bristol	£ 1,200
Bedford College, London	£ 1,200
	£ 24,000
University College, Dundee	£ 1,000
	£ 25,000

　この委員会で特筆すべき点は、大学視察が開始されたことと補助金総額が増加したこと、そしていくつかの重要な勧告が出されたことである。大学視察の開始により、各カレッジが抱える教育内容に関する課題とガバナンス（教員配置、代表運営組織、法人格など）に関する課題が明らかとなったのであった。具体的には、第一に、補助金交付を新たに希望したレディングとエクセターのカレッジへの補助金は、視察結果に鑑みて教育内容に不足があるという理由で認められなかった。第二に、ガバナンスに関しては、教員配置が不十分な機関にひも付き補助金を交付するという勧告も出された。第一の点については第3章で、第二の点については第4章で詳しく述べる。そしてもう一つ重要な点として、補助金の増額はこれ以降、既定の路線となっていったことも挙げられる。

6. 1901 年諮問委員会

1901 年諮問委員会も前回の 1897 年の委員会と同様の手順で補助金配分が決定された。まず、1901 年 3 月 20 日に大蔵省覚書でオックスフォード大学トリニティ・カレッジ前学寮長のウッズ博士（Dr. H.G. Woods, formerly President of Trinity College, Oxford）とケンブリッジ大学ダウニング・カレッジ学寮長のヒル博士（Dr. A. Hill, Master of Downing College, Cambridge）が視察者として任命された[43]。両名の視察報告書は 1901 年 12 月 31 日に出され、同日出された大蔵省のヒッグス（Mr. H. Higgs）の財政報告書と併せて諮問委員会で検討されることとなった。諮問委員会は 1902 年 2 月 14 日の大蔵省覚書にて任命された。委員は前回と同じで、以下の通りである。

The Right Hon. J. W. Mellor, K.C., M.P.

Sir Henry Roscoe, D.C.L., F.R.S.

Sir R. C. Jebb, M.P., Litt.D., D.C.L., &c.

C. A. Whitmore, Esq., M.P.

W. J. Courthope, Esq., C.B.

議長にメラー（J. W. Mellor）が、そして書記に財政報告書を作成したヒッグスが就いた。委員会の勧告を受け、1902 年 6 月 10 日の大蔵省覚書にて以下の通り補助金が配分されることが決まった。

Owens College, Manchester·······················£ 3,500

University College, London ·······················£ 3,000

University College, Liverpool ·····················£ 3,000

Mason College, Birmingham ·······················£ 2,700

King's College, London ·····························£ 2,300

Yorkshire College, Leeds ···························£ 2,300

Durham College of Science ························£ 1,800

University College, Nottingham ···················· £ 1,700

University College, Sheffield ······················ £ 1,300

Bedford College, London ························· £ 1,200

University College, Bristol························ £ 1,200

University College, Dundee ······················ £ 1,000

———————————

£ 25,000

University College, Southampton ·················· £ 1,000

University College, Reading ······················ £ 1,000

———————————

£ 27,000

　この委員会では、前回までに補助金交付を希望しつつも叶わなかった3つのカレッジ（サウザンプトン、レディング、エクセター）のうち、視察において教育面での向上が見られたという理由で、サウザンプトンとレディングには条件付きながら補助金配分が認められた（第2章と第3章で詳述）。また、第4章で述べるように、ヒッグスの財政報告書での提案にもとづき、補助金を受け取るカレッジは法人付与により法人格を得る（acquire a legal personality by incorporation）べきであるという勧告も出された[44]。

註

1　University Grants Committee, *University Development 1957-1962*, Cmnd. 2267, London: H.M.S.O., 1964, p.170.

2　馬場将光「イギリスにおける大学財政国庫補助金制度の成立（1）―ウエイルズへの国庫補助金の交付―」『東京教育大学大学院教育学研究集録』第6集、1966年、35頁。

3　同上。

4　同上。

5　同上。

6　同上。

7　島田 1990、前掲書、247 頁。

8　中村勝美「イングランドの大学における連合制原理に関する歴史的考察」『広島女学院大学人間生活学部紀要』第 2 号、2015 年、73 頁。

9　馬場 1966、前掲論文、36 頁。

10　同上。

11　University Man 1851, *op. cit.*, p.17.

12　*Ibid.*, pp.46-47. なお、[King] はアーミテージによる補足である（Armytage 1955, *op. cit.*, p.213）。

13　馬場 1966、前掲論文、36 頁。

14　同上。

15　同上。University Grants Committee 1964, *op. cit.*, p.171.

16　馬場 1966、前掲論文、36 頁。

17　同上。

18　島田は、補助金がウェールズの中等・高等教育に対して拠出されたと指摘している（島田 1990、前掲書参照）。

19　馬場 1966、前掲論文。

20　同上、36 頁。

21　Memorandum. Aid to University Colleges. 1 March 1889. ED 54/1, p.3.

22　馬場 1968、前掲論文、30 頁。

23　同上、32 頁など。

24　同上、30-31 頁。

25　ヴィクトリア大学はイギリスのマンチェスター、リヴァプール、およびリーズのカレッジによって構成される連合制大学であった。この大学は 1880 年にオウエンズ・カレッジ・マンチェスター（Owens College, Manchester）に勅許状が与えられた時につくられた。ユニヴァーシティ・カレッジ・リヴァプール（University College, Liverpool）は 1884 年に、ヨークシャー・カレッジ・リーズ（Yorkshire College Leeds）は 1887 年にこの大学に加わった。

26　馬場 1968、前掲論文、31-32 頁。

27　Grant to University Colleges in Great Britain. Treasury Minute, dated 11th March 1889. ED 54/1, The National Archives, p.2.（ED は教育院関係の文書であることを示している。なお、以下に出てくる資料分類 PC は枢密院を示している。）

28　大学選挙区に関しては、グリーン 1994、前掲書、299-323 頁に詳しい。

29　Grant to University Colleges in Great Britain. Treasury Minute, dated 11th March 1889. ED 54/1, p.2; 崎谷 1975、前掲書、4 頁。

30　Grant to University Colleges in Great Britain. Treasury Minute, dated 11th March 1889. ED 54/1, p.3.

31　馬場は、「アイルランドは既に国家から財政的援助を受けていた」と指摘している（馬場1968、前掲論文、34頁）。

32　Grant to University Colleges in Great Britain. Treasury Minute, dated 11th March 1889. ED 54/1, p.6.

33　Ibid., pp.5-6.

34　LSEの歴史に関しては、以下参照。R. Dahrendorf, *LSE: A History of the London School of Economics and Political Science 1895-1995*, Oxford University Press, 1995; 木村雄一『LSE物語――現代イギリス経済学者たちの熱き戦い』NTT出版、2009年。

35　S. Webb, *Twentieth Century Politics: A Policy of National Efficiency*, Fabian Tract No.108, 1901.

36　*The Times*, November 6, 1902.（馬場1969、前掲論文、31頁の訳出参考。）

37　19世紀に開催された万国博覧会の開催地は以下の通りである：ロンドン（1851年、1862年）、ニューヨーク（1853-1854年）、パリ（1855年、1867年、1878年、1889年、1900年）、ウィーン（1873年）、フィラデルフィア（1876年）、メルボルン（1880-1881年）、バルセロナ（1888年）、シカゴ（1893年）、ブリュッセル（1897年）。イギリスは1851年ロンドン万博で所謂「水晶宮」を公開し、華々しいデビューを飾ったが、その後の1889年パリ万博のエッフェル塔、1900年パリ万博の「電気宮」など、科学技術や産業の発展を象徴するものが各国によって次々と公開された。

38　その名の通り、ブライスはこの委員会の委員長を務めた。このほか、1897年、1901年諮問委員会委員ジェブもブライス委員会のメンバーであった。

39　ED 24/78.

40　ED 24/79.

41　この点については、馬場1969、前掲論文、29-30頁に詳しい。

42　ED 24/81.

43　University Colleges（Great Britain）（Grant in Aid）. Treasury Minute of 20th March 1901. ED 24/82A.

44　University Colleges（Great Britain）（Grant in Aid）. Treasury Minute of 20th March 1901. ED 24/82A.

第2章　補助金の性格の変化：サウザンプトン

1. 本章の目的

　本章の目的は、国庫補助金の性格の変遷を辿ることである。そのために、国庫補助金運動を主導していたにもかかわらず交付開始初期に補助金を得ることができなかったハートレー・インスティテューション・サウザンプトン（以下サウザンプトンと略）を取り上げ、同機関に対して補助金諮問委員会がどのような判断を下したのか、まず補助金交付開始時の条件を確認した後で、その条件の変遷を追う。

　まず大前提として、補助金についての明確な、例えば数値的な基準は当時示されていなかった。そのためか、これまでの先行研究においては、補助金交付時の条件とはいかなるものであったのかについて抽出することを試みたものは管見の限り見当たらない。しかし、いくつかの大学が補助金交付の対象外とされたという事実から、当時何が必要とされていたのかについて明らかにすることは可能である。本章では、そのような方法で当時の「基準」を明らかにしていく。おそらく、運動に対して制度が後付けで作られていったという側面が強いというのが実際のところであろう。しかし、まったく制度的な視点がなかったのかというとそうではない。ここでは、「基準」そのものが時間経過とともに変化したことにも注目しながら、分析を行っていく。

　1889年、イングランドで大学に対する本格的な国庫補助が開始した。そのきっかけとなったのは、1885年からの、サウザンプトン・ハートレー・インスティテューションの呼びかけに応えて集まったカレッジ（ロンドンの

UCLとキングス・カレッジ、バーミンガム、ブリストル、ニューカッスル、ノッティ
ンガム、シェフィールド、サウザンプトン)による補助金獲得運動であった。こ
の運動が起こった背景には、まず何と言ってもカレッジの財政的困窮という
問題があった。マンチェスターのオウエンズ・カレッジを除いては、ほぼ全
てのカレッジが財政的援助を必要とする状態であったといわれている[1]。そ
して、より重要な点として、前章でも指摘したように国家による教育支援の
重要性と正統性が当時のイングランドにおいて認識されるようになっていっ
たということも挙げられる[2]。その論拠の一つとして、諸外国における高等
教育への国庫補助があった[3]。

2. サウザンプトンへの補助金拠出に関する議論　1889-1911年

　カレッジによる国庫補助金運動を受け、第2次ソールズベリー侯爵内閣(保
守党、1886-1892年)の大蔵大臣ゴッシェン(George Goschen、在任 1887-1892年)は、
補助金に関する諮問委員会を設置した。その際、大蔵大臣は枢密院議長クラ
ンブルック卿(Gathorne Hardy, 1st Viscount of Cranbrook)と連名で補助金配分の大
まかな方針についてのメモを作成し、それに従う形で補助金を配分するよう
委員会に依頼した。このメモに示されていたのは、補助金配分に対する5つ
のチェックポイントであった[4]。すなわち、

　　①教育の質(The quality of teaching)
　　②教育活動の量
　　③諸財源からの収入及び必要経費に対する不足額(推定)
　　④学生数に対する収入の割合
　　⑤地方財源からの財政援助額

である。後に続く1892年、1894年の諮問委員会においても、この5点は基
本的に堅持された[5]。
　メモでは、これら5つの項目のうち⑤が最も重要であるとされている。そ

の理由は、以下の通りである。

　　「補助金の目的は、地方の援助を補い促進する (supplement and encourage) こ
　　とである。そして、ある程度の額の地方の貢献が期待できるような条件
　　で、援助を受けるカレッジやそのうちのいくつかに対して補助金を出す
　　ことが望ましいだろう[6]」

　この原則により、地方からの一定の収入・寄付があることが補助金獲得の
条件であり、また、その補助金額も地方からの収入に対して一定の割合で算
出されるものとされた。
　1889 年補助金諮問委員会は、このメモを受け取った上で補助金配分につ
いて検討した。そして、委員会として、

　　①教育の質
　　②学生数、学生それぞれが出席した講義の平均数、夜間クラスによって
　　　測られる活動実績 (the work done)
　　③カレッジの収入；必要な支出額に届かない分；学生の授業料に対する
　　　給与と設備費 (apparatus) の合計額の超過分；その他妥当な経費
　　④機関に対して地域から (locally) 供出された金銭的な支援[7]

の 4 点を重視したことを示した。ここでも、「補助金の主な目的は、地方の
努力を補い促進する[8]」ことが明確に謳われている。
　これらの記述からも明らかなように、委員会の補助金配分基準は大蔵大臣
と枢密院議長のメモを微修正しただけのものである。このように、大蔵大臣
と枢密院議長のメモがもとになって、その後の補助金配分がなされることに
なった。
　補助金交付から除外されたサウザンプトンについては、これら 5 つの項目
のうちどれを満たしていないことが問題であったのかについて明確には言及
されていない。しかし報告書には、

「ハートレー・インスティテューション・サウザンプトンは、大学の科目 (university subjects) の授業をするのに十分な専門の教員 (professional staff) がいないこと、そして適切な代表運営組織 (a proper representative governing body) がないことを理由に、補助金対象からは除外されなければならない[9]」

との説明があり、組織としての体裁が整っていなかったこと、そして「大学の科目の授業」ができていなかったことが問題視されていたことが読み取れる。後者は、ゴッシェンとクランブルックによる5つの項目①(そして1889年委員会における4つの項目の①) とほぼ同じものだといえるであろう。

1889年諮問委員会以後1904年までに、通称 Five *Ad Hoc* Committees と呼ばれる5つの(臨時の)諮問委員会が開かれた (1889年、1892年、1894年、1897年、1902年)。サウザンプトンに関していえば、1892年諮問委員会と1894年諮問委員会については特筆すべき項目はないが、1897年の諮問委員会の報告書には、補助金交付条件についての言及が見られる。「(i) アーツ・サイエンスに対する地方からの全収入最低£4,000 (年額)、(ii) 授業料収入最低£1,500 (年額)」という財政的な条件の提示である[10]。

サウザンプトンに対する補助金交付が決定されたのは1902年諮問委員会であった。補助金交付決定にあたって、2つの重要な報告書が提出されている。1つ目はウッズとヒルが出した、カレッジの教育内容に関する報告書である[11]。彼らは、12の既に補助金交付リストに載っているカレッジと3の補助金交付について議論すべきカレッジそれぞれについて、詳細に述べている。サウザンプトンについては、

「…最近5年間で14人の学生がロンドン (引用者註:大学の) 学位の文学士 (B.A.) と理学士 (B.Sc.) を取得しているという事実は、このカレッジが大学の活動 (University work) をしていることの明確な証拠である。…。…我々はこの一つの確かな点におけるカレッジの教育的な成功が、そのカ

レッジが大学の活動をしていると報告する際の理由になると考える[12]」

とし、一定の評価を与えている。2つ目は、ヒッグスによるカレッジの財政状況に関する報告書である。この中では、サウザンプトンは財政的な条件を未だ満たしていないことが指摘されている[13]。これらの報告書を受け、委員会はサウザンプトンについて現段階では財政的な理由で補助金交付基準には達していないが、近々達することが見込まれるため、基準が満たされれば補助金を交付するという方針を出した。つまり、財政についての条件付きではあるものの、補助金交付が決定されたのである。

その後の1904年諮問委員会（通称ホルディーン委員会）では第一次報告書から第三次報告書まで出されている。そのいずれの報告書においても、サウザンプトンについての言及は特に見当たらないが、補助金交付基準については1897年に定められた財政的条件の重視が強調された[14]。

1906年、諮問委員会が常設のものになった。この諮問委員会は、数回にわたって報告書を提出している。1907年に出された報告書では、サウザンプトンに関して以下のような記述が見られる。

「ハートレー・ユニヴァーシティ・カレッジ・サウザンプトン（The Hartley University College, Southampton）[15]は、1902年にとりあえずリストに入るのを許可された。残念なことに、我々は大学の性格を有する教育（teaching of a University character）に適用可能な地方収入が、条件である£4,000に達しているとみなすことはできない。厳密に言えば、これは我々があらゆる補助金の継続を勧告することの妨げとなる。しかし、このカレッジは1904-05年と1905-06年には補助金を得ているため、我々は突然の変化は公平でないと考えざるをえない。したがって、我々は、次の再分配まではハートレー・ユニヴァーシティ・カレッジ・サウザンプトンに対する補助金の存続を勧告する。今後、新たに更なる補助金が正当化されるかどうかという問題を考慮しなければならない。同時に、我々の情報によると、過去5年間の大学水準の活動（work of a University standard）の

発展が予想されたほどのものでなかったことがわかった。したがって
我々は、補助金の £1,700 削減、しかしながら特別な目的のための補助
金として £550 追加し、合計で £2,250 になるように提案する[16]。」

ここから、諮問委員会が「大学水準の活動」に注目していたこと、そしてそ
の成果と補助金額をリンクさせていたことが読み取れる。とはいえ、この際
に一番重要視されていたのはこれまで同様財政的な条件であった。

　しかしながら、この後の 1908 年の報告書には、これまで重視されてきた
財政的条件の見直しが示されている。すなわち、

「最低地方収入と授業料の条件を厳密に定めることには、疑いなく不利
益がある。それは、この問題のボーダーライン付近に置かれたカレッジ
に対して、他の条件を勘案することなしに、…財政的な方針を適応させ
ることを強いる。それはまた、もし財政条件が満たされれば、…リスト
にないカレッジでも承認に向けて積極的に発言すべきという考えを促す
ものである[17]。」

という指摘である。そしてその上で、以下のような条件を提示した。

「(1) 機関(あるいはそれを構成する地方の教育組織)は、通常以下のような
アーツ・サイエンス(Arts and Science)の分野を含むべき大学水準(University
standard)の十分な教育ができるよう用意されていなければならない。(下
線は引用者による。以下同様)
国語(英語)　English
古典語　Classics
フランス語　French
ドイツ語　German
歴史学　History
哲学　Philosophy

数学　Mathematics

物理学　Physics

化学　Chemistry

生物学　Biology

(2) これらすべてのコースに、そのコースによって利益を受ける多くの学生が受講していなければならない。

(3) 大蔵省の補助金の主要な目的は、初期費用あるいは設備投資費(initial or capital expenditure)というよりも、維持であるため、カレッジの建物や施設はコースに見合ったものでなければならない。

(4) 機関の総収入は、大学の教育(University teaching)を効率的に保持するため、そして恩給年金計画を準備するのに充分でなければならない[18]。」

　これらの記述から明らかになるのは、財政的条件を最重視するというこれまでの方針の転換である。財政的条件が重要な指標の一つであることは確かであるが、それが絶対的な条件となることで、却って不利益が起きる可能性があり、それを避けるべく、補助金の主たる目的とその条件を以前よりも明確な形で提示したのである。そしてこれは、名指しこそしてはいないものの、明らかにサウザンプトンを意識したものであったと考えられる。

　なお、前述の通り 1907 年の時点ではサウザンプトンへの対応は「今後は補助金の交付を見直すのが望ましい」とされ、次の委員会へと委ねられた。しかしながら、実際には、1909-10 年の配分も前回と同じようになされたため、サウザンプトンは補助金を得ている。そして、1911 年に教育院へと移管された諮問委員会においても、サウザンプトンは結局リストに残った[19]。ここに、サウザンプトンへの補助金交付問題は、ひとまずの決着をみたといえる。

3. 補助金の性格の変化と「大学水準の教育」への注目

　前節までで述べてきたような、サウザンプトンへの補助金交付をめぐる一連の流れから、国庫補助金の性格が変化したことが指摘できる。サウザンプ

トンは1889年の時点では「教育の質」が低く、代表運営組織が十分でないという理由で、そして財政的な条件が明確に定められてからはその条件を満たしていないという理由で、補助金交付リストになかなか加わることができなかった。しかし、「大学水準の教育」が行なわれ学位取得者を輩出できるようになったことで一定の評価を得、財政的な面では未だ不十分であったものの、補助金を獲得することができるようになった。これは、サウザンプトンそのものの変化を反映したものであるのと同時に、諮問委員会が設定する補助金交付基準の変化を反映したものでもあったといえる。

　1889年に補助金交付が開始された当初は、補助金の主たる目的は「地方の援助を促進する」ことであった。つまり、市民カレッジの財政は、地方の産業などによって主に支えられるべきものであるという基本理念があったといえる。そこで、①アーツ・サイエンスに対する地方からの収入総額最低£4,000、②授業料収入額最低£1,500、という財政的な条件が設定され、これらは最も重要な補助金交付基準とされた。しかし、補助金増額が不可避となり大学財政における国庫補助金の割合が大きくなる中で、地方産業などからの援助自体は引き続き奨励されたものの、地方の援助を補完し促進するための国庫補助金交付という当初の理念は実態にそぐわないものとなっていった。より多くの補助金が必要となった背景として考えられることは、まず、大学・カレッジにおける教育活動の拡大である。当初はごく限られたニーズを満たす教育であったものが、徐々にその中身は拡大していった。例えば、サウザンプトンであれば、当初は「大学程度」の科目を教えられる教員がいなかったことが問題視されたわけであるが、その問題を解決するためには、新たな科目を新設することが必要であった。新たな教員を雇い、新たな科目を新設することで、各機関は必然的に大きくなり、より多額の資金が必要となる。しかしながら、地方からの支援は、景気の影響を受けるなど不安定なものであった。そこで、より多額の補助金を経常的に供出することが可能な国庫補助金がより重要視されるようになったと考えられる。

　そのような流れの中で、もう一つの条件である「大学水準の教育」が重視されるようになっていった。1908年の報告書に見られた、財政的条件の厳

格な適用だけではなく教育内容などその他の条件も重視する必要があるという指摘は、まさにこの補助金の性格の変化を表したものであったといえる。1889年の時点ですでに、「教育の質」が補助金交付の条件として示されていたが、当時はまだ何をもって「教育の質」が担保されているとみなされるのかについての言及はなかった。「教育の質」に関する議論は、1892年以降議論の対象となり、1896年には大学・カレッジ視察が行われることとなる。この点については、次章で詳しく検討する。

　さらに指摘しておきたいことは、諮問委員会が「質」について重視していたと同時に、一種の「質の保証」と呼べるようなことを行っていたということである。「大学・カレッジに対する補助金」を交付する際に、その交付対象が「大学」でなければならない、というのは、今日から見れば至極当然のことかもしれない。しかし、高等教育が整備されていなかった時代に「大学」にのみ補助金交付をするという方針を出したことは、補助金交付リストに載るカレッジの「質」を一定程度に保つことを意味していた。この点も、以降の章での重要な検討課題の一つとなるであろう。

　本章では、サウザンプトンへの補助金交付に関する決定の変遷を辿りながら、補助金諮問委員会の交付基準そのものが変化したことを明らかにした。国庫補助金は、当初、そのカレッジが立地する地方による自助を促すものとして位置づけられていた。しかし、徐々に、教育内容に対して注目するようになっていく。この点については、次章で詳述する。

註

1　Grant to University Colleges in Great Britain. Treasury Minute, dated 11th March 1889. ED 54/1, p.2.

2　馬場 1968、前掲論文、32頁。

3　同上、31頁。

4　ED 54/1.（馬場 1968、前掲論文、34頁の訳出参考。）

5　ED 24/78; ED 24/79.

6　Memorandum: Aid to University College. ED 54/1.

7　Aid to University College: Report of the Committee. ED 54/1.

8　Ibid.

9　Ibid.

10　ED 24/81.（馬場 1969、前掲論文、33 頁の訳出参考。）

11　この報告書については、次章でも扱う。

12　ED 24/81.

13　また、法人格に関する言及もある。この点については第 4 章で扱う。

14　University Colleges（Great Britain）, Grant in Aid. First Report of the Committee, dated 19th December 1904, ED 24/513; University Colleges（Great Britain）, Grant in Aid. Second and Third Reports of the Committee, dated 23rd February 1905, ED 24/513.

15　ハートレー・インスティテューション・サウザンプトンは、1902 年に法人格を取得し、ハートレー・ユニヴァーシティ・カレッジ・サウザンプトンになった。

16　University Colleges（Great Britain）, Grant in Aid. Report of the Committee. 6th June 1907, ED 24/513, p.8.（馬場将光「常設委員会報告書の分析―イギリスにおける大学財政国庫補助金制度の成立（五）」『東京教育大学教育学部紀要』第 17 号、1971 年 3 月、69 頁の訳出参考。）

17　University Colleges（Great Britain）, Grant in Aid. Report of the Committee. 24th July 1908. ED 24/513, p.4.（馬場 1969、前掲論文、33 頁の訳出参考。）

18　University Colleges（Great Britain）, Grant in Aid. Report of the Committee. 24th July 1908. ED 24/513, p.4.（馬場 1969、前掲論文、33 頁の訳出参考。）

19　ED 24/568.

第3章　教育内容に対する視察と評価：
レディング、エクセター

1. 本章の目的

　本章では、国庫補助金を要求したイングランドのカレッジにおける教育内容に対する視察と評価について検討していく。特に、大学補助金交付の初期にどのような観点において決定されていったのかについて分析を行う。前章でも確認してきた通り、大学補助金交付が始まってから、大学教育としてのアーツ・サイエンス教育が特に意識されていた。そこで、本章ではアーツ・サイエンス教育に注目する。また、本章では特に視察の内容に注目する。なぜならば、これまでの先行研究では視察内容についての分析はほとんどなされてこなかったが、大学・カレッジへの視察は形式的なものではなく、補助金配分を決定するための評価を行うものとして用いられたことが次節以降の一次文献の検討から明らかになるためである。

　本章で分析のために用いるのは、イギリス公文書館所蔵の公文書（分類番号 ED 54/1, ED 24/78, ED 24/79, ED 24/80, ED 24/81, ED 24/82A, ED 24/513）である。具体的には、1889 年から 1901 年までの大学補助金諮問委員会（大蔵省）の報告書とそれに関連する大蔵省覚書、そして、諮問委員会が補助金交付可否を決める際の参考資料となる大学・カレッジへの視察（inspection）報告書である。大学補助金交付は政府、視察者、諮問委員会の三者が関与していることが示されている。政府は、視察者として権威ある高等教育機関であったオックスブリッジの関係者を任命し、また、諮問委員会の委員としては、大学に関わりの深い国会議員等を任命している。これらの公文書は先行研究でも幾度と

なく触れられてきた[1]が、諮問委員会の報告書に記されている各機関への補助金額などに関する歴史的事実を述べたものは多いものの、それに至るまでの議論の内容や、関係者によるメモ、そして大学・カレッジ視察報告についての詳しい分析というものは管見の限り見当たらない。本章は、この問題を焦点とするものである。

　また、本章では、公文書館史料を用いて、特に1897年と1902年の大学補助金交付について分析する。この時期を分析対象とする理由は、以下の通りである。つまり、1896年に大学・カレッジへの視察が始まって大学補助金交付が本格化した。そして、1896年の視察結果によって交付リストから除外されたカレッジが2校あったが、1901年視察においては、それらの除外されたカレッジのうち、1校は改善が見られたとして補助金交付が決まり、もう1校には再び交付が認められなかった（後述）。そのため、1896年と1901年の視察結果および1897年と1902年の諮問委員会の報告書の比較検討は、どのカレッジのどのような部分が評価対象となったのか、当時の補助金交付の基準を明らかにするのに最適であると考えられるからである。序章でも述べたように、この当時の補助金交付は、①大蔵省覚書にて大蔵大臣が視察者を任命、②視察者が大学を視察し報告書を提出、③大蔵省にて大蔵大臣が諮問委員会を任命、④諮問委員会が②で提出された報告書をもとに補助金交付額を勧告、⑤大蔵省覚書にて補助金交付額が決定、という手順を踏んでなされている[2]。

　これらの視察において対象となった機関は、以下の15校である。

　　　ユニヴァーシティ・カレッジ・ロンドン（University College, London）

　　　キングス・カレッジ・ロンドン（King's College, London）

　　　ベッドフォード・カレッジ・ロンドン（Bedford College, London）

　　　オウエンズ・カレッジ・マンチェスター（Owens College, Manchester）

　　　ユニヴァーシティ・カレッジ・リヴァプール（University College, Liverpool）

　　　ヨークシャー・カレッジ・リーズ（Yorkshire College, Leeds）

　　　メイソン・カレッジ・バーミンガム（Mason College, Birmingham）

ユニヴァーシティ・カレッジ・ブリストル（University College, Bristol）

ダラム・カレッジ・オブ・サイエンス・ニューカッスル（Durham College of Science, Newcastle）

ユニヴァーシティ・カレッジ・ノッティンガム（University College, Nottingham）

ユニヴァーシティ・カレッジ・シェフィールド（University College, Sheffield）

ユニヴァーシティ・カレッジ・ダンディー（University College, Dundee）

ハートレー・カレッジ・サウザンプトン（Hartley College, Southampton、1901年のみ）

ユニヴァーシティ・カレッジ・レディング（University College, Reading）

ロイヤルアルバート・メモリアル・カレッジ・エクセター（Royal Albert Memorial College, Exeter）

　本章においては、上記 15 校のうち特に、グリーン[3]の分類では「旧市民大学」及び「新市民大学」にあたる、イングランドの地方都市に設立された市民カレッジ――マンチェスター、リヴァプール、リーズ、バーミンガム、ブリストル、ニューカッスル、ノッティンガム、シェフィールド、サウザンプトン、レディング、エクセター――に対する視察を分析対象とする。

　ここでは、特に政府の意向と視察者の意見に注目し、分析を行う。諮問委員会の性格についても議論の余地はあるが、本章が対象とする初期の補助金交付では、諮問委員会の諮問事項は政府の命を受け、視察報告に従って補助金額を決めることであったため、詳しく検討することはしない。

2. 大学補助金制度の開始と展開

2.1. 諮問委員会の設置と補助金交付に関する諮問

　前章でも言及した通り、1889 年にイングランドで大学に対する本格的な国庫補助が開始した際に、大蔵大臣ゴッシェンが枢密院議長クランブルックとの連名で出したメモでは、5 つのチェックポイント――①教育の質、②

教育活動の量、③諸財源からの収入及び必要経費に対する不足額（推定）、④学生数に対する収入の割合、⑤地方財源からの財政援助額——が示された[4]。後に続く 1892 年、1894 年の諮問委員会においても、この 5 点は基本的に堅持された[5]。

　本章で特に注目するのが、「①教育の質」である。これについて、1892 年の諮問委員会は注目すべき指摘をなしている。すなわち、「…それぞれのカレッジによって行われているカレッジの活動において、その範囲とは非常に多様である。…『大学ランクの科目 (subjects of University rank)』の定義が各カレッジ間でどの程度同じか、…各カレッジにおける授業の正確なレベルとは何か、確定することは非常に困難である[6]」との指摘である。このような指摘がなされたのは、大蔵大臣が求める「大学ランクの教育」の定義が、未だ明確なものではなかったことによる。諮問委員会は、今後補助金交付を続けていくのであれば、「大学ランクの教育」とはどのようなものであるのかということについて、明確にしていくことが必要不可欠であると指摘した。この指摘は、1896 年の大学に対する視察の開始の際にもなされている。

　1896 年の視察の際、第 3 次ソールズベリー侯爵内閣（保守党・自由統一党連立政権、1895-1902 年）の大蔵大臣ヒックス＝ビーチ (Michael Hicks Beach、在任 1895-1902 年) は、補助金配分の参考になるものを諮問委員会に提示するために、枢密院議長と協議の上、オックスフォード大学マグダレン・カレッジのウォレン (T.H. Warren) 氏とケンブリッジ大学セント・ジョンズ・カレッジのフェローであったライヴィング (G.D. Liveing) 教授を招聘し、「大学教育」とはいかなるものであるかについて報告するよう、依頼している[7]。

　また、1901 年にもカレッジ視察は行われている。このとき政府は、オックスフォード大学トリニティ・カレッジの元学寮長のウッズ (H.G. Woods) 博士とケンブリッジ大学ダウニング・カレッジ学寮長のヒル (A. Hill) 博士を招聘し、再度各カレッジを視察させて報告書を作成させている[8]。

　1896 年及び 1901 年の視察に当たり、大蔵大臣は具体的には、視察者に対し、以下の 5 点についての報告がなされるべきことを指示している[9]。

①　それぞれのカレッジが行っている、<u>技術教育とは区別される「大学</u>
　　<u>の活動」と呼べる活動の質、特徴、そして結果</u>
②　そのような活動のためのカレッジの教育的設備の適切さ
③　学生からの授業料
④　各カレッジが定義する「大学ランクの教科」がどの程度一致するも
　　のであるか
⑤　一般的なものでも詳細なものでも、既存のシステムで変更すべきと
　　ころがあるか

　それぞれの視察において依頼を受けた 2 名の視察者は、先に上げた諸カ
レッジの視察を行い、上記の諸点にもとづいた評価について報告書をまとめ
ている。

2.2.「大学ランクの教育」

　これら二つの視察において、最も重視されたのは「大学ランクの教育」と
いうことであった。この点について、1896 年の視察者ウォレンとライヴィ
ングは、「大学ランクの教育」を「高等な教養教育 (higher liberal education)」とし、
それはすなわち「アーツ・サイエンス (Arts and Sciences)[10]」であるとした[11]。当
時のこの「アーツ・サイエンス」とは、技術・専門職教育とは区別されるも
のであり、人文学系 (アーツ) の科目と純粋科学系 (サイエンス) の科目、具体
的には英語、古典語、フランス語、ドイツ語、歴史学、哲学、数学、物理学、
化学、生物学[12]を指すものである。応用科学はアーツ・サイエンスには含
まれず、技術・専門職教育に含まれる。当時は、このアーツ・サイエンスと
「それ以外」という分類に大きな意味があった。
　「それ以外」であった技術・専門職教育については、視察者たちは、大蔵
大臣及び大蔵省事務次官モワット (F. Mowatt) に宛てた 1896 年 3 月 30 日付け
の手紙の中で、「こういった科目 (引用者註：医学、工学、農学、音楽、芸術学な
ど) は全て、あるいはほとんど全て、大学によって認められてはいるが、<u>大</u>
<u>学という意味でのアーツ・サイエンスの定義のもとでは限定的な意味しかな</u>

い[13]」と述べ、「大学水準」の教育に注目する当該視察においては評価の対象外であると述べている。

　こうして、「大学ランク」の教育は2つのレベルで評価されていた[14]。第一に、技術・専門職教育は含まずアーツ・サイエンス教育をどの程度の量行っているか（アーツ・サイエンスの量）、第二に、実際に行われているアーツ・サイエンス教育のレベルはどの程度のものか（アーツ・サイエンスの質）についてである。つまり、アーツ・サイエンスと呼ぶことのできる科目が開講されていることは絶対的な条件であるがそれだけでは不十分で、その授業のレベルが（ロンドン大学あるいはヴィクトリア大学の）学位の最終試験に向けてのものであることがまた、必要とされていた。これは前述の大蔵大臣ヒックス＝ビーチが視察者に報告するよう依頼した5点のうち「①それぞれのカレッジが行っている、技術教育とは区別される『大学の活動』と呼べる活動の質、特徴、そして結果[15]」という項目に沿うものである。これらの基準はまた、前述の1889年の大蔵大臣ゴッシェンと枢密院議長クランブルックの共同メモの項目「②教育活動の質」と「①授業の質[16]」にそれぞれ実質的に対応している。このことは、大学における「教育の質」が、国庫補助金交付開始時から重要な評価基準とされていたことを示している。

2.3. 視察報告の内容

　前述したように、補助金交付決定において「大学教育の質」についての視察が義務づけられたが、大蔵省は、それについての評価基準を具体的に示したわけではなかった。それゆえ、現存する一次資料からは、どのカレッジのどの部分がいかに評価されたのかについて、直接的に詳細に知ることは極めて困難である。しかし、カレッジ視察において問題として指摘された点を整理し、分析することによって、実際にどういったことが評価基準とされたのか、また、その基準の中で重要であるとみなされたのはいかなる要素であったのかについては、ある程度明らかにすることができる。このとき、「大学の活動」が行われているとはいえないと評価されたいくつかのカレッジが、補助金リストから外されているのであるが、これらのカレッジに対する評価

を分析することによって、補助金支出の可否を決した評価の基準をより具体
的に知ることが可能になろう。
　ここでは、1896年と1901年の視察報告書について、教育に関する評価を
もとにカレッジを3つのタイプに分け、それぞれ分析し、補助金交付の是非
を左右したものは何であったのかを明らかにする。

2.3.1.　カレッジ視察における評価カテゴリー

　1896年視察において、カレッジ評価のカテゴリーとして以下の3つのも
のが顕著であった。以下に評価の概要とともに詳細を記す。

　①　すでに「大学ランク」の教育を十分に満たしているカレッジ
　市民カレッジと呼ばれる一連の高等教育機関のほとんどは「大学ランク」
の教育が十分になされているとは評価されなかったが、唯一の例外として
「オックスブリッジの教養教育を…移植する試みがなされた[17]」ともいわれ
るマンチェスターのオウエンズ・カレッジが挙げられる。報告書では、「人
文学の面では、行われている活動の特徴は疑いなく大学タイプのものであり、
実際、旧大学（引用者註：オックスブリッジ）におけるものに匹敵する[18]」として、
アーツ・サイエンスの分野での発展が極めて高く評価されている。

　②　「大学ランク」の教育を行っているが、技術教育の比重が高いカレッジ
　次に、技術・専門職教育の比重が高いとみなされたカレッジとして、リヴァ
プールやリーズ、シェフィールドなどが挙げられる。これらのカレッジにお
ける技術教育について、視察者は好意的に評価しつつ、今回の視察の目的、
つまり補助金拠出のための教育評価には関係しないものと断りを入れている。
　そのようなものとして、リヴァプール・ユニヴァーシティ・カレッジにお
ける独自の科目[19]である芸術学や建築学について、以下のような評価がな
された。

　「芸術学や建築学は我々の管轄（purview）の中に入ってくるものではない

　　が、我々はユニヴァーシティ・カレッジと、最近創られたそれらの科目
　　の学部（Schools）の間に存在する、密接で前途有望なつながりに強い印象
　　を持たざるを得ない[20]。」

リヴァプールへの補助金交付に係る教育評価としては、アーツ・サイエンス
の科目を専攻している学生の割合が高いこともあり、水準の面でも悪くない
というものであった。
　同様にヨークシャー・カレッジ・リーズについても、以下のような評価が
なされている。

　　「非常にしっかりした技術及び応用科学の学部について言うならば、我々
　　の管轄の中に入ってくるとは考えられないが、カレッジの目を見張る努
　　力に感銘を受けた[21]。」

リーズにおける技術教育は好意的に受け止められているとはいえ、ここでも
それらは「管轄外」すなわち評価の対象とならないということが明言されて
いる。重要なのはアーツ・サイエンスにおける評価である。同カレッジの人
文学教育はヴィクトリア大学の試験結果を見るに未だそれほど大規模なもの
とはいえないが、今後よくなっていく兆しが認められること、またサイエン
ス教育は既にロンドン大学とヴィクトリア大学の試験において結果を残して
おり、そのうえ優等の割合も高いと評価されている。
　このように、視察者は、各カレッジにおける技術教育を肯定的に捉えては
いるものの、技術教育は「大学ランク」の教育の外側にあるものであり、あ
くまでもアーツ・サイエンス教育の充実と水準が大学補助金交付の対象とさ
れていたことが見て取れるのである。

　③　技術教育のみ行っているカレッジ＝「大学ランク」に到達していないもの
　前述した通り、カレッジの教育内容についての評価は1896年、1901年視
察時に大蔵大臣が提示した「技術教育とは区別される『大学の活動』と呼べる

活動の質、特徴、そして結果[22]」という項目に沿うものであり、両方の報告書で言及されている。以下では、教育内容に「重大な問題がある」とされたレディングとエクセターの視察結果を見ていく。

　報告書において、視察者はレディング大学拡張カレッジについて、以下のように述べている。

　　「技術的・基礎的な教育と区別される、明らかに大学の性格を有する発展的な活動 (advanced work of a specifically university character) の量は、現在はすばらしいとはいえない。注目に値する達成度の学生の数は非常に少なく、結果的に教育は主に基礎的・準備的な類のものとなっている。人文学の面では、唯一高度な活動が歴史学においてあるように見える。言語学においては現在の水準はほとんどロンドン大学の入学資格試験で要求されるもののように見える[23]。」

　また、教育内容に問題があるとみなされたもう一つのカレッジであるエクセター技術・大学拡張カレッジについては、以下のように評価され、その教育が大学レベルものではないとされている。

　　「きちんとしたユニヴァーシティ・カレッジというよりも、技術部門、大学拡張部門、そして訓練部門の3つの集合体である。それぞれの部門で良い活動がなされており、…教育の質を上げる試みがなされている。しかし、学生の数も質も…高度な教育の余地がない。そして、いくつかの授業は大学タイプのものといえるかも知れないが、高等な大学の活動 (Higher University work) については現在全くない[24]。」

このように、両カレッジに対する視察の中で指摘されていることは、アーツ・サイエンスの質、量の両方において、不十分であるということである。
　次に、同様の点について、1901年視察についてみてみよう。

①　すでに「大学ランク」の教育を十分に満たしているカレッジ

1901 年視察でも、マンチェスターは高い評価を得た。例えば人文学に関しては、「一般的に言って、際立って大学に特徴的なものであるが、旧大学の水準と比べるとおそらく悪い。しかし、ユニヴァーシティ・カレッジの一般的な水準については間違いなく高い[25]」と評価されている。

②　「大学ランク」の教育を行っているが技術教育の比重が高いカレッジ

次に、アーツ・サイエンスの質・量ともに十分ではあるが、技術教育に力を入れているカレッジについては、前回同様、どんなに技術科目（あるいは応用科学の科目）で質の良い教育が行われていると認められても、それでは補助金につながる評価とはならず、あくまでもアーツ・サイエンスの科目での達成度のみが、補助金の助成の決定を左右するものとなっている。例えば、ファース・カレッジ・シェフィールドにおいては機械・電気・土木工学、冶金学、炭鉱学が盛んであったが、これについては「我々の職務の外にあることだが、…シェフィールドにおける研究の多くは純粋科学の問題の解明に役立ち、一般的な知識の発展に貢献していると指摘したい[26]」と述べられている。いわゆる応用科学における同カレッジの研究的／教育的成功は好意的に見られているが、あくまでもユニヴァーシティ・カレッジとしての達成度が重視されているといえる。

③　技術教育のみ行っているカレッジ＝「大学ランク」に到達していないもの

1901 年の視察では、前回「大学ランク」の教育を行っていないとされたレディングとエクセターについて、報告書に「特別報告（Special Report）」という項目が設けられ、前回と比べてどの程度発展したかについて評価されている。レディングに関しては以下のように述べられている。

　「…カレッジを特徴づける教育活動の一般的精神同様、準学士（Associate-ship）試験[27]の水準を考慮に入れると、ロンドン大学で既に成功をおさめているといえ、我々の意見としては、それがユニヴァーシティ・カレッ

ジの活動となっていると報告する[28]。」

一方、エクセター・カレッジについては以下のように評価されている。

「…少数の学生がロンドン大学の科学（引用者註：の学位）の入学・中間・最終試験の準備を行っており、…カレッジは大学タイプの活動を行っていると見られる。しかし、卒業生は未だいない。…1年後か2年後に我々の視察訪問が行われたら、我々はおそらくそのカレッジによって行われる大学活動についてより申し分のない説明をすることができるだろう[29]。」

ここでは教育の質に一定の改善が見られるものの、まだ十分とはいえず、大学ランクの活動の量も足りていないとみなされている。
　これらの記述から、視察者がアーツ・サイエンスの質と量を、つまりユニヴァーシティ・カレッジとしての成功の度合いを、学位取得に向けた科目と学位取得者数を目安にして測っていたことが浮き彫りになるのである。

2.3.2.　諮問委員会の勧告と大蔵省による補助金交付額の決定

　視察報告書を受け取った1897年諮問委員会は、補助金を希望するカレッジが大蔵大臣メモの基準を満たしているか検討した。そして、レディングとエクセターについては、補助金を交付しないことを決定した。その理由については以下のように記されている。

「視察された14のカレッジのうちの2つ、すなわちレディング及びエクセター大学拡張カレッジは、他の全てのカレッジが到達している純粋な大学活動における水準（the standard in purely University work）に未だ至っていない。それゆえ、委員会は2つのカレッジのいずれにも補助金を提案しない。もし次の補助金見直しの際までにカレッジがアーツ・サイエンス

において良く整備されたカレッジであるといえるようになっていれば、視察を行うことを提案する[30]。」

　諮問委員会の勧告を受け取った大蔵省は、補助金配分額について決定した[31]。その配分の内訳は、第1章 (59-60頁) で示した通りである。

　1902年の諮問委員会においては、視察報告を受け、補助金配分額の決定を議論する際に、前回補助金リストから外された2つのカレッジへの補助金の可否について、再度検討している。エクセターについては、前回同様、「補助金を正当化する純粋な大学活動という点において、要求されている水準に程遠く、委員会としては供給されている合計額のうちいくらも割り当てることを提案しない[32]」という結論が出された[33]。一方で、レディングについては、補助金交付リストに載せられることとなった。また、1889年に補助金リストから外されたサウザンプトンに関しても、今回はリストに掲載された。この勧告を受けた大蔵省の補助金額の決定内容は、第1章 (61-62頁) で示した通りである[34]。

　以上が、1896年及び1901年の視察内容と1897年及び1902年の補助金配分の状況である。

3. 高等教育制度史における国庫補助金交付の意味

3.1. 国庫補助金制度とアーツ・サイエンス教育の優越

　オックスブリッジのような大学とは異なり、市民カレッジにおいては科学技術に関する教育が比較的早い時期から発展してきた[35]。

　ヴァーノンは、1889年以降、国家が市民カレッジに代表される高等教育機関に強い影響力を行使するようになったとみている。さらに、大学に対する補助金はアーツ・サイエンス教育に対して出されたものであり、技術教育は除外されたことを強調している[36]。本章で明らかにした視察と補助金決定のプロセスは、ヴァーノンのこの見解が正しいものであることを示している。

　イングランドにおける「大学補助金」のための視察の開始は、大学教育の

中核が「アーツ・サイエンス」であることを国家が公的に承認したということを示唆するものである。当時の市民カレッジのカレンダーを見ると、カレッジ内部で、主に一般学部と技術学校と医学校の間、あるいはアーツ・サイエンス学部と専門学部の間に区切りが存在していたことがわかる。そして、視察報告書の記述からは、近代的な科学技術が、アーツ・サイエンス学部ではなく、専門学部において発展してきたことが明らかとなる。市民カレッジにおける技術教育は、あくまでも大学教育の中心ではなく、周縁に位置づけられるものであった。大学で技術教育を行うことが否定されることはなかったが、大学教育の正統はあくまでもアーツ・サイエンスであることが改めて確認されたのである。少なくとも、1889 年の大学補助金以降踏襲された大蔵大臣の方針（「技術教育ではない大学ランクの教育に限定して補助金を出す」）は、十分にそのことを示している。この補助金は当初は限定的なものに過ぎなかったが、やがて、補助金は徐々に増額され、大学にとって必要不可欠なものへとその性質を変えていく[37]。そのことがイングランドの高等教育における学問のヒエラルキー——最も威信の高いものはアーツ・サイエンスであり、科学技術は一段低いもの——を固定化させていった。イングランドでは一般的に科学技術が大学教育の周縁部で発展してきたとみなされてきた[38]が、それはこれまで論証してきたようなプロセスでその成り立ちを説明することができる。

　イングランドの大学におけるアーツ・サイエンスの優越は、そもそも、中世の時代から続くものであったといえる。周知の通り、中世の大学においては、リベラルアーツ学部の上位に専門学部が存在していた。しかし、イングランドにおいては、「教養部の主導性は、大学組織の永久的な原理となり、さらに、大学の審議における実質的な拒否権の主張とさえなった[39]」のであった。

　前述のロウ[40]は、市民カレッジの教育が技術教育からアーツ・サイエンス重視のものへと変化した理由について、カレッジの自発的な動機によるものと述べている。しかし、本章の分析からわかる通り、アーツ・サイエンス重視への転換の背景には、中央政府の意向が強く働いていた。

　1885 年に始まった国庫補助金獲得運動は、1850 年代以降に各地方都市に設立された市民カレッジを中心に、ロンドン大学の諸カレッジも参加する形で展開された。これらのカレッジの多くは元々、技術・専門職教育を重視する高等教育機関であった。しかしながら、本章が分析対象とした一次資料からも明らかなように、1896 年と 1901 年の視察においては、大蔵大臣等が提示した「大学ランク」の教育の趣旨にもとづいて、科学技術に関する科目は補助金交付のための評価の対象外とされた。視察者自身は、各カレッジにおける技術・専門職教育の発展を好意的に見ていたことが示されているが、大蔵省の枠組みにおいては「大学教育に対する助成」の対象外とされた。「大学教育」についての政府のこうした見解は、イングランドの高等教育における技術・専門職教育の評価を、低いままにとどめることとなったのである。ただし、「大学教育」についての定義はその後変化することとなる。この点については第 7 章で論じる。

3.2. 大学教育への国家関与の契機としての国庫補助金交付

　これらの視察及び補助金配分は、当時発展しつつあった技術教育を「大学ランク」の教育外にあるものとみなし、旧来型の「アーツ・サイエンス教育」のみを大学教育と位置付けたという点で、その後のイングランドの大学教育の概念形成にも大きな影響を与えた。しかし、一方で、補助金を通じたイングランドにおける国家と大学の新たな関係は、イングランドの高等教育の歴史的な流れにおいて、新たなダイナミズムを生み出すものでもあった。

　結果的に 1896 年と 1901 年の視察は、イングランドの大学教育に対する国家関与の糸口となり、また大学教育の性格を決定づけるものとなった。高等教育への国家関与については、ロスブラット[41]が、自由主義国家といわれる当時のイングランドでカレッジが国庫補助金を求めた理由として、専門職の大学人としての独立を保つために、どのような「世論」が出てくるかわからない民間や地方自治体よりも、より「説得」しやすい中央政府からの財政援助に頼ることを選んだためであると論じている。しかしながら、国家の財政援助もまた専門職たる大学人に対して、教育内容に関する様々な注文をつ

けるものであったことは本章の分析で明らかにしてきた通りである[42]。

　国庫補助金のための視察の開始の背景にある政府の意図とは、大学／カレッジの教育内容の明確化と標準化であったといえよう。そもそも、市民カレッジは、主に産業が盛んな地方都市に作られたという共通点はあるものの、その設立の経緯と発展の歴史は多様であった。アンダーソンは、「市民カレッジは地方の創意による帰結であって、国家の政策の結果でもなければその圧力を受けたものでもなく、各カレッジは、設立経緯やエートスの細部を異にしていた。設立当初、大半のカレッジは科学と地域経済上の必要を重視した[43]」と指摘している。しかし、大学補助金がアーツ・サイエンス教育を対象としたものとして、視察を伴って交付されたことで、大学・カレッジ内の教育は標準化されていった。大学・カレッジ側から見れば、補助金を得るために、標準化の波に乗らざるを得なかったのである。このため、補助金支給の要件を満たすためのカリキュラム改革は避けて通れないものとなっていった。大学教育の標準化は、国家の制度の一部としての大学というものを考える際には、非常に重要なポイントであった。大学に対する補助金制度は、イギリスにおける「大学」教育に関する基準の明確化と教育内容の標準化の契機となったのである。

　本章においては、補助金交付という政府の方針が決まってすぐに大蔵大臣が提示した基準が、その後の補助金交付の絶対的な基準として扱われたということを、一次資料によって明らかにした。視察者は大蔵大臣の評価基準のメモをもとに視察を行い、各カレッジにおける科学技術教育について好意的な見解を示しつつも、「大学ランク」であるか否かについては、厳しく基準に従った評価を行っている。諮問委員会もまた、大蔵大臣メモを忠実に守り、純粋にアーツ・サイエンスの達成度によって補助金交付の是非を決定している。このことは、補助金制度開始段階において、既に高等教育諸カレッジに対する補助金を通じた国家の影響力が強いものであったことを示している。

　それではなぜ政府は「大学ランクの教育」としてのアーツ・サイエンス教育にこだわったのか。大蔵大臣ゴッシェンと枢密院議長クランブルック卿は、カレッジへの国庫補助金交付を決めた理由として、「カレッジの授業は…2-3

年間旧大学で学ぶ余裕のない人口密集地域の人々に対する高等教育の要求に応えるために生まれた。これらの機関の特徴はアーツ・サイエンスにおける大学水準の教育を提供していることである[44]」と述べている。つまり、新興のカレッジをオックスブリッジの代替（同等か否かは別として）となるものとみなしていたのである。そのためには、「大学ランク」の教育は当然要求されなければならないものであった。そしてそこで、既存の大学、つまりオックスブリッジやロンドン大学・ヴィクトリア大学の学位試験で課されていたアーツ・サイエンス科目を「大学ランク」とみなすこともまた自然な流れであった[45]。

　イングランドにおける大学補助金のための視察の開始は、大学における「大学ランク」の教育内容は「アーツ・サイエンス」を中核とするものであるべしとの、国家の見解を示すという意義を持つものであった。ここから導き出されるのは、イングランドの高等教育と国家の関係についての、バーダールに代表される通説的理解、すなわちイングランドにおいては、国家の大学教育への影響力は極めて小さいものであったというものとは異なる実態である。本章の分析は、20世紀初頭までという期間の限定はあるものの、これまでの通説に対して一次資料を用いて実証的に反論することを試みたものであった。そこに見られるのは、高等教育制度の再編成のために、カレッジ／大学への補助金配分をきっかけに、これらの教育機関に対し次第に影響力を強めていった中央政府の姿である。次章では、同時期に大学・カレッジのガバナンスに対してどのような勧告を出していたのかについて検討する。

註

1　馬場 1968、前掲論文；馬場 1969、前掲論文；Berdahl 1959, *op. cit.* など。

2　例えば 1897 年諮問委員会の資料である ED 24/81 と、1902 年諮問委員会の資料である ED 24/82A の構成は、①大蔵省覚書、②視察報告書、③大蔵省覚書、④委員会報告書、⑤大蔵省覚書、である。

3　グリーン 1994、前掲書、170 頁。

4　Memorandum. Aid to University Colleges. 1 March 1889. ED 54/1.

5　Committee on Grants to University Colleges in Great Britain. Report of the Committee.

21 March 1892. ED 24/78; University Colleges（Great Britain），（Distribution of Grant）. Report of the Committee. 18th May 1894. ED 24/79.

6　Committee on Grants to University Colleges in Great Britain. Report of the Committee. 21 March 1892. ED 24/78, p.4.

7　University Colleges, Great Britain – Grant in Aid. Treasury Minute of 3rd March 1896. ED 24/81, pp.1-2.

8　University Colleges（Great Britain）（Grant in Aid）. Treasury Minute of 20th March 1901. ED 24/82A, pp.3-4.

9　University Colleges, Great Britain – Grant in Aid. Treasury Minute of 3rd March 1896. ED 24/81, pp.1-2; University Colleges（Great Britain）（Grant in Aid）. Treasury Minute of 20th March 1901. ED 24/82A, pp.3-4.

10　「Arts and Sciences」は、「人文学・科学」あるいは「文理」等と訳出することも可能であるが、日本語訳として最適な定訳があるわけではない。応用科学が除外された（技術科目の一部を成すとみなされた）ことに注目する本研究においては、「科学」や「理」という言葉の持つ現代的なイメージを避けるために、あえて訳出せずにアーツ・サイエンスという用語を用いている。

11　University Colleges, Great Britain – Grant in Aid. Treasury Minute of 3rd March 1896. ED 24/81, p.7.

12　University Colleges（Great Britain），Grant in Aid. Report of the Committee. 24th July 1908. ED 24/513, p.3.

13　UGC 5/18.

14　これらの基準については、明文化されたものではない。一連の報告書はその評価に至った過程に関する記述はなく、結論のみが書かれている。ゆえに各カレッジに対する最終的な評価の文章から共通点を抽出し、基準として提示している。

15　University Colleges, Great Britain – Grant in Aid. Treasury Minute of 3rd March 1896. ED 24/81, p.1.

16　ED 54/1.

17　サンダーソン 2003、前掲書、11 頁。

18　University Colleges, Great Britain – Grant in Aid. Treasury Minute of 3rd March 1896. ED 24/81, p.21.

19　リヴァプールは「建築学を大学のカリキュラムのなかに組み入れて、その他の専門職と同等のレヴェルで取り扱ったイギリス最初の大学」（グリーン 1994、前掲書、139 頁）と言われている。

20　University Colleges, Great Britain – Grant in Aid. Treasury Minute of 3rd March 1896. ED

24/81, p.26.

21 Ibid., p.29.

22 University Colleges, Great Britain – Grant in Aid. Treasury Minute of 3rd March 1896. ED 24/81, p.1; ED 24/82A, p.3.

23 University Colleges, Great Britain – Grant in Aid. Treasury Minute of 3rd March 1896. ED 24/81, p.57.

24 Ibid., p.60.

25 University Colleges（Great Britain）（Grant in Aid）. Treasury Minute of 20th March 1901. ED 24/82A, p.47.

26 Ibid., p.106.

27 カレッジ独自の修了試験のこと。

28 Ibid., p.118.

29 Ibid., p.122.

30 University Colleges, Great Britain – Grant in Aid. Treasury Minute of 3rd March 1896. ED 24/81, p.74.

31 Ibid., p.76.

32 University Colleges（Great Britain）（Grant in Aid）. Treasury Minute of 20th March 1901. ED 24/82A, p.140.

33 エクセター・カレッジは、1910 年の補助金配分においても、大学としての発展が十分でないという理由で補助金交付の対象外とされた（ED 24/513, pp.13, 15）。

34 University Colleges（Great Britain）（Grant in Aid）. Treasury Minute of 20th March 1901. ED 24/82A, p.142.

35 サンダーソン 2003、前掲書など。

36 Vernon 2001, op. cit., p.260.

37 マンチェスターへの補助金額を例に挙げると、1889-1890 年度は£1,800 であったが、1905-1906 年度には£12,000 になった。

38 Vernon 2004, *op. cit.*

39 H. ラシュドール『大学の起源―ヨーロッパ大学史（下）』横尾壮英訳、東洋館出版社、1968 年、60 頁。

40 ロウ 2000、前掲論文、44 頁。

41 ロスブラット 2000、前掲論文、143 頁。

42 ただし、ロスブラットの主張も民間・地方団体―中央政府―大学という三者の枠組みの中では的を射ているといえる。実際、多くの市民カレッジは、その設立時あるいは発展初期に多額の資金を提供した私的篤志家や地方自治体の意向を、否応なしにカレッジの教育内容に反映させなければならなかった。中央

政府の国庫補助金を受け取るには、これまで言及してきたように政府やその命を受けた視察者・諮問委員会の方針に従う必要はあったが、安定性や継続性という点において国庫補助金の方が勝っていた。

43　アンダーソン 2012、前掲書、229 頁。

44　ED 54/1.

45　とはいえ、「大学にふさわしい教育」について、政府があるべき姿を真剣に検討したという形跡は見当たらない。大蔵大臣は、大学とは技術教育を行うところではないという見解を提示し、視察者もそのように定義している。しかし、技術教育がなぜ「大学ランク」としてはふさわしくないのか、なぜアーツ・サイエンスならばふさわしいのか、そして、大学で行われるべき教育とは何か、について本質的に問われることはなかった。つまり、国庫補助金に関する議論を通じて、「現時点で大学教育といえるものとは何か」については議論されたものの、「大学教育としてあるべきものとは何か」という理念的あるいは規範的な問題については議論がなされなかったのである。この点が問われるようになるのはもっと後のことである（第 7 章参照）。

第4章　ガバナンスと法人化に関する勧告：
ノッティンガム、サウザンプトン

1. 本章の目的

　本章の目的は、1889年から1901年までの大学補助金諮問委員会における
ガバナンスに関する勧告の分析を通じて、当時の中央政府[1]のカレッジ・大
学への関与の一端について明らかにすることである。一次資料を分析してい
くと、いくつかのカレッジの状況について諮問委員会は様々な意見を述べて
おり、これらについて詳細に見ていくことによって中央政府の影響力の中身
が明らかになると考えられる。そこで本章では、補助金交付上、いくつかの
特色あるカレッジの事例を取り上げて分析することによって、当時の中央政
府の大学ガバナンス改革への関与を浮かび上がらせることを目的とする。こ
の時代を対象とするのは、当時はまだ補助金交付を希望するカレッジは発展
の過渡期にあり、諮問委員会が問題ありとみなしたカレッジに対していくつ
かの重要な勧告を出しているためである。

　具体的に注目するのは、サウザンプトンとノッティンガムの事例である[2]。
これらのカレッジはグリーンによる大学分類では「新市民大学[3]」に属する。
つまりカレッジとしての設立年はそれぞれ1862年、1881年であるものの、
大学としての設立勅許状交付により学位授与権を得たのは1952年、1948年
と、カレッジ設立から大学昇格までに長い時間がかかった機関であった。そ
こには様々な要因が絡んでいるが、重要な要素として、カレッジのガバナン
スに問題があるとみなされていたことが挙げられる。以下、ガバナンスに関
する勧告について見ていく。そしてそのようなガバナンスに関する勧告が当

時の高等教育にもたらした意義を検討する。

---

2. 補助金諮問委員会のガバナンスに関する勧告

　1889 年から 1901 年までの臨時の諮問委員会においては、カレッジのガバナンスについての基準——主なものとして①教員配置、②代表運営組織、③法人格、の 3 点——が設定された[4]。①と②に関しては、1889 年諮問委員会においてサウザンプトンが、補助金獲得運動を先導したのにもかかわらず「大学の科目の授業をするのに十分な専門の教員がいない」そして「適切な運営組織がない」という理由で補助金交付の対象外とされたという事実について、1889 年時に補助金交付リストに載ったカレッジ（ここでは例としてバーミンガムとシェフィールドを取り上げる）とサウザンプトンのカレンダーを比較することによって、具体的にサウザンプトンのガバナンスのどのような点が「大学」の名にふさわしくないと判断されたのかについて見ていく。教員配置に関しては、1896 年諮問委員会で問題となっているため、併せて言及する。1901 年のカレッジ財政報告書で新たに提示された条件である③については、ノッティンガムの事例が参考になるであろう。

2.1. 教員配置

　1889 年の諮問委員会においては、サウザンプトンには教員配置に問題があるとされた。サウザンプトンにおいては、一般文学や科学などの昼間講座、そしてフランス語やドイツ語などの夜間講座が開講されてはいたが、カレッジのパンフレットを見る限り、専任の教員はいなかったようである[5]。サウザンプトンに教授職が置かれるのは 1900 年になってからで、その科目は英語と古典語、近代語、数学、生物学と地理学、化学、物理学、の 6 つであった[6]。委員会が問題としたのは、専任の教員がいないという点であったと考えられる。

　その一方で、バーミンガムとシェフィールドの 1889 年時点での教員構成を確認すると、バーミンガムには当時、ギリシャ語、ラテン語、英語及び英

文学、フランス語、ドイツ語、数学、物理学、化学、冶金学、動物学及び比較解剖学、植物学及び植物生理学、生理学、地理学及び自然地理学、採鉱学、土木及び機械工学、の教授ポストがあった[7]。また、シェフィールドにおいては、数学および物理学、化学、生物学、古典語、に教授職が置かれ、フランス語とドイツ語にはそれぞれ講師が、文学にはケンブリッジ拡張講師がいた。さらに、別置されていた技術学校にも、冶金学と工学にそれぞれ教授ポストがあった[8]。このように、バーミンガムとシェフィールドでは、1889 年の時点で既に教授などのポストがあり、常勤の教員がいた。

　専任教員の問題は、1897 年の臨時諮問委員会の際にも議論の対象となった。まず、前章で詳述したウォレンとライヴィングの報告書において、各カレッジのスタッフの状況について触れられている[9]。マンチェスターのような規模が大きく資金も潤沢にある例外的なカレッジを除いては、それぞれに教員の数と給与に問題があるとみなされた。例えばバーミンガムの教員については、科学科目の教員数や給与には概ね問題がないとされているものの、人文科目の教員は一人の教授が 2 つの講座を兼任している上に重要と思われる教科（歴史学と哲学）の教員がいないという問題があること、そして給与も非常に低いことが指摘され、改善が求められた。シェフィールドの教員については、人文科目の教授は十分であること、科学科目の教授は少ないものの学生数や規模を考えると十分であるといえることが指摘されている。その一方で、他のユニヴァーシティ・カレッジと比べても教員の給与は少ないことも指摘された。

　彼らの報告書を受け取った 1897 年委員会は、それぞれのカレッジの教員には数と給与の両面において大きな違いが見られ、その差が教育面での成果に比例していると述べた。その上で、教員数および／または給与に不足があると考えられるカレッジに対する補助金に関しては、補助金増額分の少なくとも 4 分の 3 をその不足解消のために使用するよう注文をつけた。教員数および給与に問題があるとされたカレッジはバーミンガム、リーズ、ノッティンガムの 3 校、教員給与に問題があるとされたのはシェフィールド、キングス、ベッドフォードの 3 校である。その他のカレッジには補助金の使途につ

いての条件はつかなかった[10]。この勧告は大筋で認められ、1897 年 6 月 2 日
の大蔵省覚書には、委員会において問題があると判断されたカレッジの補助
金使途については、（大蔵省の）閣下（my lords）[11] とカレッジとの間で相談の機
会を持つことが示された[12]。

　このように、1889 年の段階で、専任の教員を持たないサウザンプトンへ
の補助金交付拒否を通じて、「大学ランク」のカレッジにおける専任教員の
必要性が補助金諮問委員会によって暗に提示された。1897 年になり、カレッ
ジ視察者と補助金諮問委員会、そして補助金交付の最終決定者である大蔵省
は、補助金をひも付きにするという方法で、教員の数と給与の面でカレッジ
間の格差がなくなるよう各カレッジに働きかけた。

2.2. 代表運営組織

　次に、代表運営組織についてである。ハートレー・カウンシル（Hartley
Council）は、サウザンプトンの唯一絶対の意思決定機関であり執行部であっ
た。さらに、ハートレー・カウンシルのもう一つの特徴として、1859 年の
設立時、市長（職権上の兼務）と 9 名のタウンカウンシルのメンバーで構成さ
れており[13]、機関（カレッジ）の運営に携わる者がすべて現役の自治体の行政
の中心にいた者達であった点が挙げられる。

　一方、1889 年当時問題なく補助金を獲得したバーミンガムの執行部は、
①11 名の理事（うち 5 名はシティカウンシルが任命）、②学長とその他 7 名など
からなるカウンシル、③教授 12 名からなるアカデミックボード、という構
成であった[14]。別の成功例であるシェフィールドの構成は、①理事と選出メ
ンバーからなるカウンシル、②学長と 10 名の委員からなるファース・カレッ
ジ執行委員会、③技術学校執行委員会、であった[15]。このように、バーミン
ガムとシェフィールドの執行部は、カウンシルとその他の委員会やアカデ
ミックボードから成る、複層のものであった。

　このように、サウザンプトンのガバナンスはバーミンガムやシェフィール
ドなどとは大きく異なっていた。前述のように、バーミンガムやシェフィー
ルドのカレッジには自治体選出の理事やカウンシルメンバーがおり、自治体

との関わりが深かったことは疑いない。しかしながら、自治体のカウンシル
そのものがカレッジの運営に参加しているという意味でサウザンプトンはや
はり独特であった。次項で扱うノッティンガムも、自治体とカレッジの関係
は非常に近いものであったが、少なくとも表面的には複層的な決定機関を
持っていたという点でサウザンプトンとは異なっていた。決定機関の構造が
複層的であるということは、つまり、特定の人や組織 (例えば地方自治体など)
による独占的なカレッジ運営に対する歯止めが担保されたということを意味
する。1889 年のサウザンプトンの除外は、機関の自律性が問題視されたた
めに起こった出来事だったといえるであろう。ウッズとヒルによるカレッジ
視察報告書 (1896 年) では、1873 年になって機関の執行部の一部が変更された
が、本格的な変更は 1893 年頃であったと指摘されている。つまり、「1893 年
あるいはその頃、…機関は、それを技術カレッジと同様地方のユニヴァーシ
ティ・カレッジの活動を行うのに適したものにするという考えを持って、教
育および執行部の両面で完全に再編成された[16]」のである。サウザンプトン
大学史によると、1900 年代の新たなユニヴァーシティ・カレッジの運営組
織の法人化計画によって理事会、運営委員会、評議会が設置された[17]。

2.3. 法人格

　次に、法人格について見ていく。1901 年 12 月 31 日にヒッグス (Higgs) が
提出した財政報告書において、彼は以下のように述べ、補助金を得るカレッ
ジは法人化されているべきだと主張した。

　　　「ノッティンガム、ダンディー、サウザンプトン、そしてエクセターの
　　　カレッジは法人化されていない。ノッティンガムの地位については上述
　　　のパラグラフ 7 で説明されている。ハートレー・カレッジ・サウザンプ
　　　トンのための勅許状が申請されている。今後、補助金参加の条件として
　　　法人化が求められることが望ましいと思われる[18]。」

　上述のヒッグスの報告書の「ノッティンガムの地位」とは、カレッジに基

金を寄付して設立し維持することと特別税を課すことを地方法で定められた市自治体によって、ノッティンガムのカレッジが資金を供給されている、という状況を指している[19]。そのため、財政状況は他のカレッジと比べて安定していたといわれている。

　ノッティンガムは、市自治体によって運営されていたにもかかわらず補助金を獲得していた、特殊なカレッジであった。シャープは、「議会の個別法律のもと、タウンカウンシルによってコントロールされていた地方税支援のノッティンガム・ユニヴァーシティ・カレッジは技術教育を提供していた[20]」と指摘している。

　ノッティンガムの運営委員会は①タウンカウンシルの 13 名からなる委員会、②カウンシルによって推薦された 5 名（非カウンシルメンバー）からなる委員会、③£10,000 を寄付したエンフィールド氏（Mr. Enfield）、④運営委員会に参加することを認められた最大 4 名までの寄付者、⑤オックスフォードおよびケンブリッジ大学が推薦した代表者、の 5 つの要素から成り立っていた[21]。しかし、実際のところカレッジはタウンカウンシルによって完全にコントロールされていた[22]といわれている。このようなカレッジの運営状況は、他の多くの補助金交付カレッジとは異なっている。

　法人化の勧告を受けて、ノッティンガムはカレッジとしての勅許状を申請した。この点について、ノッティンガム大学史では、以下のように指摘されている。

　　「視察者は…補助金を分け合うすべてのカレッジは法人化によって法人格を得るべきであると勧告した。その状況においては無視しづらかったその提案は、ノッティンガムが 1903 年 8 月に獲得した法人勅許状を得るように仕向けた。これは、市のコントロールがより見えなくなり、包括的でなくなれば、カレッジがより永続的で独立した基盤の上に置かれるであろうこと、そしてその変化が私的慈善の活性化を促すかも知れないことを望んでのものであった。少なくとも表面的には、勅許状は最初にそのカレッジにそれ自身の独立した組織を与えた[23]」。

このように、補助金諮問委員会が法人格を各カレッジに求めたこと、すなわち、地方自治体から独立した組織になることを求めたことにより、ガバナンス面での改革を余儀なくされたのである[24]。

3. 中央政府の影響力の強化

　以上のような諮問委員会のガバナンスに関する勧告から、これまでのバーダールらによる、大学を尊重する「緩衝装置」とは異なる諮問委員会の姿が見えてくる。それは、中央政府と大学の関係という観点から見ると主に 2 つの点で重要なものであった。

3.1. ひも付き補助金の交付

　1897 年の教員配置に関する勧告は、政府がひも付き補助金を交付したという点で重要であった。序章でも述べたように、イングランドにおける大学補助金は一括補助金が大原則であり、それを 5 年毎に交付するという 5 年単位制度が採られてきた。イギリス高等教育研究においては、中央政府が大学自治の重要性に理解を示していたがゆえに採用されたものであると考えられてきた[25]。

　しかしながら、本章の分析からもわかる通り、実際には諮問委員会は必要に応じてひも付き補助金を交付していた。このことが意味するのは、一括補助金というのは絶対守るべき原則ではなく、カレッジ間の格差を是正するなどといった目的があれば、諮問委員会は柔軟に対応していたということである[26]。

3.2. 中央政府による、市民カレッジの地方自治体からの「買取り」

　カレッジの代表運営組織と法人化に関する議論から見えるのは、大学補助金交付開始の 1889 年当初独立した運営組織は求められていたものの地方自治体との強いつながりは問題視されなかったが、1901 年頃になると地方自

治体との強いつながりそのものが問題視されるようになった、ということである。この点について検討するためには、ウィスキーマネーについての理解が不可欠である。1889年技術教育法と1890年地方税法により、通称ウィスキーマネーが技術教育に対して供出されるようになった[27]。ウィスキーマネーは各自治体に課された義務ではなかったが、ほとんどすべての自治体が導入したといわれている[28]。各カレッジは、地方自治体からの援助を受け取り、その見返りとして理事の枠を提供していた。地方自治体はウィスキーマネーを教育機関に拠出することで、カレッジに人材を送り出すことが可能となった。実際、市民大学と呼ばれるカレッジの多くが自治体からの人材を執行部に加えている。例えばブリストルでは、£2,000を得るために市民代表の3名をカレッジの理事会に入れなければならなかった[29]。このことは、市民カレッジが地方自治体の意向を取り入れなければならなかったことを意味している。また、地方からの税金によってカレッジ財政が支えられるということは、当然のことながらその自治体の財政状況にカレッジ財政が左右されることも意味していた。特にサウザンプトン、ノッティンガム、エクセターの各カレッジは自治体と深いつながりがあったといわれているが、その中でもとりわけノッティンガムは、市自治体とカレッジの関係が非常に近いことがその特徴であった。前述のヒッグスの「ノッティンガムの地位」とは、そのような背景のもとでの言及であった。

　ここで一つ注意しておかなければならないのは、バーミンガム大学の請願書に見られる「1889年技術教育法も1890年ウィスキーマネーも、大学レベルの機関に適用できるものではない[30]」という指摘である。「カレッジの財政援助は、技術教育援助の名のもとに年々増加されていった[31]」が、それはあくまでも大学教育ではなく、技術教育支援という名目のものであった。当時市民カレッジで行われていた教育は、大学教育に分類されるものと技術教育に分類されるものがあり、多様なレベルの教育が一つの教育機関の中で混在する状態であった。大学補助金は、その名の通り大学教育を対象とするものであったために、大学補助金の交付を継続・拡大していくにあたって、技術教育対象のウィスキーマネーは好ましくないものとみなされるようになった

のである。

　また、ウィスキーマネーによって地方自治体が直接カレッジ運営に関わるという状況についても問題視されるようになった。つまり、高等教育機関が地方自治体の強い影響下にあって自律性が低いという状態に対する懸念である。そこで重要な役割を果たしたのが国庫補助金である。イギリスの国庫補助金の研究を行った藤谷による指摘は重要なものである。

　　「中央政府と地方団体との行政関係において、両者を結ぶ紐帯としての、換言すれば中央統制の手段としての補助金の意義ははなはだ重要である。…中央政府による地方行政の統制手段として選ばれたのが国庫補助金なのである。まことにウェッブがいうように、中央政府は地方財政の援助、したがってまた地方税負担の軽減のためにする国庫補助金によって、つぎからつぎへと地方行政の統制監督権を買取ったということができる[32]。」

　　「…補助金制度は、国家的な利害の上から欠くことができないと認める地方行政事務の能率の最低限度、すなわちナショナル・ミニマムを全地方団体に強制する唯一の手段である[33]。」

　地方自治体の関与そのものが問題視されるようになったという1889年から1901年にかけての補助金諮問委員会の勧告内容の変化は、以下の2つの意義を持っていた。

　第一に、基礎教育・中等教育と同じく、そして藤谷が指摘する他の行政分野と同じく、高等教育においても中央政府の地方自治体からの「買取り」があった、ということである。そもそもウィスキーマネーは中央政府の政策として始まったものであったが、政府は徐々に国庫補助金を通じて直接市民カレッジに関与することを望むようになった。その背景には、補助金の増額や市民カレッジの標準化の意図があったと考えられる。

　前者に関していえば、第2章でも示してきた通り、1889年に補助金交付

が開始された当初は、補助金の主たる目的は「地方の援助を促進する」ことであった。つまり、市民カレッジの財政は、地方の産業などによって主に支えられるべきものであるという基本理念があったといえる。しかし、大学財政における国庫補助金の割合が大きくなる中で、地方自治体が大学の財源の大半を担うという状況はもはや認められるようなものではなくなっていた。このような時代的背景のもと、中央政府は国庫補助金交付を通じてカレッジへの関与を強めていったといえるであろう。

　また、後者に関しては、カレッジの法人化は、各カレッジ内部の組織の標準化を意味するものであったといえる。例えば、前述のバーミンガムやシェフィールドといったカレッジでは、それぞれ複層からなる執行部を持っていたが、その名称や構成は異なるものであった。しかし、カレッジとしての法人格を得た際に理事会 (Court of Governors)、運営委員会 (Council)、評議会 (Senate) という執行部が置かれるようになった。また、前述の通り、サウザンプトンでも法人化の際に他のカレッジ同様、理事会、運営委員会、評議会が設置された。このように、カレッジへの法人格取得の勧告は、大学内部におけるガバナンスの標準化とほぼ同義であった。

　第二に、単なる高等教育機関ではなく「大学」というものを管理できるのは中央政府だけ、という基本理念の提示である。つまり、市民カレッジが名実ともに「大学」になろうとする過程の中で、その機関が地方自治体に属し自律性を持っていないことは大きな問題であった[34]。

　本章では、ガバナンスに関する勧告を抽出して分析を試み、中央政府が国庫補助金を通じて次第に大学への関与を強めていったことを明らかにした。その中でも特に中央政府が、カレッジは地方自治体などから独立した組織であるべきであり、法人格を取得すべきと勧告したことは興味深い。このような指針は、中央政府に対する大学の自律性を「大学の自治」という言葉で強調する今日的状況から見ると逆説的ではあるが、当時の中央政府はガバナンス面でも大学に強い影響力を持っていたことを示すものだといえるであろう。補助金交付を通じて、大学という組織の位置づけが、地域的な機関から国家的な機関へと変化していく過程が見て取れる。

　本章で検討の対象としてきた議論でも示唆されるように、私的な教育機関であったカレッジが、国家的な教育機関となっていくにあたり、法人格（勅許状）の取得と大学昇格は、当然目指されるべき目標とされた。次章以降では、この点に注目していく。

註

1　本章においては、中央と地方の2つのレベルの政府が出てくるため、混乱を避けるために意図的に中央政府という用語を用いている。しかし先行研究においては、「国家（State）」が用いられることが圧倒的に多い。

2　これらの大学については、シンも「大学徒弟（University Apprenticeship）」の例として取り上げている（Shinn 1986, *op. cit.*）。

3　グリーン 1994、前掲書。

4　教員については、教育内容にも関わる問題でもあるが、教員の配置をどのようにすべきなのかという視点から議論されているため、本研究ではガバナンスに関する勧告とみなしている。

5　Hartley Institution, *Report to the Borough Council by the Council of the Hartley Institution*, 1889, p.6.

6　Patterson, 1962, *op.cit.*, pp.229-231.

7　Mason Science College, Birmingham, *Calendar for the Session 1889-1890*, 1889, p.8.

8　Firth College, Sheffield, *Prospectus*, 1889, pp.14-15.

9　University Colleges, Great Britain – Grant in Aid. Treasury Minute of 3rd March 1896. ED 24/81, *passim.*

10　Ibid., p.75.

11　ここでいう大蔵省の閣下達とは、当該文書には明記されていないものの、大蔵省卿委員会（Lords Commissioners of Her Majesty's Treasury）のメンバーを指すものだと推測される。なお、1897 年時点でのメンバーは、バルフォア首相（The Right Honourable Arthur James Balfour）、ヒックス＝ビーチ大蔵大臣（the Right Honourable Sir Michael Edward Hicks-Beach, Bart.）、アンストラザー議員（Henry Torrens Anstruther, Esq.）、フィッシャー議員（William Hayes Fisher, Esq.）、そしてスタンリー議員（Edward George Villiers Stanley（commonly called Lord Stanley））の 5 名である（*The London Gazette*, 9 July 1895, p.3877）。

12　Ibid., p.76.

13　Hartley Institution, *Report to the Borough Council by the Council of the Hartley Institution*, 1889.

14　Mason Science College, Birmingham, *Calendar for the Session 1889-1890*, 1889.

15　Firth College, Sheffield, *Prospectus*, 1889.

16　University Colleges（Great Britain）（Grant in Aid）. Treasury Minute of 20th March 1901. ED 24/82A, p.123.

17　Patterson 1962, *op. cit.*, p.109.

18　University Colleges（Great Britain）（Grant in Aid）. Treasury Minute of 20th March 1901. ED 24/82A, p.138.

19　Ibid., p.133.

20　P.R. Sharp, 'The Entry of County Councils into English Educational Administration, 1889', *Journal of Educational Administration and History*, Vol.1, No.1, 1968, pp.15-16.

21　A.C. Wood, *A History of The University College, Nottingham 1881-1948*, B.H. Blackwell, 1953 pp.32-33.

22　*Ibid.*

23　Wood 1953, *op. cit.*, p.43.

24　ただし、実際に自治体の大学への関与の度合いが小さいものになったのかというとそうではなく、「市当局の権限は 1903 年の新しい規定によっても大幅には弱められなかった」（グリーン 1994、前掲書、136 頁）といわれている。1904 年補助金諮問委員会の視察報告書においても、「シティカウンシルはまだ実質的に決定的な権威である」（ED24/513, p.93）と指摘されている。

25　馬場 1968、前掲論文、37 頁など。

26　そもそも、一括補助金は、実際には教育分野以外でもイギリスの様々な行政分野で見られるやり方であることが藤谷によって指摘されている（藤谷 1957、前掲書）。なお、block grant の訳語としては包括補助金が充てられている。同時に氏は、5 年単位制度は一括補助金とセットであったとも指摘している（同上）。イギリスにおいて本格的に一括補助金が本格的に導入されたのは 1929 年であるという指摘（同上）に鑑みれば、高等教育分野における国庫補助金配分方法が波及したという可能性は否定できないが、中央政府が大学自治保護のためにこのような補助金交付の方法をあえて選んだという先行研究の評価は正しいとはいえない。

27　Sharp, 1971, *op. cit.*, p.31.

28　馬場 1969、前掲論文、28 頁。

29　同上。

30　Vernon 2004, *op. cit.*, p.119.

31　馬場 1969、前掲論文、28 頁。

32　藤谷 1957、前掲書、215-216 頁。

33　同上、217 頁。S. Webb, *Grants in Aid: A Criticism and a Proposal*, new ed., London:

Longmans, 1920, pp.15-26 にもとづく評価である。

34　これは、1980-1990 年代のサッチャー改革時のポリテクニクや継続教育カレッジの処遇についての議論にも見られる論点である。つまり、ポリテクニクや継続教育カレッジは地方教育当局（LEA）の管轄下にあったが、大学昇格にあたって、法人化して地方から独立した教育機関になるべきであると議論された。

第二部　市民カレッジの大学昇格

第5章 「市民モデル」の大学設立が意味するもの

1. 本章の目的

　諮問委員会におけるいくつかの補助金交付カレッジへの法人格獲得の勧告がなされた1901年頃は、他の補助金交付カレッジが大学設立のための勅許状を獲得し、「大学(university)」へと昇格した時期と重なる。イングランドにおいては19世紀まで、オックスフォード大学とケンブリッジ大学しか存在せず、19世紀に入ってはじめて、両大学以外の大学——1832年にダラム大学、1836年にロンドン大学、1880年にヴィクトリア大学——が設立された。これらは試験と学位授与を専らとする「連合(制)大学(federal university)」として作られたという特徴がある。

　イングランドにおける連合制大学という形態に変化をもたらしたのは、いわゆる「市民大学」である。これらの大学においては、教育と試験・学位授与が同時に行われた。こうした「単一(single / unitary[1])」の大学の設立は、イングランドでは初めてのことであった。これらのカレッジ設立年と大学昇格年の一覧は、以下の通りである[2]。

表1　カレッジ設立年と大学昇格年

大学名	カレッジ設立年	大学昇格年
バーミンガム	1875	1900
リヴァプール	1881	1903
マンチェスター	1851	1904 (1903)
リーズ	1874	1904
シェフィールド	1879	1905
ブリストル	1876	1909

　連合制について論じた数少ない先行研究としてはロスブラットが挙げられる[3]。この論考において、市民大学の設立は、公的な大学と私的なカレッジという公私の区分を脅かすものであったと評価されている。市民大学が連合制を採らずに設立されたことについての研究は、「最初の市民大学」であるバーミンガム大学設立の歴史的経緯について言及した中村[4]などごく一部の研究を除き、これまでほとんどなされてこなかった。連合制大学からの転換はすなわち、イングランドにおける「大学」についての理念が変容したことを示すものでもあり、高等教育史上非常に重要であると考えられる。

　以上にもとづいて、本章は、1900年代における市民大学の設立過程を「大学」についての理念の変容という視点から分析し、市民大学設立の意義についての新たな側面を描き出すことを目的とする。なお、分析にあたっては、各大学史と、イギリス公文書館所蔵の大学設立勅許状に関する一次資料(カレッジ・個人・関係諸団体などからの大学昇格を求める請願書や枢密院の覚書、関係者の書簡など)を用いる。

2. バーミンガム大学の設立

　イングランドにおいて、連合制ではない大学の嚆矢となったのは、1900年に設立されたバーミンガム大学である[5]。前身であるメイソン・カレッジ(Mason College)は1875年、産業家ジョサイア・メイソン(Josiah Mason)の遺産をもとに設立された。メイソンは、「地域住民のための大学という理念[6]」を持っていたとされる。その後、1898年に勅許状を得て法人となり、メイソン・ユニヴァーシティ・カレッジ(Mason University College)となった。

　バーミンガム大学の設立に寄与した人物としてよく知られているのは、当時の植民地大臣でもあったジョセフ・チェンバレンである。また、1886年にはメイソン・カレッジのティルデン(William A. Tilden)教授が、1887年にはケンブリッジ大学のシーリー(John Robert Seeley)教授が、それぞれにバーミンガムにおける大学設立に言及したことも知られている[7]。しかし、実際にバーミンガム大学設立過程においてチェンバレンとともに重要な役割を担っ

た人物として、メイソン・カレッジ教授の E.A. ゾンネンシャイン（Edward Adolf Sonnenschein）が挙げられる。ゾンネンシャインの果たした役割については、彼の息子でもあるサマーセットによって明らかにされている[8]。

　バーミンガムにおける大学設立構想として、1896 年 12 月、ゾンネンシャインは「ミッドランドのための教育大学（A Teaching University for the Midlands）」という草案を作成した[9]。この構想においては、バーミンガム、ブリストル、ノッティンガムが連合制大学を作るという想定で、運営組織（governing body）はそれぞれに、権限（power）は中央に置かれるとされた。これは、寄宿制を採るオックスブリッジ、寄宿制を採らないスコットランド、試験機関であるロンドンとロイヤルアイルランド、教育カレッジに仕える試験機関であるヴィクトリアとウェールズ、という多様なモデルを混ぜ合わせた新たな大学を設立する必要があるというアイディアのもとで生まれた[10]。もう一つ重要な点として、アメリカやドイツ等諸外国における大学もモデルとなっていたことが挙げられる。

　ゾンネンシャインは、初めのうちは連合制の大学という形態を当然のものとみなしていた。当時のイングランドでは、カレッジが専ら教育を担い、大学（ユニヴァーシティ）が試験を担うのが基本であったことを考えると、極めて自然な発想であったといえる。しかし、ヴィクトリア大学自体は試験機関ではあるものの、学位取得のために構成カレッジのコース受講が課されるという「教育と試験の機能の間の密接な連携[11]」が存在することは注目すべき点であった。この点について、サマーセットは以下のように述べている。

　　「ヴィクトリア大学の特徴は軽視されるものでは決してない、なぜなら教育面での理念（idea）において顕著な進展を示したからである。ロンドンとは異なり、それ（引用者註：ヴィクトリア）の学位授与には、その連合に参加しているカレッジの一つにおいて開講されている規定の学習コースへの出席が条件づけられるべきであると強調した。教育と試験の機能の間の密接な連携の必要性は、そうして認識され、満たされた[12]。」

　最終的に、ゾンネンシャインはロンドン大学やヴィクトリア大学のような純粋な試験機関としての連合制大学ではなく、「試験の機能に加えて、大学の機能の一部としての高等な教授や研究[13]」を行うような大学を設立する必要性を認識するようになった。

　ゾンネンシャインやジョセフ・チェンバレンの主導によりバーミンガムにおける大学設立計画は進行し、1899 年 5 月にバーミンガム大学設立を求めて、メイソン・カレッジやバーミンガム市、市民らは枢密院に請願書を提出した。その中の一つ、公文書館の枢密院文書[14]で確認できる 58 名の個人からの請願書では、「バーミンガムは人口 200 万人以上で、初等中等教育をすでに供給しているが、大学のトレーニングあるいは最高かつ上級の科学または一般教育を得られる手段がない」ことを指摘しつつ、以下のような主張が展開されている。

　　「バーミンガムは、大学がないあるいは大学の恩恵を受けていない数少ない都市のひとつである。マンチェスター、リヴァプール、リーズはヴィクトリア大学に統合され (united)、シェフィールドはそれに加わろうとしている。ニューカッスルはダラム大学とつながっている。ロンドン大学は、それ自身の教育大学 (teaching university) を持とうとしている。スコットランドにおいては、エディンバラ、グラスゴー、アバディーンとセント・アンドリュースは大学を持っており、ダンディーはセント・アンドリュースと協力している。ウェールズは主な都市のカレッジがウェールズ大学に集まっている。同じ状況はヨーロッパ大陸にも存在している──フランス、ドイツ、スイス、そしてイタリアにおいては、各重要都市は自らの大学を持っており、また、アメリカやカナダでも同じである。…。請願者は、大学教育が商業や工業に多大なる影響を与えるというドイツの経験を重く見、20 世紀においては、最も科学的な精神を持ち、高い精神的訓練を受けた国民が当然経済的に勝利を収めると考えている[15]。」

　そして、大学設立の目的を以下のように述べている。

「バーミンガムにおける大学には 3 つの目的がある、それはすなわち、
①学生に幅広い最高の教育を授け、その中でコミュニティを通じて質を
上げ、知識の応用を拡大すること、②学位によって、カレッジあるいは
大学のクラスにおける学生の達成度（success）をテストすること、③知識
の発展や大学が位置する地方の物理的かつ産業的進歩の推進に向けたオ
リジナルな研究の手段を提供すること、である[16]。」

　請願書を受け取った枢密院は特別委員会を任命した。そして、1900 年 1
月 30 日に貴族院・庶民院に、1899 年 7 月 14 日付の委員会報告書とともに提
出された。議会では、勅許状を与えるか否かについては問題とならず、滞り
なく大学昇格が認められた[17]。また、枢密院における議論もほとんどなかっ
たといわれている[18]。その理由は、当時植民地大臣を務めていた「チェンバ
レンの枢密院委員会における影響力[19]」であると考えられており、当時の枢
密院書記官長（Clerk to the Privy Council）フィッツロイ（Almeric Fitzroy）の言葉を借
りるならば「チェンバレンの庇護（aegis）の下[20]」でバーミンガムは勅許状を獲
得したのであった。
　こうして、「最初の市民大学」であるバーミンガム大学が設立された。サマー
セットによれば、バーミンガム大学の特徴として、①十分な学部組織、②教
授の義務の一部としての研究、③教授の権利としての教授の自由、④教授の
終身雇用、の 4 点を先進的に導入したことが挙げられる[21]。
　前述の通り、バーミンガム大学は、初期段階では連合制の大学として計画
されていた。しかしその後、スコットランドあるいは大陸型の大学モデルの
利点が強調されるのに従い、連合制大学モデルは理想的なものでなくなって
いった[22]。むしろ、教育と試験の両方を行うバーミンガム大学のような、「単
一（unitary/single）」の大学のモデル、いわば「市民」モデルが支配的になってい
くのである[23]。

3. リヴァプール、マンチェスター、リーズ、シェフィールド、ブリストルにおける各大学の設立

　バーミンガム大学という教育・研究と学位授与を「単一」の機関で行う大学が設立されたことは、他のヴィクトリア大学構成カレッジなどの市民カレッジに大きなインパクトを与えた。サンダーソンは、「ひとたびバーミンガムが設立勅許状を獲得して大学への昇格を果たしたとなると、他のカレッジがその後に続くことは絶対必要なこととなった。さもなければ、それらのカレッジは学生を失うか、あるいは二流の教育機関として分類されることになるからであった[24]」とみている。こうした状況下で、1903 年にマンチェスターとリヴァプールが大学設立勅許状を得た。その際、リヴァプールはヴィクトリア大学から分離する形で設立され、マンチェスターはヴィクトリア大学を引き継ぐ形でマンチェスター大学として設立された。リーズは当初ヴィクトリア大学の解体を望んでいなかった[25]が、ほかの 2 校が独立したために自らも 1904 年に勅許状を獲得して大学となった。また、元々はヴィクトリア大学の構成カレッジになることを望んでいたシェフィールドも、1905 年に大学に昇格した。ブリストルは 1908 年に大学設立勅許状を得ている。本節においては、大学設立請願に係る文書[26]の中で、バーミンガム大学の設立を受けて、他の市民カレッジの関係者がどのような論理で大学設立を要求したのかについて取り上げる。

リヴァプール

　リヴァプール大学の前身であるユニヴァーシティ・カレッジ・リヴァプール (University College, Liverpool) は、1881 年に設立された。1884 年にヴィクトリア大学の一構成カレッジとなった。市民カレッジの中でも比較的遅くに設立されたこの機関は、1903 年に大学設立勅許状を得て、リヴァプール大学 (University of Liverpool) となった。

　リヴァプール大学設立に向けて、前身のユニヴァーシティ・カレッジが作成したリヴァプール大学勅許状請願書には、「第 2 部　ヴィクトリア大学：

変化への理由」という項目において、早い段階での連合システムの利点[27]を認めつつも、連合システムには不利な点がある[28]との主張がみられる。同時に請願書には、ヴィクトリア大学から分離して独立した大学を設立することに対する反対意見が付記されている（第3部 分離への反対意見）。反対意見は、「このタイプの大学は、バーミンガムを除いて既存の大学が連合の基礎に立っているこの国で、いずれにしても現在受け入れられている大学組織のタイプから逸脱している[29]」というものであった。しかし、同請願書では、この反対意見について、「グレートブリテンの大学の中では、ヴィクトリアと同じタイプの大学はウェールズ大学だけである[30]」とし、以下のように指摘している。

「オックスフォードとケンブリッジは実際、大学に関係する多くのカレッジから構成されている。しかしオックスフォードとケンブリッジにおいて、『カレッジ』という言葉は連合カレッジとは完全に異なった含意がある。そしてそれらのカレッジの大学との関係は、ヴィクトリアのような連合カレッジの連合制大学との関係ではない。ヴィクトリア大学においては、連合カレッジは独立した教育機関である。…。オックスフォード大学やケンブリッジ大学は、それらのカレッジはさておき、教育機関である。連合制大学は、それ自体の設備を持っておらず、教育も行わない。それは単に試験のためと規制のための機関であり、それ以外の何物でもない[31]。」

　請願書においては、教育と試験の分離がもたらす不利益[32]と、ベルギー・スイス・ドイツ・アメリカといった、他国における高等教育の状況について述べられている[33]。その上で、「新大学の国家的ニーズ」として、「大学数を増加し、重要なそれぞれの地方がそのニーズに適した多様な方法で自らの大学を持つべきであるという絶対的な必要がある[34]」という理由から、「我々はカレッジだけではなく、大学を必要としている。それは、その地方の全体的な教育システムと協力しながら、それと一致するような、有機的な生活の中

心としての大学である[35]」と主張したのであった。

マンチェスター

　マンチェスターにおいては、地元の繊維業者ジョン・オウエンズ（John Owens）の資産に拠りながら、オウエンズ・カレッジ（Owens College）が 1851 年に設立された。オウエンズ・カレッジは、1880 年に設立された学位授与機関であるヴィクトリア大学の最初の構成カレッジとなり、1903 年にマンチェスター・ヴィクトリア大学（Victoria University of Manchester）となった。

　大学昇格にあたって、リヴァプール同様、マンチェスターも、「単一」の大学設立を求めた。請願書には、

　　「非常に重要なのは、商業や工業に多くの人が従事する中心にある大学
　　は、それが所在する地方に特有のニーズを満たすよう適応できるように
　　するべきだということである。マンチェスター、リヴァプール、リーズ
　　の地方的条件は、商業や産業に関して、そしてカレッジと地方自治体や
　　カウンティ当局の関係に関しては大幅に異なっており、それぞれの地方
　　のさまざまな条件に対応するための方策が求められている[36]」

という記述がみられ、地方ごとに異なる多様な教育ニーズに対応するために、各都市に大学を設立する必要があることが強調された。

リーズ

　リーズ大学の前身は、1874 年に設立されたヨークシャー・サイエンス・カレッジ（Yorkshire College of Science）である。1884 年には、リーズ医学校（Leeds School of Medicine、1831 年設立）と統合してヨークシャー・カレッジ（Yorkshire College）となり、1887 年からはヴィクトリア大学の構成カレッジとなった。

　リヴァプールとマンチェスターからの大学設立要求に対して、ヴィクトリア大学の残り一つの構成カレッジであったリーズは、当初難色を示した。彼らは、「提案されているヴィクトリア大学の分離は教育にとって有害である、

しかしながらもしこうした分離が実施されるのならば、リーズにおける大学の設立が不可欠である[37]」とし、その理由を以下のように記述している。

> 「なぜならば、分離した単一のカレッジの大学の創設によって、連合制大学が構成カレッジに統一した教育活動や効率の統一基準を確実なものにするよう与えてきた保証 (safeguards) は失われるだろうからである。…個別の大学から授与される学位の水準は現在のヴィクトリア大学のそれよりも低いものになるというリスクがあるだろう[38]。」

しかしリーズの当初の望みとは裏腹に、リヴァプールとマンチェスターはそれぞれに大学へと昇格したため、リーズも単独で大学設立勅許状を獲得することになった。リーズ大学 (University of Leeds) の設立年は、1904 年である。

シェフィールド

シェフィールド大学の前身であるファース・カレッジ (Firth College) は、地元の鉄鋼業者マーク・ファース (Mark Firth) の尽力により 1879 年に設立された。当初はオックスフォード大学の大学拡張講座としてスタートしたこのカレッジであったが、設立者であるファースが望んだこともあって早い段階からシェフィールドの住民のための独自の高等教育機関として発展していった。前述の通り、この大学は典型的な旧市民大学であるとされ、当初ヴィクトリア大学に加わるはずであったが拒否された[39]ためロンドン大学と提携する道を選んだ。グリーンは、このカレッジの創設当初の様子を以下のように述べている。

> 「シェフィールドのファース・カレッジは、創設に際して、数学、古典学・古代史・近代史・化学・物理学・力学・音楽理論—少し後には近代語と生物学が加わる—に関する全日制および夜間クラスの開設を広告した。初年次の学生の学業水準はロンドンの入学登録要件のそれとほぼ等しかった。そして第二年次において学生はロンドン大学の中間試験を受

験し、さらにはロンドン大学の学位取得をめざすことを期待されたのだが、きわめてわずかのものしかそこまで到達できなかった[40]。」

とはいえ、カレッジは堅実に大学程度の教育をする機関としての実績を積み、設立後 26 年の 1905 年に勅許状を獲得し大学に昇格し、シェフィールド大学（University of Sheffield）となった。

シェフィールドは、ヴィクトリア大学が解体され、「単一」の大学が設立される動きを見ながら、自らも大学としての勅許状を取得することを目指した。その際に一部からあがっていた、リーズとシェフィールドで新たな連合制大学を作ってはどうかという提案について、「リーズとシェフィールドの連合制大学によって得られるだろう利益は、不利益と釣り合う[41]」として退け、先行事例同様、「単一」の大学にこだわった。

例えば、前身のユニヴァーシティ・カレッジ・シェフィールドのヒックス学長[42]（William Mitchinson Hicks）は、「連合制大学は弱いカレッジを強くできるという一時的な提携である、そして独り立ちできるほど十分に強くなったらすぐに独立することで地域の関心が満たされるようになると考えられる[43]」と述べている。

加えて、シェフィールド・カレッジの英文学教授であったムーア（George Charles Moore）は、シェフィールド大学の設立には実益があることと「連合制大学にいかなる利点があろうとも…、それらはそれ以上の不利益と相殺される[44]」ことを述べつつ、以下のような主張を展開している。

「実際は、連合制大学は大学の重要な機能は教えることではなく試験することであるという間違った理念から生まれた変則的な（abnormal）産物である。この理念は、カレッジは教育だけを行い、大学（university）又は連合体（federation）に試験を委ねている、オックスフォード・ケンブリッジ大学の多様なカレッジによる誤った後援を得た。…。我々は、オックスフォードやケンブリッジではなく、スコットランド、ドイツ、アメリカに目を向けた我々のモデルを探さなければならない。そして、スコッ

トランド、ドイツ、アメリカにおいては、大学はそれら自身のシステム
への監督権を持つ教員の団体であり、特定の都市に属している[45]。」

　イングランドにおいては当然視されてきた連合制大学は諸外国と比べて異
質であり、大学が教育にも責任を持つという、イングランドにおいては新た
な形態の大学を拡大させていく必要があることが強調された。

ブリストル

　ブリストルでは、ケンブリッジ大学の拡張講座の影響も受けながら、1874
年にカレッジが設立された。このユニヴァーシティ・カレッジ（University
College, Bristol）は、1909 年に大学設立勅許状を獲得し、ブリストル大学（University
of Bristol）となった。

　ブリストルでは、前述の通り、当初はバーミンガムやノッティンガムと連
合制大学を作ることを計画していたが、バーミンガムが単独で大学設立勅許
状を得たためにその計画は潰えた[46]。結局ブリストルも、他の市民大学と同
じように設立勅許状を求め、大学となった。

　前身のユニヴァーシティ・カレッジ・ブリストルからの請願書（PC 8/672）
には、「設立以来カレッジは大幅な進化を遂げ、ブリストルだけではなく周
辺地域のための、大学水準の学習と教育（study and instruction）のためのセンター
としてすでに認識されている[47]」ことが示された上で、以下のような記述が
ある。

　　「(a) マンチェスター、バーミンガム、リヴァプール、リーズ、そしてシェ
　　フィールドと同じように、大学が必要である。(b) 特に高等・中等教育
　　の発展、教員養成、そして研究の奨励といった教育ニーズの上昇があり、
　　ブリストル大学の設立は、ヨーロッパやアメリカの大きな商業都市が大
　　学設立によって得た教育上の利益を、ブリストル及び周辺住民にもたら
　　すものである[48]。」

　ここで意識されているのは他の市民カレッジの事例と他国の大学の状況である。1908年の時点で、連合制大学はもはや目指すべき「大学」のありようとは異なっており、「単一」の大学として設立されることは当然の成り行きとなっていたことが読み取れる。

　こうして、バーミンガム大学設立に触発された他の市民カレッジは、経緯は違えどそれぞれに大学設立勅許状を請願した。5つの市民カレッジのうち、特に積極的に「単一」の大学設立を求めたリヴァプールとシェフィールドの事例は、示唆的である。両者とも、地方ごとに教育ニーズが異なっており多様な教育が求められているにもかかわらず、試験と教育が大学とカレッジでそれぞれ別々に行われることを問題視し、他国のように、「大学」とは試験と教育の両方を行うべきものであると強く主張したのであった。

4. 既存の大学における「大学」の含意

　前節までで確認してきたように、市民大学の設立に際して、連合制大学ではない、教育と試験を行う「単一」の大学の重要性がさまざまな関係者から強調された。その際に、当然のごとく批判の対象となったのは、市民カレッジに学位を授与する機関であったヴィクトリア大学の形態であった。純粋な試験機関であったロンドン大学も当然批判の対象の範疇にあったが、市民大学設立と同時期にロンドン大学改革が行われ、試験だけではなく教育の機能も必要だという議論が起こっていた[49]ためか、表立っては批判されていない。
　ここで興味深いのは、既存の大学として引き合いに出されるオックスブリッジの大学の形態について、関係者によってその捉え方に相違がみられることである。
　一方は、オックスフォード・ケンブリッジの大学（ユニヴァーシティ）は試験機関であるとするものである。これは、リヴァプール大学設立にあたっての反対意見や、シェフィールドのムーア教授の書簡にみられる主張である。このように主張した関係者たちは、試験を専らとし、教育に責任を持たない

オックスブリッジのありようは誤りであり、だからこそ他国をモデルとした新たな形の「大学」を作る必要性を訴えたのであった。

　もう一方は、オックスブリッジの大学（ユニヴァーシティ）は試験機関であると同時に教育機関であるとするものである。これはリヴァプール大学設立を求める請願書にみられ、歴史あるオックスブリッジでも「大学」で教育と試験を行っているのであるから、地方都市に設立される新たなタイプの大学も教育と試験双方の機能を持つべきであると主張したのであった。

　このように、両者の捉え方は真っ向から対立している。オックスブリッジの大学の機能がいかなるものであったかについての評価は必ずしも一定ではない[50]が、例えば1923年に「大学の起源」についての講演を行ったハスキンズ（Haskins）は、オックスブリッジにおいて「学寮（カレッジ）は大学生活の最大の特徴になっており、社会生活の指導ばかりでなくほとんどすべての教育を横取りして、その結果、大学は単に試験をし学位を与える機関に過ぎなくなった[51]」と述べている。また、アンダーソンは、「両大学が有する基本財産は大学（ユニヴァーシティ）ではなくて個々のカレッジに属していたし、全学の役職者は基本的に、社団的保守主義の精神を共有するカレッジのフェローで構成されていた。知識の進歩に従事するよう期待された全学所属の教授も存在したが、彼らの講義はその他の教育や試験の制度と関連しないものとなっていたし、多くの講座は閑職であるか非常勤ポストになっていた[52]」と述べている。これらの指摘に鑑みると、オックスブリッジに教育機能が全くなかったとはいえないものの、ほとんど形骸化したものであったことがわかる。そのどちらの側面を強調するかで、捉え方に差異が生まれたと考えられる[53]。

　実際のところは、オックスブリッジの大学組織に教育機能が不足しており試験機関に過ぎなかったという評価がより妥当であるといえよう。そうであるからこそ、カレッジと大学の二層構造ではなく、単一の機関において教育も試験・学位授与も行うという市民大学の組織形態の（イングランドにおける）新規性が際立つと考えられる。

5. 市民大学設立の意義の再検討

1900 年代の市民大学設立過程において問題となったのは、大学とは連合制の形を採るものであり、その役割は専ら試験や学位授与に責任を持つものである、というそれまでの「大学」の理念に変更を加えるか否かという点であった。請願者たちは、スコットランドやアメリカ、ドイツ等の大学を引き合いに出しながら、「特定の都市に附属する」大学の必要性を訴えた。また、連合制には学位の水準 (standards) を維持する機能があるという利点を認めつつも、教育と試験／学位授与は包括的に行われるべきであり、そのためには連合制ではない大学を設立すべきである、と主張した。実際に、19 世紀後半からの科学の発展が多様な教育ニーズを生み、学問分野が拡大する中で、教育内容に見合った試験を自らの手で行いたいとカレッジの関係者が望むようになったのは当然のことであったといえよう。この主張は受け入れられ、それまでの「試験を専らとする連合制大学」とは異なる形の「教育と試験の両方を行う大学」が誕生した。市民大学がイングランドの既存の大学、つまりオックスブリッジやダラム、ロンドン、そしてヴィクトリアとは異なる形態を持つ機関として作られたことは注目に値する。

一方で、連合制大学の解体に懸念を示す者もいた。彼らが主張したのは、連合制大学が一括して試験を行うことで維持されている学位の水準が低下する危険性がある、ということであった。学問分野の拡大も、学位水準の維持を難しくさせた。こうした懸念もあり、次章で検討するように、各大学が合同委員会を設立して試験の水準を維持するという議論が生まれていった。

ロスブラットは、バーミンガム大学設立によってイングランドにもたらされた「単一」の大学について、以下のように述べている。

「単一 (unitary) という理念は、数世紀にわたって築き上げられ、オックスフォードと特にケンブリッジによって 19 世紀に持ち込まれた公—私の区別を脅かすものであった。大学は、公的なものであって、それゆえに国家、その次に国民、最終的には帝国に義務を負っていた。カレッジは

私的なものであって、その立場において特別な状況、地域特性、特有の
ニーズといったものを考慮に入れうるものであった[54]。」

　ロスブラットは「脅かす」という表現を用いているが、「単一」の大学の出
現は、むしろ私的な機関にすぎなかったカレッジを公的な存在に押し上げる
意義を持つものだったと位置づけることも可能である。教育を担うカレッジ
は私的なものであり、試験や学位授与を行う大学は公的なものである、とい
う高等教育における公と私の関係は、「単一」大学が生まれたことによって、
その公的性格が強化されるようになった。市民大学が各地に設立されたこと
は、オックスブリッジを含めた旧来型のイングランドの大学とは異なる組織
形態の大学が拡大したことを意味するのと同時に、公的な高等教育が拡大し
たこともまた意味していた。

　もう一つ高等教育史上において重要な点として、「大学」概念の変容によっ
て、イングランドにおける高等教育の質保証のあり方に変化がもたらされた
ことが挙げられる。それまでは、学位試験に関係する学問分野は限られてお
り、試験を実施する大学も少数であったため、学位の水準維持は意識せずと
も達成されうるものであった。しかし、各地に大学が設立され、それぞれが
自らの権限で教育と試験を行うようになったことで、大学をこえて水準を維
持するシステムが必要不可欠になった。提供される学位も多様化し、それま
での文学士（B.A.）と理学士（B.Sc.）だけではなくなり、そうした異なるタイト
ルの学位の質が等価であることを保証する必要が出てきた。実際に市民大学
設立に際しては、次章で詳述するように、入試や学位水準の維持のために、
各大学によって構成される合同委員会の設置が求められている[55]。市民大学
の設立は、イングランドにおける新たな大学像を提供し、その後の高等教育
システム構築の契機になった点において極めて重大な意義を持つものである
といえる。

　本章の考察から、1900年代市民大学の設立に伴う「大学」の概念の変容に
より、公の性格を持つ高等教育が拡大したこと、そして、大学教育の質保証
整備の必要性が生まれたことが明らかとなった。また、そうした変化がもた

らされた背景には、諸外国の大学の影響や、科学の発展に伴う教育ニーズの多様化があったことが確認できる。次章では、勅許状交付過程について考察していく。

註

1 「Single」はアイヴスら、「unitary」はロスブラットの表現である。いずれも、教育と試験・学位授与を一つの機関の中で行う大学を指している。

2 1903年にリヴァプールが大学昇格したことに伴い、マンチェスターは1903年にVictoria University of Manchester となり、1904年にリーズが大学昇格した際に「単一」のマンチェスター大学となった。

3 Rothblatt 1987, op. cit.

4 中村2015、前掲論文。

5 Ibid., pp.164-165.

6 横尾1975、前掲論文、65頁。

7 Ives et al. 2000, op. cit.; 中村2015、前掲論文。

8 Somerset 1934, *op. cit.*

9 Somerset 1934, *op. cit.*

10 Ives et al. 2000, *op. cit.*, p.77.

11 Somerset 1934, *op. cit.*, p.4.

12 *Ibid.*, p.4.

13 *Ibid.*, p.8.

14 PC 1/1691.

15 Petitions for Charter establishing a University in Birmingham: from individuals. PC 1/1691. ここでの「恩恵」とは、連合制大学の構成カレッジになったり（例えばリヴァプール）、既存の大学と連携体制を取っていたり（例えばニューカッスル）するなど、その地域にはたとえ大学がなかったとしても何らかの形で大学教育を享受できることを意味している。

16 PC 1/1691.

17 HC Deb 30 January 1900 vol.78 c.68.

18 Vernon 2004, *op. cit.*, p.152.

19 Ives et al. 2000, *op. cit.*, p.101.

20 A. Fitzroy, *Memoirs*, Volume 1, London: Hutchinson, 1925, p.34.

21 Somerset 1934, *op. cit.*, pp.23-24.

22 Ives et al. 2000, *op. cit.*, p.104.

23 *Ibid.*

24 サンダーソン 2003、前掲書、144-145 頁。

25 グリーン 1994、前掲書、143 頁。

26 PC 8/605. PC 8/672.

27 Petitions for Charter establishing a University in Liverpool. PC 8/605, para.25.

28 Ibid., para.26 (1) .

29 Ibid., para.44 (1) .

30 Ibid., para.45.

31 Ibid., para.46.

32 Ibid., para.79.

33 Ibid., para.80.

34 Ibid., para.184. 亡きロンドン司教の晩年の発言からの引用。

35 Ibid., para.185. なお、「有機的な生活の中心としての大学」は、前後の文脈から、包括的で整合的な教育制度の一角をなすものとして位置づけられるような大学という意味であると考えられる。

36 Petitions for Charter establishing a University in Manchester. PC 8/605, para.36.

37 リーズからの反対意見。PC 8/605, para.16.

38 Ibid., para.5.

39 グリーン 1994、前掲書、135 頁。

40 同上、260-261 頁。

41 Petitions for Charter establishing a University in Sheffield. PC 8/605, para. 8.

42 1883 〜 92 年物理学・数学教授、1892 〜 1917 年物理学教授、1892 年以降シェフィールド・カレッジ学長 (Principal)、大学昇格後の初代学長 (Vice-Chancellor)。

43 Extract from a speech of Dr. Hicks on the 12th Nov. 1902. PC 8/605.

44 Extract from letter of Professor G. C. Moore Smith to the Sheffield Daily Independent of 24th Mar. 1903. PC 8/605.

45 Ibid.

46 Vernon 2004, *op. cit.*

47 Petitions for Charter establishing a University in Bristol. PC 8/672, p.3.

48 Ibid., p.5. ここで「教育上の」利益という表現が使われている意図について、請願書には明示されていないため推測に過ぎないが、大学の存在が経済的な利益を都市にもたらすというよりは、その都市における教育そのものの向上の意義を強調したかったのではないかと考えられる。

49 「1880 年代および 1890 年代に、イギリスの主要な都市の場合と同様、ロンドンも再び、教育機関としての独自の大学を有するべきだとの声があげられるに

いたった。…幾度も論議が重ねられ、調査が実施された後、ロンドン大学は再び、試験機関であるとともに諸々のカレッジで構成される教育機関となった。」(サンダーソン 2003、前掲書、141-142 頁。)

50　大学と学寮の関係について、横尾・近藤は、「学寮と大学との関係は、1882 年に効力を発揮したオックスブリッジ大学法 (引用者註：法律制定は 1877 年) で、ようやく一応の結論に達した」(横尾壮英・近藤春生「ある大学改革の先例——イギリスの場合」『大学論集』第 1 集、1973 年、48 頁) としている。安原は、「近代以降のオックスブリッジの歴史、とりわけその 19 世紀大学改革史は全学＝学寮関係史だといってよい」(安原 2021、前掲書、72 頁) と指摘している。

51　C.H. ハスキンズ『大学の起源』青木靖三・三浦常司訳、八坂書房、2009 年、43 頁。

52　アンダーソン 2012、前掲書、224 頁。

53　本研究の対象外であるため詳しく扱わないが、オックスブリッジの「大学」の脆弱性は議論の的となり、カレッジだけではなく大学 (全学) の強化が必要だという結論に至った。大学の強化が求められるようになった背景には、より多くの資金を必要とする科学教育や科学研究が発展したという当時の社会的状況があったようである。この点については今後の課題としたい。

54　Rothblatt 1987, op. cit., pp.164-165.

55　PC 8/605.

第6章　市民大学の設立過程における「水準」維持への注目

1.　本章の目的

　本章では、1900 年代のイングランドにおけるいわゆる「市民大学」への大学設立勅許状 (royal charter) 交付の過程を、「水準 (standard)」という視点から検討していく。「水準」に注目するのは、安原の研究[1]などで、大学設立勅許状の交付過程において「アカデミック・スタンダード」が厳密に審査されたと指摘されているのにもかかわらず、「水準」とは何か、交付過程ではどのように議論されたのかについては未だ明らかにされていないためである。

　そこで本章では、大学の「水準」に関する議論に注目しながら、公文書館所蔵の市民カレッジへの大学設立勅許状交付に関する公文書を分析し、勅許状交付がイングランドの高等教育制度の近代化において、いかなる意義を持っていたのかについて明らかにする。

2.　旧市民大学への勅許状交付過程

2.1.「市民大学」設立に至るまで

　1900 年代には、立て続けに 6 つの「市民大学」が設立された。その中で最も遅かったブリストル大学の設立に向けて、それまでに勅許状を申請したカレッジの学生数と財政状況に関するまとめの表が提出されている[2]。

　表 2 からもわかる通り、各カレッジの学生数や財政状況はそれぞれ大きく異なっていた。例えば、学生数を見てみると、リヴァプールやリーズでは比

表2　市民カレッジの学生数と財政状況

	昼間学生数	利用可能な資金	見込みの資金
バーミンガム (1900)	記載なし (not stated)	メイソン・カレッジは、£200,000以上に相当する建物や寄贈財産の資産を所有。大蔵省補助金 (1900年) £2,700	£260,000以上の寄付金
リヴァプール (1903)	アーツ、サイエンス、医学そして法学に700名以上、そしてカレッジや附属学校の昼間及び夜間クラスによって供される機会を利用しているのは1,100名以上	土地、建物等への投資資本の合計と寄贈財産は£500,000以上。合計収入は£25,972。大蔵省補助金 (1903年) £3,000	合計£330,000の追加資本そして£9,000の追加の年次収入を供給する努力が開始。£156,000が受け取りまたは見込み。大蔵省から£3,000、会社から£1,800、ランカシャー州議会からと個人寄付£500。学生からの授業料£9,462
リーズ (1904)	昼間クラスに出席している学生819名、そして夜間クラスには346名。学生から徴収した授業料£13,225	資本及び資本化された資金£395,000。寄贈財産、寄付金、補助金及び授業料からの年次収入は£27,000以上。保証された収入の合計は£36,000を超える。大蔵省補助金 (1904年) £4,000	出資金は£31,000に達する (そのうちのいくらかは現在集めている£100,000次第)。見込みの補助金：リーズ市議会から年£4,000、イースト・ライディング州議会から年£500
シェフィールド (1905)	444名	建物 (価値は記載なし) £122,000。収入合計£26,637	£122,000以上調達または見込み。見込みの補助金：ウエスト・ライディング州議会£1,670、ダービシャー州議会£750、ロザラム£100、ドンカスター£100 (£2,620)。シェフィールド自治体£6,700。(大蔵省補助金£3,000)
ブリストル (1908)	昼間学生490名。夜間学生254名	£57,316うち£50,343は用地、建物等。1907年収入£13,860。大蔵省補助金 (1907-08年) £4,800	£172,000そしてさらなる金額が期待される。財政的支援を与えるというブリストル市議会の決議

較的多く、シェフィールドやブリストルでは少ない。また、資金面での状況を見てみると、バーミンガムやリヴァプールなどでは比較的潤沢な資金がある一方で、多くの学生を抱えるリーズの見込みの資金は少ない。また、同じ「学生数」の項目を比べてみても、学生数をどのようにカウントするのかという点でも統一の書式があったわけではないため、それぞれのカレッジは異なった算出方法で申請書を作成していることがわかる。その意味で安原の「個別手作り方式[3]」という指摘は正しい。しかしながら、勅許状交付過程における議論にはいくつかの共通点を見出すことが可能である。本章ではそれぞれの事例について検討するが、その前に、カレッジに対する勅許状と大学に対する勅許状の違いについて、まず確認しておきたい。

2.2. 大学設立勅許状の性格：シェフィールド

　ここでは、カレッジに対する勅許状[4]と大学に対する勅許状[5]の比較を通して当時「大学」がどのようなものとして想定されていたか描き出すために、カレッジとしての勅許状取得年と大学としての勅許状取得年が近い旧市民大学の一つであるシェフィールド大学を取り上げることとする。この大学は、その発展の歴史から典型的な市民大学としばしば形容される大学であり、事例として取り上げるには最適であると考えられるからである。

　2つの勅許状を比較すると、シェフィールド・ユニヴァーシティ・カレッジもシェフィールド大学も理事会、運営委員会、評議会があり（名称こそ異なるが）執行部は名誉学長、副名誉学長、学長、財務部長などから成っており、組織構造としてはそれほど大きな差はないように見える。第4章で検討してきたように、カレッジとしての法人格を獲得した際に、組織構造は他のカレッジと同じようなものになり、標準化がすでになされているといってよいであろう。

　しかしながら、相違点として以下の3点――①学位の授与に関する項目、②視察権者(visitor)、③教育内容についての項目――が挙げられる。

　まず、カレッジと大学を法的に隔てる一番大きなものは、学位授与権の有無であるといえる。今日の我々の感覚で考えると、高等教育機関で学ぶこと

と学位やそれに準じるものを取得することはイコールで結ばれるが、当時の、高等教育が明確に定義づけられていなかったイングランドにおいては、必ずしもイコールではなかったのである。自主的な教育機関として設立されたイングランドのカレッジは、学位授与権を認められてはじめて正式な「大学」となることができ、独立した高等教育機関として教育・研究を行うことができた。

　カレッジの勅許状においては、学位授与権が認められていなかった。カレッジに通う学生の中にはロンドン大学などの学外学位取得を目的とする者も少数ながら存在していたが、当時のカレッジの主な役割は、学外学位取得のための教育を行うことというよりは、仕事をする際にすぐ役立つような教育を行うことであったと解釈できる。たとえば、1904-05 年度のカレンダーによると、前年度に在籍していた学生は全日制 451 名、夜間制 1,367 名であったのにもかかわらず、ロンドン大学の学位取得に向けた試験（入学試験、中間試験、最終試験）に合格した者は 29 名だけであった[6]。そのためか、学外学位取得に関する項目は条項 1 の一文を除き見当たらない。

　それに対して、大学の勅許状では、学位授与については細かい規定がある。つまり、授与することができる学位のタイトル（人文学士、理学士など）、授与することができる学位や資格の種類（学士、ディプロマなど）、学位取得のための試験の実施方法、などである。これらの項目を見ると、大学は自らの意思で学位授与や新しい学位の創設などもできる権利を認められたことがわかる。これらの権利を得ることこそカレッジが大学たりえる条件であったと考えられる。

　学位授与権に関する項目同様、カレッジと大学の間で大きく異なっていたのは視察権者 (Visitor) に関する項目の有無である。視察権者とは、大学の視察を行う権利を有する者を指し、その役割は国王が担うことが一般的であった[7]。視察権者は、大学勅許状の条項 3 にあるように、「必要と考えた時に建物、実験室、そして一般的な設備の視察をする権利と試験に向けての教授や大学によるその他の活動を調査する権利を有」していたのである。横尾は、勅許状の特権に歯止めをかけるものの一つとして、視察権者の存在を挙げている[8]。実

際には、ごく稀な例を除いて国王や議会による大学への介入はなかったとされる[9]が、それでもなお、視察権者の存在は大学に無限の特権を与えるのではなく、あくまでも「国王と議会という最高権限のワク内で存在し行為する、という制約[10]」は免れてはいないことを知らしめるには充分であったと考えられる。この視察権者がカレッジには置かれなかったことを考慮すると、上述の学位授与権という特権を得たことと引き換えであったとも解釈できる。

　最後に、教育内容についての項目の有無にも注目したい。シェフィールド・ユニヴァーシティ・カレッジに対する勅許状においては、法人としての組織に関する項目がほとんどであり、大学の理事会・運営委員会・評議会のメンバーや権限・役割についてかなり詳細に規定されていることがわかる。その反面、教育機関として求められる役割や教育内容については条項3で一般的なカレッジの目的について述べている以外ではほとんど見当たらない。

　対して、シェフィールド大学に対する勅許状には、法人としての組織に関する項目のみならず、大学における教育に関連することについての言及が多く見られる。例えば条項13では大学が行うべき教育／教授内容についての規定、条項14では学位の授与について、条項15では入学試験についての規定がある（これらの点については次項でも言及する）。このことから、「大学」が行うべき教育が明文化されていることがわかる。

　勅許状の分析から導き出せるカレッジと大学との大きな差は、学位授与権の有無と視察権者の有無であるといえる。この二つは一見無関係なようにも見えるが、学位授与権という特権を得た大学に対して、いつでも視察できる権利を国王（＝政府）に認めるという、横尾がいうところの「特権の歯止め」を確保することによって国家と大学とのパワーバランスを保とうとしたのではないかという仮説を立てることができるかもしれない。

2.3. 枢密院文書の分析

　本項では、ヴィクトリア大学の構成カレッジであったマンチェスター、リヴァプール、リーズの各カレッジとシェフィールドのカレッジへの勅許状交付に関する文書（PC 8/605）と、ブリストルのカレッジへの勅許状に関する文

書 (PC 8/672) を分析していく。公文書館に残されている枢密院文書にはいわゆる議事録にあたるものがなく、議論の全てを完全な形で明らかにするのは難しいという制約はあるものの、関係者による書簡や覚書において集中して指摘されている以下の2つのポイントに絞って述べていく。

2.3.1. 教育内容と財政状況について

　カレッジが昇格して大学となるにあたって、「大学」の名を冠するにふさわしい内実とはいかなるものであるかについて議論された。その中で特に教育内容に関するものが重要であったようである。例えば、大学計画についてのヨークシャーカレッジ (リーズ) の委員会の会合では、シェフィールド・カレッジが「シェフィールドの人々及び地方のために、大学の教授法による高等文芸および科学教育の手段 (means) を提供する[11]」教育機関であるがゆえに、リーズはシェフィールドと協力することを歓迎するだろうとの見方が示されている。また、これを受けて、両カレッジは「①最低アーツ・サイエンスの学部における理にかなった完全なカリキュラムがあり、理にかなった十分な教員がいる②教育のためのカレッジの手段と設備 (means and appliances) が確固とした基礎の上に設立された、と枢密院が納得させられた時に[12]」大学として認められることになるだろう、としている。

　また、枢密院書記官長フィッツロイは、極秘 (confidential) のメモにおいて、両カレッジに関して、

　　「サドラー氏[13]が…高等教育の一般的関心 (general interest) であり、技術の特別な興味かつ市の産業的発展以上のものであるアーツ・サイエンスの教育を提供する学部の強化を勧めた。教授や講師といったスタッフは全体的に優れていると認められているものの、大蔵省覚書下の視察者による最近のレポート (1902 年) において、アーツの学部の衰退が指摘されている。そして、サイエンスの教育における欠点も指摘されている[14]」

と記している。

　教育内容に加えて、財政状況について言及した枢密院と大学関係者の間の書簡も少ないながら見られる。例えば、リーズの資金が£395,000である（表2参照）という点について、マンチェスターやリヴァプールと比較すると十分とはいえないとの懸念が示された[15]。それに対して、ヨークシャー・カレッジ（リーズ）の理事会は、さらなる資金が寄付金等から見込まれるという内容の追加文書を枢密院に提出している[16]。財政状況についての詳細な議論の記録はなく、具体的な数値基準として示されていないものの、これらの書簡は、財政状況も議論の対象の一部であったという事実を裏付けるものである。

　以上、一次資料からは「大学」として認められるための条件として、教育内容と財政についての要件を満たす必要があったということが示唆される。特に教育内容は重視されており、それはアーツ・サイエンス教育の充実を要請するものであった。アーツ・サイエンス教育とは、第3章でも述べたように、当時市民カレッジで主流であった技術教育ではなく、英語・古典語・フランス語・ドイツ語・歴史学・哲学・数学・物理学・化学・生物学[17]といった科目を重視する教育を指す。これは、当時の大学補助金交付の際にも「大学教育」に相応しいとされたものであった。

2.3.2. 大学入試と「水準」──合同委員会（Joint Board）の設置をめぐって──

　連合制大学の解体は、大学の「水準」の維持を困難にするものとみなされた。例えば、ヴィクトリア大学学長（Vice-Chancellor）のホプキンソン（Alfred Hopkinson）は、連合制大学をやめるにあたり、マンチェスター・リヴァプール・リーズによる、連合制大学に代わる「連絡あるいは共同行動の体制を作り出すことが望ましい[18]」と考えていた。また、前ヴィクトリア大学学長ボディントン[19]（Nathan Bodington）は、これまでの連合制大学の組織において教授陣が行ってきた「学習コースの設定や試験水準の設定[20]」には高い教育的価値があったのではないか、そして「単一カレッジの大学が、この利点を平等に保証することができる規模の教員を維持することができるという見通しがあるのだろうか[21]」と述べている。彼はまた、「大学の増加が学位水準──特に専門科目──を低下させるかもしれないという深刻なリスクがあるか？

これに対する適切な保証が可能か？[22]」ということについて、疑義を呈している。このように、大学関係者から、教育を行わない純粋な試験機関である「連合制大学」という形態がもはや適切なものではなくなっていること、そして、それに代わる入学試験や学位試験の「水準」を保証する手段はあるのかという問いかけが出された。こうした「水準」維持の方途の模索について、端的に表されているのは、1903年5月7日付の枢密院委員会の報告書である[23]。ここでは、枢密院委員会が、勅許状の条文に以下の4点を加えるべきことを強調している[24]。（実際の勅許状にもこれらの規定が盛り込まれている。）

「1. 視察権行使の方法のための至急の指示
 2. 独立の学外試験委員（External Examiner）の雇用
 3. 入学試験を規制するための合同委員会（Joint Board）の構成
 4. 一定の事項に関する大学立法の合同レビューのための取り決めとその目的のための組織」

これらの4点のうち、1. は視察権者（Visitor）、2. は学外試験委員、3. は合同入試委員会（Joint Matriculation Board）、4. は学位の新設などに係る取り決めについての規定である。

　まず、1. については、視察権者とは、前述の通り「必要と考えた時に建物、実験室、そして一般的な設備の視察をする権利と試験に向けての教授や大学によるその他の活動を調査する権利を有する[25]」者であり、国王などがその役割を担うことが一般的であった。実際には、視察権が行使されることはほとんどなかったが、勅許状で認められる特権の歯止めとなるものであると横尾[26]は指摘している。

　2. の学外試験委員についてであるが、これは、試験の際に学内の試験官に加えて、最低1名以上の学外の試験委員を任命し、彼らにも採点を依頼して成績評価の客観的正統性を保つものである。これは、ピア・レビューの一形態であるといえる[27]。学外試験委員が担う範囲は、筆記試験（written examination）のみならず、口述試験（viva voce examination）にも及ぶ。アシュビー

&アンダーソンは、「学外試験委員は、学位の等価性を維持するだろう、そして、委員は、そこの教授陣によってくつがえされたりできないように選別されるだろう[28]」と述べている。1833 年にダラム大学で始まったと言われるこの制度は、1880 年設立のヴィクトリア大学でも採用された[29]。そして、ヴィクトリア大学の構成カレッジである市民カレッジが大学に昇格する際にも引き続き適用された。シルバー（Silver）によると、オックスブリッジは、19 世紀において他大学の学外試験に貢献したが、一方で、純粋な意味での学外からの試験委員を任命するようになるには時間を要した[30]。つまり、カレッジ制を採る両大学では、同じ大学の他カレッジから招聘した試験委員を「学外」とみなしたために、大学をこえて試験委員を任命する必要がないとみなされていたのであった。大学としての歴史が浅い市民大学においては、殊更に試験や学位の水準維持が必要不可欠であったために、学外試験委員の存在は重要なものであった。

　3 つ目の項目の合同入試委員会とは、近隣の大学が集まって合同の委員会を設置し、そこで入試を実施する、というものである。これは、ピア・レビューによる入試の水準維持を目指したものといえる。合同委員会は、「同じエリア内の大学が協力することは一定の水準維持につながり、それには大きな価値がある[31]」ものとみなされた。

　4. の項目は、各大学の学位に関する取り決めについてのものである。つまり、a) 学位名、b) 新たな学位の創設、c) 修業年限、d) 学士以上の学位に関する条件、そして e) 医学の学位に関して、学則の変更等が行われる際には、他の大学に事前に同意を求めることが必要とされた。そして他大学から異議が出た場合には、合同委員会 (Joint Committee) を設置して、協議するものと定められた。これもまた、合同入試委員会を規定した 3. と同様、ピア・レビューによる水準維持を目指したものといえよう。

　これらの取り決めの中で、特に丁寧に議論されていたことは、合同入試委員会についてである。マンチェスター・リヴァプール・リーズ・シェフィールドの 4 つのカレッジへの勅許状交付に関する枢密院文書 (PC 8/605) において、合同入試委員会に関する議論について言及した書簡は全部で 21 通ある。

これらの書簡においては、合同入試委員会の中身をどうするか、つまり、どこのカレッジから何人ずつの代表者を送り出し、その委員会の運営のための諸経費をだれがどのように分担するか、といった非常に実務的な内容についての議論が主たるものであった。それゆえこれらすべての史料について取り上げることはしないが、以下、本章の主題に関わるものとして、いくつか重要と思われる書簡を見ていく。

　関係者間の書簡によるやりとりの中では、シェフィールドというヴィクトリア大学の構成カレッジではないカレッジが合同委員会のメンバーになることについて議論されていたことがわかる。例えば、他の3つのカレッジからは合同委員会に5名ずつ、シェフィールドからは3名を代表者として送り出すという案に対して、シェフィールドの関係者は、リーズよりも劣った立場に置かれることなどを考えると、その案は受け入れられないだろうと述べている[32]。ヴィクトリア大学の「三つのカレッジのうちでもっとも弱小[33]」なカレッジであったリーズと「初期の段階でヴィクトリア大学への参画を申し出て不成功に終わり不満を抱[34]」いていたシェフィールドの対立というのは関係者の心配事項の一つであり、合同委員会を設置するにあたってシェフィールドの学則を他のカレッジに送付することをシェフィールドが拒否するのではないかという懸念もあった。しかし、合同委員会の設置は大学にとって「合同委員会と枢密院の二重の保護手段[35]」の一部となるものであり、またそのようなやり方は各大学にとって非常に有益なものであるとの見方が示された。この点に関しては、マンチェスター大学のホプキンソン学長が「私は個人的に、もしシェフィールドが学位の性格を維持することに非常に興味を持っている3つの既存の大学それぞれに学則を送付しなければならないとしても、不平が出るとは思わない[36]」と述べている。シェフィールドは、シェフィールド大学設立後援者ら関係者との話し合いの結果、マンチェスター・リヴァプール・リーズによる合同委員会に参加することを決めた。

　次に、ブリストル大学の設立に関する文書を検討していく。ブリストルはイングランド北部にある他の4つの大学とは異なり、南西部に作られたカレッジであった。他の4大学と距離的に離れているこのカレッジが学位授与

権を獲得する過程の中で、いかに「水準」を維持するべきなのか、主に枢密院と教育院の間で議論が持たれた。以下、そのやり取りを確認する。

　枢密院はまず、ブリストルも他の4つの大学の時と同じように、合同委員会を設置して水準を維持することを考えた。枢密院のフィッツロイは、以下のように述べている。

　　「新しいタイプの大学のあらゆる面で最も重要な機能の一つは、大学が生徒を集めるエリア内で中等教育に与えるかもしれない影響である。そして、同じエリア内の大学が協力することは一定の水準維持(maintain)につながり、それには大きな価値がある[37]。」

ここで検討されたのは、ブリストルと1900年に勅許状を獲得したバーミンガム、そして連合制大学の形態を採っていたウェールズ大学の3校で合同委員会を設置してはどうか、というものであった。元枢密院議長のクルー(Robert Crewe-Milnes, The Earl of Crewe)卿によって、枢密院議長と教育院総裁、そしてホルディーンからなる枢密院委員会が設置された[38]。この提案についての是非を確かめるために、フィッツロイは枢密院委員会のメンバーであった教育院総裁(President of the Board of Education)ランシマン(Walter Runciman)とホルディーンに書簡を送った[39]。その返信として、教育院のランシマンは、フィッツロイの提案について熟考した結果、以下のような書簡を送っている。

　　「私は…ウェールズ大学とバーミンガム大学が新たなブリストル大学とともに合同入試委員会を創設するという興味深い提案について注意深く考慮した。教育院はその(引用者註：合同委員会の)維持、そして実際には入学試験の際に要求される水準を上げることに興味を持っている。なぜなら、この水準は多くの中等教育学校における教育課程に影響を与えるのみならず、基礎教育学校の教員になるための訓練をしている学生が大学に附属する養成カレッジに入学する時に教育院が求める学習科目への重要な効果があるからである。…。

　　貴方が指摘した通り、合同委員会が『一定の水準を維持するという大きな価値あることの助けとなる』ことは疑いがない。しかし、水準の統一性（uniformity）は、…試験の統一性あるいはむしろ同一性（identity）によって得られるものである。しかし、このシステムでは、たとえ当該三大学の連携が試験の統一性を実現するとしても、我々（引用者註：教育院）の意見では、そのような連携が十分に（sufficiently）高い水準を保つのに十分（enough）であるかというと疑わしい。このような方法は、大学に入る前の学生から期待されるであろう一般教育に関する要求におけるあらゆる向上を促進するというよりむしろ妨げる可能性が大にある。…。

　　ブリストルか他の場所に設立されるかもしれないあらゆる<u>新大学に入学するための成績の適切な水準を保証（secure）するのに必要なことは、統一（single uniform）試験ではなく</u>、様々な地域の様々な学校のニーズのためのできるだけ多様性を可能にする、理にかなった<u>統一の試験水準を設定すること</u>である。そして、その理由により私は貴方が提案したような合同入試委員会のアイディアに強く反対する…[40]。」

　ランシマンが、合同委員会ではなく水準そのものの設定を主張したことの理由として、(1)マンチェスター他4大学の場合、そもそも歴史的につながりが深い、(2)4大学の場合、集まってくる学生の出身校が共通している[41]、という2点が挙げられている。特に(2)に関しては、4大学とは異なり、バーミンガムとブリストルとウェールズには共通点がないことが強調されている。つまり、バーミンガムは工業地域であるのに対し、ブリストルは農業地域であり、ウェールズについても両者から根本的に重要な面で異なっている、とランシマンは主張したのであった。

　ここでランシマンが問題にしているのは、中等教育との接続、そして教員養成の問題であったといえる。当時、教育院は、基礎教育から高等教育までの統一的な教育階梯の構築を目指していた。彼らは、各大学間での水準維持が重要なものであることは認識しつつ、同時に高等教育と中等教育との接続のために水準設定する必要性を主張したのであった。

教育院からブリストル・バーミンガム・ウェールズの合同委員会に対する反対意見が出され、枢密院はこの反論を受け入れた。また、ランシマンと同じく枢密院委員会委員を務めていたホルディーンは、当初、合同委員会による試験の統一を目指していたが、フィッツロイの勧めによりランシマンの意見に賛同することにした[42]。そして、最終的にブリストルに関しては、合同委員会を形成するのではなく、「合同委員会かそれ以外の方法で他の大学や権威と協力すること[43]」という条文を勅許状に加えることで、他の大学と意見交換しながら入試や学位授与を行うことが定められた[44]。

3.　勅許状交付過程における「水準」の重要性

市民カレッジの大学昇格に係る枢密院文書からは、以下のようなことを指摘することが可能である。

3.1.「水準」維持のためのカリキュラムについて

枢密院文書を分析すると、連合制大学が解体されて各カレッジが大学へと昇格するにあたって、いくつかの条件とも呼べるものがあったことがわかる。それは、2.3.1. でも指摘したように、まずは教育内容と財政状況についての条件を満たすことが求められた。財政状況については詳細に議論された形跡がなく具体的な条件はわからないが、安定的で十分な財源が確保されている、あるいはその見通しがあることが必要とされたようである。教育内容については、技術教育ではなく、アーツ・サイエンス重視の教育が求められていた。これは、1889 年から始まった大学への国庫補助金の際にも重視されていた条件であり、大学教育におけるアーツ・サイエンス重視の傾向は、この時期の国家の意向でもあった。

これらの「条件」については、日本の大学設置基準などのように厳密な数値が設定され、それにしたがって判断されるというような類のものではない。表 2 からもわかる通り、リヴァプールのように規模も大きく資金も潤沢なカレッジもあれば、ブリストルのように小規模なカレッジ、あるいはリーズの

ように規模は大きいが資金に乏しいカレッジもあった。しかしながら、厳密
な基準ではないにしても、前述の安原[45]の指摘にもあるように教育内容と
財政状況が大学昇格のための判断材料であったことは間違いない。また、特
にカリキュラムに関する条件は、疑いなく大学の水準に関わるものであった。

3.2. 入学試験と学位の「水準」について

3.2.1. 合同委員会の設置による「水準」維持

　入学試験や学位の「水準」をどのように維持するのかという問題は、本章
で扱った5つのカレッジすべての事例に関係するものであった。「水準を維
持する方途[46]」であった連合制大学を解体して、各機関において試験／学位
授与を行うにあたって、どのようにして水準を維持していくべきなのかが議
論された。合同委員会の設置は、そうした議論がもたらした一つの方途であっ
た。合同委員会を設置してそこで共通の試験を実施すれば、入学試験や学位
試験の水準は必然的に保たれる。そのため、マンチェスターなどの4つのカ
レッジについては、地理的に近かったこともあり、水準維持のために合同委
員会を設置してそこで入学試験や学位試験を行うという案が比較的容易に受
け入れられた。それぞれの大学において同じ試験を実施することで、各大学
の水準を標準化させようというものであった[47]。補助金諮問委員会の1907
年6月6日報告書[48]では、マンチェスター、リヴァプール、リーズ、シェフィー
ルドからなる合同委員会が入学試験の統一水準(uniform standard)を設定して
いることを評価し、その方法が普及することを期待するとしている[49]。

3.2.2. 教育院による「水準」設定の提案（「水準」に関する枢密院と教育院の議論）

　しかしながら、これら4大学とは地理的に遠く、歴史的なつながりもない
ブリストル大学設立の請願が出された際に、こうした合同委員会方式が大学
の水準維持の方法として適したものといえるのかどうかについて、関係者間
で話し合いが持たれた。枢密院は、これまで通り、地理的に近い複数のカレッ
ジ・大学が合同委員会を設置し、そこで水準維持を行えば良いと考えていた
が、教育院は、その案に反対した。教育院が合同委員会方式に反対した理由

は、ランシマンの書簡が示すように、中等教育との接続、そして教員養成の問題であった。

　教育院の構想とはいかなるものであったのか。教育院がどのような教育階梯を構築しようとしていたのかについては、当時教育院内において中心的な人物であった事務次官ロバート・モラント（Sir Robert Morant）の発言から明らかとなる。

　モラントは、教育院が基礎教育・中等教育・高等教育を一括して管理するような制度構築を構想していた[50]。モラントにとって高等教育は中等教育と深い関わりを持つものであった。彼は基礎教育・中等教育・高等教育という教育階梯全体の単線化は志向していなかったものの、国家を管理するのにふさわしいエリートを養成するための教育階梯の構築は志向していた。その構想を現実のものとするために、教育院は1909年、教育院内に大学局（University Branch）を置いた[51]。教育院が基礎教育から高等教育までの包括的な複線型の教育階梯の構築を視野に入れていたこと、そしてそれゆえに高等教育のあり方に注目が集まっていたことは重要である。

3. 2. 3. 「水平」レベルの水準と「垂直」レベルの水準

　大学勅許状交付における「水準」に関する議論は、以下のようにまとめることが可能であろう。つまり、勅許状交付過程においては、大学間という「水平」レベルの水準と、高等教育と中等教育の接続という「垂直」レベルの水準という二種類の水準が存在していた。教育院が特に興味を持ったのは垂直の水準であった。当時、大学の学位コースに入学するためには、各大学の合同入試委員会が定める Matriculation Examination、つまり入学試験を受ける必要があった。ロンドン大学の場合、例えば1899年時点では、以下のように5科目を課していた[52]。

　　①ラテン語（2問）
　　②英語（2問）
　　③数学（2問）

④一般科学基礎 (2 問)

⑤以下の語学か科学のうちいずれか一つ (1 問) —— ギリシャ語、ギリシャ語、ドイツ語、サンスクリット語、アラビア語、機械学基礎、化学基礎、音響・熱・光学基礎、電気磁気工学基礎、植物学基礎

当時、入学試験の科目構成や科目数、受験資格などに制限はなかったため、合同入試委員会の裁量で定めることが可能であった。

　合同入試委員会は、その後、学校資格試験 (School Certificate Examination) や上級学校資格試験 (Higher School Certificate Examination) を実施するようになる[53]。こうして、大学が大学入学試験に加えて中等教育修了資格を担うことで、中等教育カリキュラムが実質的には上から、つまり高等教育から規定されることとなった[54]。こうして、イングランドにおける中等教育と高等教育の接続が図られたのであった。それゆえ、大学の合同委員会の役割は、その意味において極めて重要なものであったといえる。

　枢密院も教育院も、入学試験の「水準」を維持あるいは保証することの重要性については合意していた。さらにいうならば、大学関係者もそう認識していたといえる。相違があったのは、何のために水準を重視したのかということと、どのような形で水準維持を実現するかということについてであった。枢密院は大学間の水準を一定のものとするために合同委員会の設置を、教育院は地域の多様性を担保しつつ大学教育と中等教育を円滑に接続させるために水準そのものの設定を望んだ。しかし枢密院の意向は必ずしも教育院のそれと対立するようなものではなく、教育院からの合同委員会に対する反対意見を受け入れて水準そのものの設定を目指すようになったのである。

3.3. 高等教育史上における市民大学への大学設立勅許状の意義

　「教育と学位授与の両方を行う大学」という理念が支持され、市民大学が設立されるにあたり、「水準」の維持あるいは保証が重要なファクターとなっていった。ここでいう「水準」とは、①大学間の「水平」レベルの水準と②中等教育との接続という「垂直」レベルの水準の二つを指す。①に関しては、

複数大学が集まって合同委員会を設置し、そこで入学試験や学位試験の管理を行うというやり方が採られた。この案は、主に、枢密院によって提示されたものであった。また、教育内容に関しても、アーツ・サイエンスを大学教育に必須のものとして含むことで、大学間での水準を一定のものに保つよう目指された。②については、中等教育との円滑な接続と各地方の教育の多様性を保証するために、試験の「水準」そのものを設定することが提案された。これは教育院によって提示された。このやり方は、①の大学間の水準維持と矛盾するものではなかったため、最終的に①と②は併存する形で水準維持方式として共に採用されることとなった。水平レベルの水準維持に向けた枢密院の動きは、言い換えるならば、大学間の標準化という意味での大学制度の確立を目指すものであった。一方の垂直レベルの水準保証に向けた教育院の動きは、教育階梯の構築の一部をなすものであった。つまり、この二つの動きは、大学の制度化の一端を担うものであったとまとめることができる。

　このように、「水準の維持」をめぐる議論は、設立の経緯も発展の歴史も異なる各市民カレッジを、大学への昇格を通じて標準化し制度化することであったといえる。交付に際して判定基準となる数値等が設定されていたわけではないという意味においては安原の「個別手作り方式[55]」という評価も間違いではないが、実際の交付過程において特に政府関係者が注力したのは、いかにして多様なカレッジを包括的な教育制度の枠組みに組み入れるかということであった。市民大学への勅許状交付の高等教育史上における意義とは、大学の制度化のプロセスにおいて重要な役割を果たしたことであるといえよう。

　勅許状における「水準」に関する議論は、教育の質を維持するための「枠組み」についてのものであった。これは、1889 年に始まった大学への国庫補助金交付に関する議論において教育「内容」そのものが評価／検討されたことと対照的であるが、相互に連関しているものでもある[56]。中央政府は 19 世紀末頃からすでに大学の水準維持に強い興味を示し、大学制度の構築——大学という機関の標準化と中等教育との接続——に関わろうと試みていたと考えられる。

*****

　本章では、大学設立勅許状が大学の「水準」維持のための枠組みづくりに
大きな役割を果たしたこと、そしてそれがイングランドの高等教育史上にお
いて大学制度の構築、ひいては教育制度の構築という重要な意味を持ってい
たことを明らかにした。チャータリングが大学制度の確立に重大な役割を
担ったという知見は、大学設立勅許状が国家からのお墨付きであるというこ
とを考えれば至極当然のことのようにも見えるが、先述の通り、これまでの
研究ではイングランドにおける大学設置は個別的なものであるとみなされて
きたという経緯がある。枢密院文書の分析から得られた知見は、チャータリ
ングの制度的機能を明らかにするものであり、本研究の独自の知見であると
いえよう。この後、大学制度の確立に向けて、国庫補助金問題を通じてオッ
クスブリッジにも制度化の波が押し寄せることとなる。また、教育院が特別
の興味を持っていた中等教育と大学教育の接続に関する問題の解決策として、
大学試験団体 (University Examination Body) が設立されることとなる。これらの
過程を通じて、イングランドにおける「大学」というものの内実が明確化され、
また教育制度の確立に向けた動きにつながっていくのである。

註

1　安原 1990b、前掲論文、47 頁。

2　PC 8/672.

3　安原 2008、前掲論文、ii 頁；安原 2012、前掲論文、20 頁。

4　University College of Sheffield, *Calendar*, 1904

5　University of Sheffield, *Calendar*, 1907.

6　University College of Sheffield, *Calendar*, 1904, pp.282-283.

7　横尾 1999、前掲書。

8　同上、150-152 頁。

9　Armytage 1955, *op. cit.* など。

10　横尾 1999、前掲書、152 頁。

11　Minutes of a Meeting of the Committee of the Yorkshire College on University Proposals held on Jan. 28th, 1902. PC 8/605.

12　Minutes of Conference between Representatives of the Yorkshire College and Representatives of University College, Sheffield. Held 10th Feby. 1902. PC 8/605.

13　マイケル・サドラー（Michael Salder）は、マンチェスター大学教授や、リーズ大学学長（1911-1923 年）等を務めた人物である。

14　Memorandum [Confidential] by Fitzroy, 15th Jan. 1904. PC 8/605.

15　Fitzroy to Godden, Son and Holme [Promoters of Leeds University Charter?], 4th Aug. 1903. PC 8/605.

16　Godden, Son and Holme to Fitzroy, 20th Oct. 1903. PC 8/605.

17　University Colleges（Great Britain）Grant in Aid. Report of the Committee. 24th Jul, 1908. ED 24/513.

18　Fitzroy to Lord President [Spencer Cavendish, 8th Duke of Devonshire], 25th Apr. 1902. PC 8/605.

19　1897-1901 年ヴィクトリア大学学長、1904-1911 年リーズ大学初代学長。

20　Bodington to Fitzroy, 29th May 1902. PC 8/605.

21　Ibid.

22　Ibid.

23　PC 8/605.

24　この枢密院委員会自体はヴィクトリア大学の構成カレッジであったマンチェスター・リヴァプール・リーズと、シェフィールドの 4 つの市民カレッジの大学昇格について検討するためのものであった。しかし、ここで挙げた 4 つの項目は大学設立勅許状のひな型となるものであったため、個別の大学の事例というよりは、より広い含意があると考えられる。

25　横尾 1999、前掲書。

26　横尾 1999、前掲書、150-152 頁。

27　ジル・クラーク「イギリス高等教育における質保証」吉川裕美子訳『大学評価・学位研究』第 6 号、2007 年、13 頁。

28　Ashby and Anderson 1974, *op. cit.*, p.66.

29　H. Silver, 'External Examining in Higher Education: A Secret History' in R. Aldrich（ed.）, *In History and in Education: Essays presented to Peter Gordon*, London: Woburn, 1996.

30　Ibid., p.189.

31　PC 8/672、1908 年 11 月 13 日に枢密院のフィッツロイが枢密院議長に宛てた手紙。

32　Gould and Coombe [Promoters of Sheffield University Charter] to Fitzroy, 4th Mar. 1905. PC 8/605.

33 グリーン 1994、前掲書、143 頁。

34 同上。

35 Note by Lord Rosebery [Archibald Primrose, 5th Earl of Rosebery], 20th Mar.1905. PC 8/605. ローズベリー卿は 1902-29 年ロンドン大学名誉学長 (Chancellor)。

36 Hopkinson to Fitzroy, 30th Mar. 1905. PC 8/605.

37 Minute to Lord President [Henry Fowler, 1st Viscount Wolverhampton] by Fitzroy, 13th Nov. 1908. PC 8/672.

38 PC 8/672. 枢密院のメモ。正確な日付は不明であるが、文末にあるフィッツロイの署名が 11 月 13 日であることから、その前に作成されたことが推測される。

39 Fitzroy to Haldane and Runciman, 18th Nov. 1908. PC 8/672.

40 Runciman to Fitzroy, 15th Dec. 1908. PC 8/672.

41 Ibid.

42 Ashby and Anderson 1974, *op. cit.*, pp.91-92.

43 University of Bristol, *Calendar*, session 1907-08.

44 なお、バーミンガムは、1918 年にマンチェスター、リヴァプール、リーズ、シェフィールドからなる合同委員会に加わっている。

45 安原 2008、前掲論文、46 頁。

46 アンダーソン 2012、前掲書、232 頁。

47 補助金諮問委員会の 1907 年 6 月 6 日報告書 (ED 24/513) では、マンチェスター、リヴァプール、リーズ、シェフィールドからなる合同委員会が入学試験の統一水準 (uniform standard) を設定していることを評価し、その方法が普及することを期待するとしている。

48 University Colleges (Great Britain), Grant in Aid. Report of the Comiittee. ED 24/513.

49 合同委員会がどのように機能していたのかに関しては、グリーン 1994、前掲書、262 頁参照。

50 ただし、彼の目的は基礎教育・中等教育・高等教育という教育階梯全体の単線化ではなく、教育を一括に管理する機関として教育院を機能させることであった。この点については、大田 1992、前掲書に詳しい。

51 Allen 1934, *op. cit.*, pp.250-252.

52 University of London, 'Regulations and Matriculation for 1899', *Calendar for the year 1897-98; and the Revised Regulations for 1899*, p.4.

53 これらの試験ついては、例えば、J.A. Petch, *Fifty Years of Examining: Joint Matriculation Board, 1903-1953*. George G. Harrap, 1953 などに詳しい。なお、これらの試験は、1951 年の GCE A レベル (General Certificate of Education Advanced Level) や GCE O レベル (General Certificate of Education Ordinary Level) の前身である。また、当時市民大

学に設置された合同入試委員会は、その後再編を経て現在は AQA（Assessment and Qualifications Alliance）という A レベル試験団体になっている。なお、他の主要な A レベル試験団体である Edexcel（Edexcel Pearson - London Examinations）はロンドン、OCR（Oxford, Cambridge and RSA）はオックスブリッジにそのルーツを持つ。ほか、中等教育修了試験の歴史についての論考は、中村勝美「イングランドにおける中等学校修了資格試験の成立過程 ―SCE を中心として」『広島女学院大学人間生活学部紀要』第 7 号、2020 年、39-49 頁；山村滋「スクール・サーティフィケートにおける中等教育『修了』の意味―スクール・サーティフィケート成立時までに限定して」『京都大学教育学部紀要』第 34 号、1988 年、231-242 頁など。

54　大田直子「『秘密の花園』の終焉―イギリスにおける教師の教育の自由について」『人文学報』第 259 号、1995 年、119 頁。

55　安原 2008、前掲論文、ii 頁；安原 2012、前掲論文、20 頁。

56　例えば、1907 年 6 月 6 日付の補助金諮問委員会報告書（ED 24/513, p.4）では、入学試験の水準についての言及がある。そこでは、マンチェスター・リヴァプール・リーズ・シェフィールドが統一的な水準を設定していることが指摘されている。

第三部　大学補助金委員会の設立と大学制度成立

第7章 「大学」理念の拡大と国庫補助金再編に 係る議論 1900–1908年

1. 本章の目的

　19世紀のイングランドにおいては、様々な高等教育の新潮流が生まれた。その中で重要なものの一つに、技術・専門職教育の発展が挙げられる。第3章で検討してきたように、イングランドの大学においては、教養教育としてのアーツ・サイエンス教育が最重要視されており、技術教育あるいは専門職教育を大学で行うことに対して大きな反発があった。しかし、19世紀後半に「市民大学」が技術・専門職教育を志向する教育機関であったことで、大学教育における技術・専門職教育のあり方が問題となっていく。

　イングランドにおける技術・専門職教育に関する先行研究は多数あるが、その評価は対立しており、世紀転換期に技術・専門職教育が発展したと主張する研究と、逆にそれらの発展は阻害されたとする研究に分かれている。大学教育という視点で見ると、19世紀後半にはアーツ・サイエンス教育がその核であるとみなされていた。この点については第3章で示した通りである。しかし、20世紀に入って、実際の大学カリキュラムに技術・専門職科目が入ってきているという点は看過できない。つまり、これまでの研究は、実際の技術・専門職教育の位置づけという論点について、大きな流れの一部しか見ていないといえる。これらの先行研究を整理すると、「大学教育」の枠組みの中で、技術・専門職教育がどのように扱われており、それがどう変化していったのかについて検討することの重要性が浮き彫りとなるのである。もう一つ重要な点として、これまでの研究では、技術・専門職教育と、アーツ・サイエン

ス教育に関する議論が、政府文書においてどのように変化していったのかについての視点が欠落している。政府、あるいは補助金諮問委員会が「大学教育」をどのようなものとして捉えていたのかは、国庫補助金配分にとって極めて重要な意味を持つ。それゆえ、本章では、政府文書の分析から、技術・専門職教育へのまなざしの変容の意義を明らかにする。

2. 1900年代以降の技術・専門職教育の位置付けの変化

2.1. 市民大学設立に伴う新たな学位の創設

　補助金交付に際して教養教育の強化が求められた市民カレッジは、1900年代に大学に昇格する際にも教養教育の強化を要請されたといわれている[1]。しかしながら、その一方で、大学へと昇格して学位授与権を獲得し、カリキュラム編成に責任を持つようになり、技術・専門職科目も大学学位取得のためのコースカリキュラムに入れることができるようになった。これにより大きな変化がもたらされる。例えばリーズ大学以外の各大学では工学士 (B.Eng.)、シェフィールド大学では冶金学士 (B.Met.)、リヴァプール大学では建築学士 (B.Arch.) が設けられた。以下がその一覧である。

表3　市民大学における学士号一覧[2]

	バーミンガム (1900)	マンチェスター (1903)[3]	リヴァプール (1903)	リーズ (1904)	シェフィールド (1905)
文学士	1900	1904	1903	1904	1906
理学士	1900	1904	1903	1904	1906
医学士	1900	1904	1903	1904	1906
外科学士	1900	1904	1903	1904	1906
法学士		1904	1905	1904	1907
工学士	1901	1904[4]	1903		1906

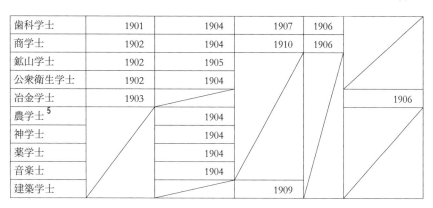

歯科学士	1901	1904	1907	1906	
商学士	1902	1904	1910	1906	
鉱山学士	1902	1905			
公衆衛生学士	1902	1904			
冶金学士	1903				1906
農学士[5]		1904			
神学士		1904			
薬学士		1904			
音楽士		1904			
建築学士			1909		

　以上の表からもわかるように、市民カレッジが大学昇格を果たし学位授与権を得たことで、学位(学士号)のバリエーションが豊富になった。そしてそれに付随して、学位試験の際に求められる科目も変化していった。例えば、シェフィールド大学における、理学士と工学士、工学士(鉱山学専攻)、冶金学士の学位試験科目は以下の通りである。

シェフィールド大学理学士(Bachelor of Science)[6]

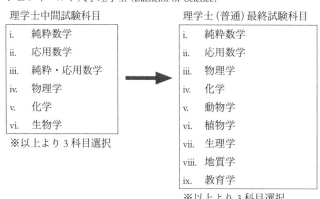

理学士中間試験科目

i.	純粋数学
ii.	応用数学
iii.	純粋・応用数学
iv.	物理学
v.	化学
vi.	生物学

※以上より3科目選択

理学士(普通)最終試験科目

i.	純粋数学
ii.	応用数学
iii.	物理学
iv.	化学
v.	動物学
vi.	植物学
vii.	生理学
viii.	地質学
ix.	教育学

※以上より3科目選択

シェフィールド大学工学士 (Bachelor of Engineering)[7]

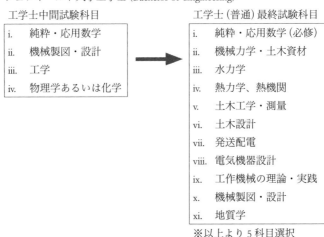

工学士中間試験科目

i.　純粋・応用数学
ii.　機械製図・設計
iii.　工学
iv.　物理学あるいは化学

工学士 (普通) 最終試験科目

i.　純粋・応用数学 (必修)
ii.　機械力学・土木資材
iii.　水力学
iv.　熱力学、熱機関
v.　土木工学・測量
vi.　土木設計
vii.　発送配電
viii.　電気機器設計
ix.　工作機械の理論・実践
x.　機械製図・設計
xi.　地質学

※以上より5科目選択

シェフィールド大学工学士 (鉱山学) (Bachelor of Engineering (Mining))[8]

工学士 (鉱山学) 中間試験科目

i.　純粋・応用数学
ii.　機械製図・設計
iii.　化学
iv.　物理学

工学士 (鉱山学) (普通) 最終試験科目

i.　鉱山学
ii.　鉱山測量
iii.　地質学 (鉱物吹管分析を含む)
iv.　熱機関・材質強度
v.　発送配電
vi.　(a) 鉱山化学あるいは 　　(b) 試金・一般冶金学

※これらに加えてフランス語・ドイ
ツ語・スペイン語を一つ選択

シェフィールド大学冶金学士 (Bachelor of Metallurgy)[9]

冶金学士中間試験科目

i.　科学
ii.　るつぼ鋼の冶金学
iii.　物理学あるいは純粋・応 　　用数学

冶金学士最終試験科目

i.　地質学及び鉱物学
ii.　鋳鉄と錬鉄及びジーメンス鋼と 　　ベッセマー鋼の冶金学
iii.　燃料物質と耐熱物質
iv.　高温測定法
v.　顕微鏡分析
vi.　鉄と鋼の科学物理学
vii.　機械製図

ここからもわかるように、既存の学位 (オックスブリッジやロンドン大学、ヴィクトリア大学でも提供されている学位) である理学士に比べ、新たに作られた学位である工学士や冶金学士の学位試験では、より専門的で詳細な科目が課されていた。中間試験の時点ですでに、従来のアーツ・サイエンス科目には入っていないような専門分化した科目を課している。この試験科目構成は、アーツ・サイエンス科目中心の理学士の中間試験及び最終試験とは大きく異なっている。大学昇格前のユニヴァーシティ・カレッジ時代には、工学や冶金学を学ぶ学生で学位取得を目指す者はロンドン大学やヴィクトリア大学等の理学士の試験を受けるのが既定路線であったことを考えると、大きな変化であるといえる。

2.2. 市民大学設立後の大学補助金諮問委員会における議論の変遷

第 3 章で詳述してきた通り、補助金配分のための視察は、アーツ・サイエンス教育を対象としたものであり、技術教育は補助金交付の対象外と明確に示された。しかし、その一方で、視察者たちは 1896 年視察の時点ですでに、市民カレッジの技術・専門職教育が持ちうる可能性について以下のように指摘している。

> 「我々の意見では、ユニヴァーシティ・カレッジが与えている、最も称賛できかつ価値ある影響の一つは、その範囲の中に自然に入ってくるようなより多くの技術科目を扱う際に、彼らが偽りなき科学的精神 (scientific spirit) でそれを行い、そして教養教育 (liberal education) の一部としてそれらの科目を位置付けるという熱望や試みの中に見出すことができる[10]。」

そして、1901 年視察においても、大学教育の一角をなす純粋科学と、大学教育には含まれないとされた応用科学の区分けの難しさについて、以下のように言及している。

> 「…技術研究の科学的傾向は、国家的な重要性を持っている。ユニヴァー

シティ・カレッジの技術学部において、技術教育はより高い次元に上がった。カレッジのメンバーでもあり、純粋科学部長との連携を密にしている技術学部長は、彼自身の仕事についてより高度で広範な視点を持っており、彼の教え子たちにより科学的精神を与えている。…。我々は、アーツ・サイエンスでのカレッジの活動の詳細について述べる前に、いくつかのカレッジの全ての活動についての包括的な説明を述べるよう試みたため、我々は、厳密にいうと我々の調査範囲にないような活動の様々な段階について述べている、しかし、その範囲の定義は非常に難しいということがわかるだろう。…。年々純粋科学と応用科学を分かつ境界線はより一層不明瞭なものになっている[11]。」

さらに、2.1. で述べたように 1900 年代に市民大学が設立され、各大学が技術・専門職科目に関係する独自の学位を出せるようになったことは、大学補助金に関する諮問委員会にも影響を与えた。1905 年 2 月 23 日付の諮問委員会報告書（通称ホルディーン委員会第 3 次報告書）では、1896 年・1901 年時の指摘より一歩進む形で、以下のように述べられている。

「工学部や商学部などが大学と認められたことによる教育（teaching）の拡大…は、…これまでは技術又は地方税補助の研究[12]（Technical or Rate-aided Studies）として、あるいは『糧のための研究（"Bread Studies"）』として除外されてきた科目が十分に高度な性格（advanced character）を持つものとして、将来的に取り入れられるかどうかについて考慮する必要を生むだろう。換言すると、『アーツ・サイエンスにおける大学の特徴を有する教育』というフレーズの解釈は改められる必要があるかもしれない。…。大学教育の範囲の拡大という視点から見ると、法学、医学、工学、建築学などのトピックはユニヴァーシティ・カレッジの将来においてより大きな位置を担うようになるだろう[13]。」

続く 1907 年における補助金配分のための視察報告書においては、以下の

ように指摘されている。

「カレッジが取り組もうと努力している教育の問題は今や 1901 年時より
もより一層複雑である。多様な学生が学んでいる；新しい学部 (school)
が作られた；特に商学、工学、そして様々な技術分野の新しい学位が設
けられた。それゆえ、1901-02 年の委員会よりも調査の範囲を広げる必
要がある。同時に、我々のタスクは、いくつかの点で軽減された。(引
用者註：つまり)『大学の活動』を『技術教育』から区別するのは、以前よ
りも難しくなくなった、そして、大学がその保護を様々な技術科目に拡
大したため、『大学ランクの科目』の定義を示すのはもはや我々の役割
ではない。1901-02 年委員会は、神学・法学・商学といった専門職を目
指す学生のアーツにおける準備的訓練と専門職を目指していない学生に
よるアーツの活動を区別すること、あるいは、工学や医学の資格を得る
ことを計画している者の科学における準備的訓練と物理学者・化学者・
あるいは植物学者になりたいという学生のそれを区別することは不可能
であることを見出した。彼らは、一般的に、中間試験後の専門職の学生
による活動は非常に専門的な性格のものであるという意見を持っていた。
我々は今、科学の中間試験に通ることと技術の学士号や技術的な性格を
持つ他の学部の試験を通ることの間にある活動を無視することは不可能
である。…。そうした大学においては、工学士のための中間試験は理学
士のための中間試験と同じである。全てのケースにおいて、ある程度の
純粋科学は、2 年次あるいは 3 年次の技術 (引用者註：専攻) の学生から必
要とされる。それゆえ、新たな学位を提供している機関は、全ての学位
が目指すべき (引用者註：ものを提供しているという点において) 成果を上げ
ているというのが、我々の考えである。それは、その後の人生でいかな
る職業に就くとしても、良い一般教育 (general education) を得るように学
生を奨励するものである[14]。」

ホルディーン委員会での指摘を受け、後継の諮問委員会は、補助金対象と

なる教育内容について再検討し、「アーツ・サイエンス（引用者註：英語・古典語・フランス語・ドイツ語・歴史学・哲学・数学・物理学・化学・生物学）の分野を含む大学水準の十分な教育 (instruction)[15]」を大学教育とみなすことを決めた。つまり、技術教育科目であっても、大学水準であると認められれば大学教育の範疇に含める、という決定である。以降、技術・専門職教育科目も大学視察の評価対象となり、大学補助金諮問委員会による「大学ランクの教育の質」を保証するためのチェック体制の下に置かれるようになった。

3. 補助金諮問委員会における「大学教育」の定義の変遷

2.2. で確認したように、大学補助金諮問委員会における「大学水準の教育」という定義は、当初の「技術教育ではないアーツ・サイエンス教育」から、「アーツ・サイエンスを含む十分な教育」へと変化した。つまり、技術・専門職教育であっても、十分な水準が保たれていれば、大学教育として認められるようになったのである。このように、アーツ・サイエンスが核であることは維持されつつ、大学教育をめぐる理念が拡大した。

第3章で明らかになったことは、1890年代から1900年頃までの諮問委員会における「大学教育」とは、「高等な教養教育」であり、それはすなわちアーツ・サイエンス科目を行うという教育であるとされたことであった。当時、カレッジにおける教育は、第3章で引用したゴッシェンとクランブルックの言葉に端的に表れているようにオックスブリッジの代替としての機能が求められていたことからしても、それは当時としては極めて自然な発想であったことが窺える。

しかし、1900年代に入り、「大学水準の教育」の定義には変化がみられるようになった。その要因として考えられることを補助金諮問委員会の文書から抽出すると、以下の3点が指摘できるであろう。

　　①学位の拡大に伴う大学教育の範囲の拡大
　　②純粋科学と応用科学の境界の曖昧さ

③すべての学位の目的に見出せる共通性

　①については、1905 年と 1907 年の諮問委員会報告書で、それまでは「大学水準の教育」から除外されてきた技術・専門職教育に関する新たな学位（例えば工学士や商学士）が設けられたことを指摘しながら、「大学水準の教育」の定義を変える必要があることを明確に提起している。

　②についていえば、技術・専門職科目みなされた応用科学と、アーツ・サイエンス教育とみなされた純粋科学の間の線引きの難しさは、カレッジ視察が始まった 1896 年の時点ですでに視察者には認識されつつある事柄であった。1901 年視察の際には、両者の区分けは一層不明瞭なものとして指摘されている。そして、1907 年の報告書では一歩踏み込んで、応用科学系の学士号で求められる教育内容と純粋科学系の学士号で求められる教育内容の区別は不可能であると指摘されている。同報告書では、アーツの領域でも、法学など専門職を目指す者の教育内容と、専門職を目指すわけではない従来からのアーツ教育を主とする者の教育内容を分かつものを見つけることは不可能であるとも指摘している。言い換えるならば、アーツ・サイエンス教育と、技術・専門職教育には共通性を見出すことができ、その共通性があるがゆえに両者を全く別のものとして扱うことに意味がないことが示されたのであった。

　ここで重要なことは、技術・専門職科目の教育にも、教養教育としての可能性があるという指摘がみられることである。技術・専門職教育は、教養教育の目指す理念を体現することが可能であるがゆえに、アーツ・サイエンス教育と同じように大学水準の教育とみなされうるという指摘である。このことが示すのは、補助金交付開始時には「大学水準の教育」＝「高等な教養教育」＝「アーツ・サイエンス教育」という等式として成り立っていた「大学教育」の定義が変化し、「大学水準の教育」＝「高等な教養教育」という認識は維持されたものの、教養教育とは特定の科目を指すものではなく、目指されるべき理念を指すものとされたということである。

　中村勝美は、次節で詳しく扱う 19 世紀の教養教育論争を経て、特定の科目と教養理念が切り離されるに至ったと指摘している。氏によれば、

「19世紀の教養教育をめぐる論争において、大学とは教養教育の場、すなわち学問を通じた知的能力の訓練や人格形成の場であるという理想が浸透した。普遍的な人間の英知として古典人文学教育は再評価・活性化されたが、19世紀後半には古典人文学と教養理念は切り離され、リベラルな方法で教えられるならば、どのような学問でも教養教育の目的は達成されうるという考えから、徐々に学士課程教育の共通部分は縮小し専門分化が進んだ[16]。」

　この指摘は、本章での分析とも部分的に重なるものであり、当時の教養教育論争と、実際の大学カリキュラムでの変化がある程度リンクしていたことを想起させるという点で非常に興味深い。また、学士課程教育の専門分化についての指摘も重要なものである。ただし、本章の分析と幾分異なるのは、中村の指摘は古典人文学 (classics) に対置するものとしての科学 (sciences) の受容に関するものであるということである。氏の中心的関心は、オックスブリッジやロンドン大学における教育改革であり、アーツ・サイエンス教育と技術・専門職教育の相克という課題を抱えていた市民大学にはそれほど注目していないためであると思われる。本章の知見は、古典人文学—科学にとどまらず、アーツ・サイエンスの一角をなす純粋科学に対置するものとしての技術・専門職教育の受容をも示すものであるという点で、教養教育が特定の科目を指すものから理念として昇華したことをより強く意味づけている。
　③は、技術・専門職教育でも、「すべての学位が生み出すべき目的」を達成することが可能であるという見解が示された、ということである。ヴァーノンも指摘するように、マンチェスター大学設立勅許状の交付にあたって提案された以下の文言は、それを端的に言い表している[17]。

「技術科目[18]の熟達を表す学位は、技術的達成の基礎をなす科学的あるいは一般的知識のテストの適正な保障なしに授与されない (Degrees representing proficiency in technical subjects shall not be conferred without proper security for testing the scientific or general knowledge underlying technical attainments）」

　この文言は、その後設立されたすべての大学の勅許状において標準的な条文（standard clause）となった[19]。

　このように、学位授与権は大学の権利として認められるものであるために新たな学位を創設することは可能だが、その際には必ず「科学的あるいは一般的知識」をテストすることが必須だと明示された。ここでの「科学的あるいは一般的知識」のテストとは、何か特定の科目や、あるいは特定の（試験）問題を指すのではなく、テストを通じて「科学的・一般的知識」を問うということを意味している。「科学的あるいは一般的知識」が具体的にどのようなものを指すかについては、アクセス可能な一次資料上には明記されていない。しかし、後述の J.S. ミルの「一般教養（general culture）[20]」や、前述の諮問委員会報告書にみられる「科学的精神」を重視する視点[21]、バーミンガム大学設立の際に言及された「精神的訓練」を重視する視点[22]からあえて定義づけするならば、より科学的で深いものの見方や考え方のことであり、教養と言い換えてもよいであろう[23]。つまり、②で指摘した、技術・専門職科目を通じてでも達成されうる理念としての教養教育を保証するものとしての学位試験ということである。

4.　「大学教育」の概念の拡大と教養教育論争

　1900 年代に、イングランドの大学教育はそれまでのアーツ・サイエンス一辺倒から脱却し、その結果市民大学においては技術・専門職主義へのいわば「回帰」が起こった。補助金諮問委員会は技術・専門職教育の発展可能性を好意的に見つつも、頑ななまでに「大学教育」としては認めてこなかったのにもかかわらず、なぜ市民大学における技術・専門職教育を評価するようになったのか。それを可能にしたのは、特定の科目としての教養教育ではなく、理念としての教養教育という、大学教育の定義の変化である。つまり、それまでの「大学教育」の概念では、特定の科目を深く学ぶことによる教養

教育が目指されていた。そうした特定の科目だからこそ、精神の涵養が可能
になるとされたのであった。しかし、実際に学問領域が拡大する中で、「科
学的・一般的知識」の獲得は多様な科目の学習を通じてでも達成され、そし
てそれは精神の涵養という教養教育の目的を達成するのに十分であるとみな
されるようになったのであった。とはいえ、一方でアーツ・サイエンスが大
学教育の中核であるという認識は依然として支持されたことも看過できない。
補助金諮問委員会報告書に見られる「アーツ・サイエンスの分野を含む大学
水準の十分な教育 (instruction)[24]」という表現は、象徴的である。つまり、学
問のヒエラルキーは温存されつつ、技術・専門職教育が「大学教育」の範疇
に入ったのであった。大学教育としての技術・専門職教育は、学位試験にお
ける「科学的・一般的知識のテスト」を通じ保証されること、つまり、教養
教育として維持されるべきことが定められた。

　序章でも指摘したように、19世紀末のイングランドにおいては、大学教
育をめぐる論争が沸き起こっていた。この論争が直接的に補助金諮問委員会
の判断に影響を与えたという証拠はないが、当時の議論がいかなるもので
あったのか、サンダーソンや、宮腰[25]、中村らの論考を参考にしながら、検
討してみたい。

　中村は、19世紀後半の教養教育論争について、19世紀初めと半ばに起こっ
た論争に続くものであり、「19世紀後半にはじまる第三の論争は、学士課程
における科学教育の位置づけや、学問・研究の場としての大学をめぐり、よ
り広範囲で、長期間にわたるものとなった[26]」と位置づけている。その代表
的論者としては、サンダーソン・宮腰・中村の各氏による整理を集約すると、
ニューマン、ハクスリー、J.S. ミル、アーノルド (M. Arnold)、スペンサー (H.
Spencer)、セジウィック (H. Sedgwick)、パッティソン (M. Pattison)、ジョウエット (B.
Jowett) らが挙げられる[27]。

　宮腰は、ニューマン、ミル、セジウィック、ハクスリー、アーノルドの5
名に注目して、以下のようにまとめている。

　　「共通の視点はリベラル・エデュケーションの役割を、①古典人文学の

教育的価値を認める（ハックスレイを除く）、②「力」としての知識に信頼を置き、職業とは離れた社会的価値・功利的優先性を強調する（ニューマンを除く）、③知識の拡大、即ちその内容を古典文学に限定せず、当時発達しつつあった諸科学を取り入れた一般カリキュラムに賛成している、という 3 要素の相互作用から、リベラル・エデュケーションの意義を積極的に評価したことにある[28]。」

そしてその上で、「近代産業社会に対応する内容、つまり彼らの時代に見合った近代諸科学の成果を取り入れることによって、伝統的概念を変容させ、リベラルな知識の有する意味を広義に解釈し、再生を図ろうとした[29]」と評価している。

以下では特に、サンダーソンと宮腰が共通して取り上げているニューマンと J.S. ミル、そして中村も含めた全員が言及しているハクスリーを中心に当時の議論を確認していく。

ニューマンは古典人文学を中心とした教養教育を強力に擁護し、それ以外はすべて排除するという考え方であった。彼にとっての教養教育とは、「古典学や哲学や人文学（アーツ）と同一視され[30]」るものであり、「知識はそれ自体が目的たりうるとの立場にたち、何か別の目的にとっての集団である知識と、『結果から独立した』『それ自体の価値を有する』知識とを明確に区別[31]」するものであった。伝統的な教養教育の擁護者という意味では、アーノルドもニューマンと近い考えを持っていたといえる[32]。

ミルは、古典人文学の重要性を認める一方で、科学の価値を積極的に認めたという点で、ニューマンのそれとは異なっている。ミルにとって古典は絶対的なものではなかったが、これを通して「思考（シンク）し思弁する（スペキュレーション）ことを学ぶ[33]」という意味で、重要な手段であった。また、科学の価値を評価したのは、「古典語とともに科学を、思考し思想を表現する能力の形成に与かる[34]」ものとみなしたためであった。古典人文学と科学双方への評価に加えて、ミルの議論においては、大学における「専門職業教育」の否定も重要なものである。ミルはセント・アンドリュース大学名誉学

長（rector）就任講演『大学教育について』で、「専門職に就こうとする人々が大学から学び取るべきものは専門的知識そのものではなく、その正しい利用法を指示し、専門分野の技術的知識に光を当てて正しい方向に導く一般教養（general culture）の光明をもたらす類のもの[35]」と述べた。このように、優れた教養を持つ者は優れた職業人たりうるのであるから、大学が職業準備機関になることは本来の目的に反するものであると主張した。科学の擁護と専門職業教育の否定という意味では、パッティソンも同様であった。しかし、サンダーソンによると、彼の教養教育をめぐる評価には時期によって変化がみられるのだという[36]。

　ハクスリーは、科学教育の強力な擁護者であった。彼は、ミルの講演を置き換えて科学教育を唱道し、「人文学についていえることは同等の有効性をもって科学についても妥当する[37]」とした。彼によれば、「科学関係の学問は教養教育概念の一部を構成する[38]」ものであり、「文学的な教育は教養（カルチャー）を身につけるのにもはや充分なものではなく、科学的な教育は『少なくとも』文学的な教育と同じように効果的なものであった[39]」。科学教育の推進者としては、スペンサーも挙げられる[40]。スペンサーにとっては、「実際的な生命の維持に関わる必要からしても、また精神の涵養（メンタル・カルティヴェーション）という広範な文化上の目的からしても[41]」科学が最も重要なものであった。サンダーソンによれば、この考え方は市民大学の支持者たちに広く受け入れられた。

　まとめると、この論争において重要なポイントとしては、①当時急速に発展していた科学を大学教育に位置づけるべきか否か、②職業教育は大学教育足るか否か、の2点が指摘できる。科学に関しては、古典人文学を通じた教育を強固に保持しようとしたニューマンやアーノルド以外は、概ね受容的であった[42]。それは、科学を通じてでも精神を涵養することは可能であるとの考えにもとづくものであった。一方、職業教育については、実践的な職業準備を積極的に擁護する議論は管見の限り見当たらない。科学教育の有用性を認めた J. S. ミルにあっても、職業教育は大学の教育目的には見合わないものと明確に述べている。

　こうした点については、「生活の糧のためではなく、純粋学問を通じて真理を探究することが大学教育のあるべき姿であるという信念や、人格や精神の涵養に力点を置くあまり、教養教育が過度に重視され、応用科学や技術教育、工学教育、職業教育が軽視あるいは蔑視の対象となってきたことに尽きるのである[43]」という指摘もある。ただし、注意しておかなければいけないのは、職業教育の位置づけである。当時の議論に従うならば、応用科学(applied sciences)や技術教育(technical education)、工学教育(engineering education)という用語は頻出しており、かつそれらの区別は厳密ではない。専門職教育(professional education)という用語も頻出している。一方で、職業教育(vocational education)という用語は管見の限りほとんど見られない。

　本書の研究関心にもとづいて述べるならば、当時の政府委員会における「教養教育」の定義はロンドン大学で重視されたアーツ・サイエンス科目を指していた。その後に増えた大学(市民大学)が推進した技術・専門職教育は、教養教育の対極にあるものとしてではなく、教養教育を実現する一つの手段としてみなされるようになった。ただし、職業教育については、積極的に論じられた形跡はない。優れた専門職を育成することを大学設立目的に掲げた大学もあったが、専門職養成よりも、専門職教育を通じて「科学的・一般的知識」を得ることの重要性が強調されていたようにみえる。

5. 「大学教育」の拡大に伴う質保証のシステム構築の必要性

　市民カレッジが大学へと昇格し、技術・専門職科目に関連する学位を出すことが可能となったために、そういった科目の教育の「質」を保証するための仕組みが必要になった。それまでは、イングランドにおいて学位を授与する大学はごく少数(オックスブリッジ・ダラム・ロンドン・ヴィクトリア)であり、また、学位も文学士・理学士が中心であったため、質の保証あるいは水準維持は比較的容易であった。つまり、補助金諮問委員会の視察を通じて、教育内容をアーツ・サイエンスに標準化するという形で質保証がなされていたのであった。しかし、市民大学が相次いで設立されて学位授与機関の数が増え、

学位の種類も多様なものとなっていく中で、質保証のシステムを確立することが重要な課題となっていく。ここではもはや、「アーツ・サイエンス」の達成度のみを評価基準とするという従来のやり方では質を保証することができなくなってしまった。つまり、新たな学位の創設により、「内容は異なるが、等価なもの」に対する保証が必要になったのである。そのような必要に迫られて、質保証は、第6章と本章2.および3.で考察してきたように、法制度の面（勅許状）と財政援助に係る評価の面（大学補助金）の2つのアプローチでなされることになった。

　まず、勅許状に関しては、①視察権者、②学外試験委員、③合同入試委員会、④各大学の学位に関する取り決め、の4点が質保証のために目指された。①は勅許状で認められた大学の諸特権の「歯止め」といえるが、実際にはその権利が行使されることはほとんどなかったといわれている[44]。一方で、②〜④に関しては全て、各大学が入学試験から在学中の諸試験、そして学位取得のための最終試験に至るまで、他の大学と協働しながらその実施概要を決定し、採点に関しても互いにチェックし合うことを目指したものであった。これは大学教育の質保証と学位の水準維持のためのピア・レビューの義務化とまとめることができるであろう。

　次に、大学補助金に関する諮問委員会は、アーツ・サイエンス以外の技術・専門職教育科目の学位が出されるようになったことを受けて、大学補助金の交付条件を緩和させ、技術・専門職教育科目をも評価の対象とするようになった。つまり、技術・専門職教育が大学補助金諮問委員会のチェック体制の下に置かれるようになったのである。以後、大学視察において、技術・専門職科目もアーツ・サイエンス科目と同じように補助金交付に係る評価の対象とされることになった。

　以上のように、大学教育としての技術・専門職教育が発展していく際に、各大学間の相互チェックと政府委員会によるチェックという二重のチェックを通じてその質が保証されることが定められた。両者は相互補完的に連関しながら質保証としての機能を果たしたといえる。

6. 国庫補助金再編の契機としての技術・専門職教育の「大学教育」化

　市民大学の設立と学位の多様化は、思わぬ方向にも影響を与えた。つまり、これらが国庫補助金の再編の契機の一つとなったのである。当時の補助金は、大蔵省の「大学補助金」の他に、教育院の「教員養成補助金」と「技術教育補助金」、農漁業院の「農業教育補助金」などが存在していた[45]。これは、それぞれの省庁がそれぞれの目的に沿った補助金を出していたことに起因する。つまり、同じカレッジに対して、大蔵省はアーツ・サイエンスでの達成度をもとに大学補助金を、教育院は技術教育振興のための補助金を、農漁業院は農業教育振興のための補助金を交付していたのであった。しかし、技術・専門職教育が大学教育の範疇に入ったことで、もはやこの線引きは意味をなさなくなっていく。こうした点を踏まえて、政府、特に教育院は、既存の様々な補助金は実際には内容的に重複しており、改善する必要があると主張するようになる[46]。その中でも特に、大蔵省補助金と教育院補助金の重複が激しいとされ、この動きは 1919 年の UGC 設立へとつながっていく。

　このように、技術・専門職教育が大学教育の一部とみなされるようになったことで、国庫補助金制度の再編が促されるようになり、ひいては大学制度構築の流れにもつながっていくのである。

*****

　本章では、1900 年代のイングランドにおける技術・専門職教育の発展について検討してきた。市民カレッジが大学昇格とともに技術・専門職教育科目の学位を提供するようになったこと、そしてその際に法制度と財政援助に向けた評価という二つのアプローチでの質保証が目指されたことを明らかにした。法制度面ではピア・レビューが義務づけられ、財政援助面では大学／カレッジ視察を通じてその教育の質が政府委員会によって評価されるようになった。これまでの先行研究では、市民大学における技術・専門職教育の発展について、それを支持するものと否定するものに分かれ、いわば二項対立

的に把握されてきたが、本章の分析により、技術・専門職教育は 1890 年代には「大学ランク」ではないとみなされたものの 1900 年代に大学教育の範疇に入ったこと、その一方でアーツ・サイエンスが核であるという大学教育の理念は維持され続けたことが明らかとなる。技術・専門職教育が大学教育と認められるようになったことの背景には、そのような教育を通じてでも、十分な教養を涵養することができるとみなされたことにあった。こうした「大学教育」に対する捉え方の変遷こそが技術・専門職教育の発展についての相反する評価を生み出したと考えられるが、先行研究においては十分に検討されてこなかった。当時のイングランドにおける「大学教育」の定義が持つ両義性を理解することが、高等教育史を再検討する際に不可欠であるといえよう。技術・専門職教育の発展は結果的に、大学・カレッジへの補助金の整備の必要性を生み、大学制度成立に向けた動きへとつながっていく。これらの点について、次章で焦点を当てて検討していく。

註

1　安原 2001、前掲論文、205 頁。

2　大英図書館所蔵の各大学カレンダー（大学設立後最も古いものから 1910 年まで）より筆者作成。カッコ内は勅許状獲得年。カレンダー上に学士の記載があっても、その時点で認可されていない (not ratified) 場合、翌年から導入されたとみなしている。

3　マンチェスター大学としてのカレンダーは 1904 年度版から。

4　Bachelor of Technical Science

5　Bachelor of Science in Agriculture

6　University of Sheffield, *Calendar: Session 1906-07*, pp. 82-83.

7　*Ibid.*, pp. 93-94.

8　*Ibid.*, pp. 94-95.

9　*Ibid.*, p. 95.

10　University College, Great Britain. Report by Messrs. Warren and Living. 31st December 1896. ED 24/81, p.7.

11　University College, Great Britain. Report by Dr. H.G. Woods and Dr. Alex Hill, 31st December 1901. ED 24/82A, pp.15-16.

12　これは、1889 年技術教育法と 1890 年地方税法によって、地方税が技術教育援助の名目で各大学・カレッジに供出されたことを指す。

13　University Colleges Committee. Third Report, dated 23rd February, 1905. ED 24/513, pp.7-8.

14　University College (Great Britain), Grant in Aid. Report of the Committee. Appendix. Report by Sir Thomas Raleigh, K.C.S.I., and De. Alex Hill. ED 24/513, p.13.

15　University College (Great Britain) Grant in Aid. Report of the Committee, 24th July 1908. ED 24/513, p.4.

16　中村勝美「19 世紀イングランドにおける大学改革と教養教育をめぐる論争」『大学史研究』第 25 号、2013 年、19 頁。

17　Vernon 2001, op. cit., p.265.

18　なお、実際の条文には、技術科目ではなく、専門職科目 (professional subjects) という言葉が使われている。(Ibid.)

19　Ibid.

20　J. S. ミル『大学教育について』竹内一誠訳、岩波書店、2011 年、14 頁。

21　University College, Great Britain. Report by Messrs. Warren and Living. 31st December 1896. ED 24/81, p.7; University College, Great Britain. Report by Dr. H.G. Woods and Dr. Alex Hill, 31st December 1901. ED 24/82A, pp.15-16.

22　Petitions for Charter establishing a University in Birmingham: from individuals. PC 1/1691.

23　ただし、この場合の「教養」とは、さまざまな事柄について多くの知識を持っているという意味ではなく、むしろ、ものごとを論理的に考えることができる、という意味である。

24　University College (Great Britain) Grant in Aid. Report of the Committee, 24th July 1908. ED 24/513, p.4.

25　宮腰英一「19 世紀イギリスのリベラル・エデュケーション論争―産業社会におけるその存在意義をめぐって」『東北大学教育学研究年報』第 37 集、1989 年、21-45 頁。

26　中村 2013、前掲論文、7 頁。

27　サンダーソン 2003、前掲書；宮腰 1989、前掲論文；中村 2013、前掲論文。

28　宮腰 1989、前掲論文、40 頁。

29　同上、41 頁。

30　サンダーソン 2003、前掲書、101 頁。

31　同上、89 頁。

32　宮腰はアーノルドの議論の特徴として、「ミル以上にその社会改良的効果を強

調している点にある」（宮腰 1989、前掲論文、37 頁）としている。

33　サンダーソン 2003、前掲書、103 頁。

34　同上。

35　ミル 2011、前掲書、14 頁。

36　サンダーソン 2003、前掲書、106-109 頁。

37　同上、103 頁。

38　同上、110 頁。

39　同上。

40　同上。なお、スペンサーに関しては、職業や専門職に関する学問を「最高の重要性を有するもの」（101 頁）とみなしていた、とサンダーソンは評価している。

41　同上。

42　同上。

43　秦 2014、前掲書、72 頁。

44　横尾 1999、前掲書。

45　University College（Great Britain）Grant in Aid. Report of the Committee, 6th June 1907. ED 24/513.

46　UGC 7/1065.

第8章　大学補助金委員会 (UGC) の創設　1919年

1. 本章の目的

　1911年に教育院に移管された補助金委員会は、1919年再び大蔵省に移管され、大学補助金委員会 (UGC) として大学補助金の分配をはじめとした大学の一般問題に携わることとなった。UGC は、イギリス全土の大学・カレッジに対する補助金の分配を行った。本章においては、UGC についての概略を示した上で、教育院の教育構想と UGC 創設に至るまでの経緯を検討する。そして、UGC 設立過程の教育制度上の意義を分析する。

2. 補助金諮問委員会の教育院への移管　1911年

　第4章でも確認してきたように、特に地方都市に設立された大学・カレッジは、それらが位置する地方自治体や近隣自治体とのつながりが深いという特質があった。そうしたつながりが否定されることはなかったが、それだけでは不十分で、国家とのつながりもまた必要とみなされたのであった。例えば、1908年7月24日補助金委員会報告書には、以下のような記述がある。

　　「1902年教育法 (引用者註:いわゆるバルフォア法) において盛り込まれた
　　行政の原則に従って、この国において高等教育を提供している機関の協
　　力は急速に進んでいる、そして、大学やユニヴァーシティ・カレッジは
　　地域性とコミュニケーションによって最も密接に関係している地方教育

当局とのつながりにおいて主導権を取っている。しかしながら、大学は、地域的な機関（local institution）であると同時に非地域的なもの（non-local）である、そして、重要なことは、この二要素からなる側面が、補助金を分配すると同時に国全体としての関心事やニーズに配慮しなければならない中央行政によって十分に理解されるべきである[1]。」

　この指摘にもみられるように、「教育の国家計画（national scheme of education）における大学の活動[2]に特段の注目が集まるようになっていった。

　こうした問題に強い関心を有していたのは教育院であった。1911 年、それまで大蔵省におかれていた補助金に関する諮問委員会は一度教育院に移管された。この時期、カレッジや大学は、大蔵省による補助金以外にも教育院や農漁業院、地方当局による補助金を受け取っており、重複が見られた。特に大蔵省による補助金と教育院による補助金の重複が著しく、これらの省庁が互いに協議することなく別々の行動を取りつつも内容的には類似した補助金を拠出することは望ましくないため、1907 年諮問委員会報告書では、「同じエリアで似たような活動をする多様な教育機関が存在するという重複だけではなく、地方税または税金（rate or tax）に由来した、お互いの活動について十分な情報を持たない異なった当局によって供出される高等教育に対する公費[3]が問題であると指摘されている。こうした点を踏まえて、教育院は、既存の様々な補助金（特に、大蔵省補助金と教育院補助金）は実際のところ内容的に重複しており、改善する必要があると主張するようになった。1908 年、補助金に関する諮問委員会は、大学教育に対する国庫補助金を一つの省庁の統制下に置くべきであるという意見を出している。1909 年に教育院が教育院内に大学局を作り、大学への関心を鮮明にさせたこと（第 6 章参照）の背景には、補助金統一問題もあった[4]。この意見に対する大蔵省の反応は決して積極的なものではなかった[5]。

　こうした教育院による活動の結果、1911 年 6 月 17 日新しい諮問委員会が正式に任命された。その諮問事項は「イングランドとウェールズにおける大学教育に対し教育院から交付される大蔵省補助金の配分について教育院に

勧告すること⁶」であり、議長にはマコーミック (W. S. McCormick) が就任した⁷。
この新しい諮問委員会は教育院管轄のものであった。管轄省庁が大蔵省から
教育院へと移管したのである。7 月 13 日、教育院総裁ランシマンは、庶民
院において当該年度の予算について説明をした際に、委員会の移管について
言及した。彼の言葉は次の通りである。

「近代的な大学の行政的な活動においてなされた最も重要な展開は、大
蔵省補助金の配分のための組織 (machinery) の変化に見られる。主として
近代的な大学の裁量で使用される大蔵省補助金は、長い間、大蔵省によっ
て設置された委員会の勧告にもとづいて配分されてきた。大蔵省は、他
に教育に関わるような活動をしているわけではない、そして技術活動は
教育院の下にあるため、不幸なことに重複が生じていた。もし大学それ
自体における多くの無駄と重複を避けようとするつもりならば、こうし
た問題についての行政上での変化や、また個人的には近代的な大学が活
動する際の規制の簡略化が、第一に重要である。その目的のために、政
府はこの大蔵省補助金 (Exchequer Grant) の配分を教育院に移すことを決
定した、そして実際のところ、近代的な大学が対応しなければならない
省庁は、教育院だけである。私は、これが近代的な大学の賛同を得たこ
とをうれしく思っており、多くの会合において、特に、活動の拡張と、
それらの指導と統制 (guidance and control) に該当する活動のさらなる効率
性という共通の目標のために、我々とともに働くのに最善を尽くすとい
う願望を示したことを見てきた。私は、現時点で教育院が、大蔵省によっ
て任命される諮問委員会によってなされているすべての活動を行うのに
十分整備されているようなふりをすることはできない。それゆえわたし
はこうした補助金を配分するための小規模な諮問委員会を設置した⁸。」

　教育院は、周到に計画を練って補助金委員会を教育院の管轄下に移管させ
た。しかし、この移管に際して、教育院と大蔵省の間で論争が起こってしまっ
た。当時の大蔵大臣ロイド・ジョージ (David Lloyd George) が、異議を唱えて

きたのである。彼が移管に反対した理由は、教育院の H.F. ヒース（H.F. Heath）による報告書には明確には記されていない。しかし、当時の教育院総裁ランシマンとのやり取りの中で、大蔵省側は教育院が諮問委員会を管轄することについては承知したものの、補助金予算それ自体の移管は頑なに拒んだ[9]ことから、十分な議論もないままに教育院に移管するなどという提案は彼には受け入れ難かったと解釈することができるであろう。また、ロイド・ジョージはウェールズへの補助金に関する全権限はこれまで通り大蔵省が持ち続けるべきであるとも主張している。

　これに対し、モラントをはじめとした教育院側からは委員会の管轄権の移管だけでは不十分であるとの不満の声が上がった。教育院側としては、諮問委員会の管轄権が移管された以上、将来的には補助金予算そのものの管轄権と、ウェールズに関する補助金の管轄権も移管するのが自然であると考えていたからである[10]。結果的には、1911 年 9 月 13 日付の大蔵省 T.L. ヒース（T.L. Heath）から教育院総裁ピース（J. A. Pease）へと送付された書簡に書かれた二点が最終的な決定事項として双方から認められた[11]。その二点とは、①教育院によるカレッジへの補助金配分に関して大蔵省の同意なく何の措置も講じないこと、②諮問委員会の欠員は教育院との協議の後大蔵省によって補充されること[12]であった。また、ウェールズへの補助金に関する権限も大蔵省下に置かれ続けることになった[13]。結局、大学補助金に関する諮問委員会の所轄だけは教育院に移管されたが、補助金予算自体に関する権限とウェールズに関する補助金権限全般は大蔵省に留まることとなった。1911 年の移管は、いわば教育院の「部分的勝利」で幕を閉じたといえる。そして、この議論は1919 年に再燃するのである。

　大学補助金に関する予算の統一を望む教育院は、大学補助金予算の大半を占める大蔵省の予算を教育院の予算へと移管すべくその後も大蔵省に対して働きかけを続けた。1918 年 12 月、教育院総裁フィッシャー（H. A. L. Fisher）が大学補助金の完全な移管を主張した際、当時の大蔵省はこの要求に好意的な反応を示した。しかし、オースティン・チェンバレン（Austen Chamberlain、ジョセフ・チェンバレンの長男）が大蔵大臣に就任するに至って、フィッシャーの

要望は一旦留保されることになった。その後、1919 年 5 月までの 6 ヶ月間
の協議が大蔵省と教育院の間で持たれ、新しい委員会設立に向けた協議がな
された結果、大学補助金については大蔵省が諮問委員会 (UGC) の所轄権限を
含めた全権限を持つことになった[14]。

　教育院側の大学補助金予算移管の働きかけから始まったにもかかわらず、
大学補助金に関する諮問委員会は逆に再び教育院から大蔵省へと移管され
ることになった。バーダールはこうして設立された UGC を「国家のニーズ
と大学自治という対立する要求を調和するのに最善の方法[15]」と高く評価し、
「(大蔵省が) 高等教育に関する専門知識も経験ももっていないという限りに
おいてその委員会 (UGC) に多大な自由[16]」を与えるという制度原理がそこに
見いだせるとする UGC ＝「善意のエージェンシー[17]」という通説が確立する
ことになった。

3. UGC 設立過程

3.1. UGC の概要

　1919 年、自由党のロイド・ジョージ率いる連立政権 (1916-1922 年) は、大蔵
省管轄の大学補助金委員会、つまり UGC を任命した。議長は教育院管轄の
諮問委員会に引き続きマコーミックが務めることになった。委員会は、

Sir William McCormick

Professor William Bateson

Sir Dugald Clerk

Sir J.J. Dobbie

Miss S.M. Fry

Sir F.G. Kenyon

Sir Stanley Leathes

Sir William Osler

Sir J.J. Thomson

の計 9 名であり、ブキャナン・リデル (Mr. W. R. Buchanan Riddell) とマン (Mr. H. E. Mann) が委員会の書記官として採用された。委員はすべて、現職ではない学識経験者であった。また、オックスフォード大学の女子学寮サマーヴィル・カレッジ (Somerville College, Oxford) を卒業したフライが委員として UGC に参加したが、以後 UGC の委員には必ず女性が 1 人含まれることとなったこと (後に 2 人になる) も特筆すべきことである[18]。書記官に任命されたブキャナン・リデルは、議長であるマコーミックが 1930 年にその職を離れた後、議長を務めた人物である。議長は非常勤であったが毎回 3 ギニーの報酬を受け取っていた。その他の委員は皆無報酬であった。

　UGC への諮問事項は、「連合王国における大学教育の財政上の必要について調査し、かつ、それらの必要に応えるために議会によって交付されるかもしれないすべての補助金の利用に関して政府に助言すること[19]」であった。

　第 1 回目の委員会会合は、1919 年 7 月 16 日に開催された。最初の報告書は、1921 年 4 月に年度報告書 (1919-1920 年度) という形で発行された。はじめ UGC の補助金対象リストに載ったのはロンドン大学 (22 の補助金交付機関) を含めた 7 つのイングランドの大学、4 つのスコットランドの大学、1 つのアイルランドの大学と、4 つのイングランドのカレッジ、3 つのウェールズのカレッジ、3 つのアイルランドのカレッジ、そしてマンチェスター・カレッジ・オブ・テクノロジー (The Manchester College of Technology) とグラスゴー・ロイヤル・テクニカル・カレッジ (Glasgow Royal Technical College) であった。

　1919-1920 会計年度の補助金は £ 1,000,000 であり、第一次世界大戦前の約 2 倍に増額された。このうち 3 分の 2 は経常費補助金として、3 分の 1 は非経常費補助金として配分された。

　その後、アイルランドの大学とカレッジに対する責任は 1922 年 4 月よりアイルランド政府へと移管された。また、1922-1923 年度よりオックスフォード大学とケンブリッジ大学が補助金交付リストに加わった。オックスブリッジへの補助金交付が 1922-1923 年度からであるのは、経常費補助金としての補助金を受けとるために王立委員会 (Royal Commission) の報告が必要とされた

からである。報告が出るまでの間、つまり 1919-1920 年から 1921-1922 年の間には、両大学は £30,000 の特別補助金を受け取っている。

　UGC の性格は、基本的に 1889 年以降の諮問委員会のそれを引き継ぐものであった。崎谷は、UGC の性格として以下の点を挙げている[20]。

　　(1) 補助金の増大
　　(2) 単一の諮問機関
　　(3) 配分方法
　　　　① UGC の助言的機能
　　　　② 5 か年計画制度 (quinquennial system)
　　　　③ 一括補助金 (block grant) の原則

　これらは、イギリスにおける大学補助金に関する原則として 1919 年以降も長い間保持されたといわれている。

　以上のように、UGC は基本的に 1889 年以降の諮問委員会の性格と慣習を保持しつつも、補助金交付対象をイングランド・ウェールズ・スコットランド・アイルランドのイギリス全土まで拡げ、また、それまでずっと別格扱いであったオックスフォード・ケンブリッジ両大学をもその対象としたことで、大学補助金委員会という名前にふさわしい、普遍性を持った委員会として以後イギリス高等教育一般において重要な位置を占めていくことになったのである。

3.2. UGC 設立の契機と教育院の構想

　1918 年 11 月 23 日、イギリス全土の全大学と政府関係者が一堂に会した。その場で、今後大学補助金に関する委員会を再編する必要性が参加者の間で共有された。教育院総裁フィッシャーは 1918 年 12 月 19 日に大蔵大臣ボナー・ロー（Andrew Bonar Law）に書簡を送付し、これが次項で詳しく見ていく大学補助金委員会 (UGC) の直接の設立契機となる。フィッシャーはこの書簡の中で、補助金増額の必要性について述べるとともに、次のように補助金予算を

完全に教育院に移管するように主張した。

> 「大学補助金に大蔵省予算のものと教育院予算のものが存在するのは不
> 便であり、どの原則に立っても正当化し難い。それどころかこの区別は、
> 大蔵省補助金の主たる部分がこちら（引用者註：教育院）の預金口座への
> 年四回の割賦金へと移行し、そして実際には教育院から支払われるもの
> であるため、イングランドに関しては建前的なものでしかない[21]。」

　また、フィッシャーはウェールズの補助金に関する権限も将来的に教育院
に移すように働きかけている。この当時の大学補助金は、以下のような内訳
であった[22]。

大蔵省予算の補助金
　　学位授与団体としてのイングランドの大学　　　　　　　£ 22,000
　　イングランドの大学・カレッジでのアーツ・サイエンスの活動　£ 149,000
　　ウェールズ大学とそのカレッジ　　　　　　　　　　　　£ 36,500
　　　　　　　　　　　　　　　　　　　　　（合計　£ 207,500）

教育院予算の補助金
　　技術と医学における大学の活動　　　　　　　　　　　　£ 65,000
　　Imperial College of Science and Technology　　　　　£ 32,000
　　　　　　　　　　　　　　　　　　　　　（合計　£ 97,000）

　このように、依然として補助金全体の約3分の2を占めていた大蔵省予算
の補助金を教育院予算へと移したいとするのがフィッシャーの希望であった
と言える。また、補助金の統一は、「大学の活動」をアーツ・サイエンスの
みならず技術・医学の分野まで拡げることも意味していた。
　フィッシャーがこのように主張した背景には、11月23日にボナー・ロー
とフィッシャーがオックスフォード・ケンブリッジ両大学を含むイギリ

ス (United Kingdom) の全ての大学・カレッジの代表団と教育院のオフィス
で会談したことがあると考えられる。この会合にはセルビー＝ビッグ (Sir
Amherst Selby-Bigge)、ニューマン (Sir George Newman)、マコーミック (Sir William
McCormick)、H. F. ヒース (Sir Frank Heath)、ストラザーズ (Sir John Struthere)、キッ
ド (Mr. A. H. Kidd)、オーツ (Mr. F. H. Oates)、ボスワース＝スミス (Mr. N. D.
Bosworth-Smith) らも参加していたが、彼らのうち、諮問委員会議長のマコー
ミック以外は全て教育院の関係者であった。ここでは、これからの大学補助
金のあり方について、それぞれの立場からの意見を交換した[23]。この会合で
の流れを受けて、教育院への補助金権限の完全なる移管が大学・カレッジ側
に拒否されることはないと踏んだフィッシャーは上記のような主張をしたも
のと考えられる。

　このように、教育院が補助金の統一を求めた背景には何があったのか。そ
こにはやはり、教育階梯の構築という教育院の従来からの大きな目標があっ
たと考えられる。教育院のキッドから諮問委員会議長であるマコーミックに
宛てた手紙には、「国家は、対立する利益に関する地域のプライドを助ける
のではなく、国家問題としての大学教育を改善するために国庫が拠出される
よう努力している。…。何がなされるにしても、それは大学の連携や主唱で
行われなければならない。我々が育みたいのは、大学間の連携の習慣であ
る[24]」という言及があり、当時彼らが大学教育を国家の課題として重視して
いたこと、そして、大学間の連携を重視していたことがわかる。

　加えて、教育院総裁フィッシャーとスコットランド大臣 (Secretary for Scotland)
であったムンロ[25] (Robert Munro) の間で持たれた話し合い (1919 年 1 月 27 日[26]) に
関する教育院側からの書簡 (下書き) には、以下のような記述もみられる。

　「我々は、大学と学校を単一のシステム (single system) の一部としてみな
　すために、これらを含むことに向けて大きく進展しているところである。
　そして、大学試験団体 (University Examining Body) によって実施される中等
　学校試験 (Secondary School Examinations) という我々の新たな計画は、この
　方向性に必ず多大なる影響を与えるだろう。イングランドの大学に対す

る我々のコントロールは軽くて柔軟性のあるものだが、我々は近い将来、無駄や重複を防ぐために様々な大学における活動の協働に大きな影響を行使しなければいけなくなるだろう。そして、大多数の人々はこういった類の大学政策（University policy）に対する責任は教育院総裁にあるということに同意するだろう、と私は考える[27]。」

　また、1919 年 2 月 8 日にフィッシャーはムンロに対して以下のような書簡を送っている。

　　　「…いかなる場合においてもイングランドとウェールズについては大学と教育省（Education Deparment）の密接な関係を保ち、かつ発展させることは非常に重要であるため、省のチーフの存在を通してしか教育省とつながりがない異質な当局（alien authority）が公教育システム（public educational system）に入ってくることは望ましくない、と私は考える。私は大学と学校の活動をより一層密接に連携させることを切望しており、最近我々が取ってきた措置はすべてこの方向にあるものである。もしいかなる場合においてもイングランドとウェールズの大学が『イングランドとウェールズの教育に関する問題の監督』に責任を持つ、指導と支援のための教育省以外の何か別の団体に期待を寄せているのであれば、それは不便であり、また有害かもしれない[28]。」

このように、教育院は教育階梯の構築――特に、大学間の連携と、中等教育と大学（高等教育）の接続――に大きな関心を寄せていた。そのためには、大学補助金の再編と大学補助金委員会の設立が必須であった。

3.3. UGC 設立に向けた大蔵省と教育院の交渉

　UGC の成立過程において、1918 年 11 月 23 日のイギリス全土の大学代表者の集会と 1918 年 12 月から 1919 年 5 月までの 6 ヶ月間におよぶ大蔵省と教育院の間の交渉と協議は重要な意味を持っていた。

　1919 年の UGC 設立について、これまでの先行研究においては、UGC の所管問題が一番重要な要素だとみなされてきた。つまり、UGC が教育を司る省庁である教育院ではなく大蔵省管轄とされたという事実は、当時いかに「大学の自治」が重視されていたかを物語っている、という主張である[29]。しかしながら、実際の UGC 設立をめぐる議論を見ていくと、大学自治論としての所管問題のみに注目することは、UGC 創設の意義を矮小化するものであることが明らかとなる。本節においては、所管問題だけにとどまらず、当時の議論における論点を整理し分析する。

　前述の 1918 年 12 月 19 日にフィッシャーがボナー・ローに補助金予算の教育院への移管の提案により、補助金の再編が議論されるようになった。この教育院の提案に対する大蔵省の反応は、当初、「大学に対する国庫補助金を教育院の予算にするべきであるというフィッシャー氏の…案に賛成する…[30]」という、肯定的なものであった。また、1919 年 1 月 18 日には再び大蔵大臣となった A. チェンバレンも、「私は大蔵省から教育院に予算を移すことに賛成する[31]」と記し、この要求を受け入れるとしている。しかしながら、A. チェンバレンはその 4 日後に意見を翻し、「昨日のフィッシャー氏との会話を考慮して、(i) に関する決定は当分の間保留しなければならない[32]」と述べた。

　この A. チェンバレンの発言により、大蔵省と教育院の間でどちらが補助金を管理するかの議論がなされることとなった。6 ヶ月間の協議の後、イギリスにおける大学教育に関する全ての補助金は、大蔵省の所轄下に置かれることに決まった。そして大蔵省が大学補助金に関する委員会、つまり UGC（大学補助金委員会）を大蔵省の下に設置することも決まった。補助金の分配は UGC の勧告によって決められ、その勧告にもとづいて補助金が大蔵省予算より支払われることとなったのである。

　では何故、UGC は教育院ではなく、大蔵省の管轄下に置かれることになったのであろうか。教育院は大学に対して自らの意見を押しつける危険性のある機関であり、対して大蔵省は大学の自律性を尊重することのできる機関であったからであろうか。バーダールによれば、UGC の設置はまさにイギ

リスにおける「大学の自治」の尊重を体現するものである[33]。しかしながら、このバーダールらによる仮説には誤りがあると言わざるを得ない。UGC が大蔵省の下につくられたことの決定的な要因は、1919 年 5 月 3 日の大蔵省の T.L. ヒースからフィッシャーに宛てた手紙の中に明確に見出すことができる。つまり、「補助金について勧告する委員会は連合王国全体に対して一つであるべきであるため、その委員会は 3 つの王国（引用者註：イングランド、ウェールズ、スコットランド）に管轄区を持つ一つの当局（authority）の下に任命されなければならない[34]」とされたのである。この点についてアシュビー＆アンダーソンは、「教育院の権限はイングランドとウェールズにのみ及んでいる。それ故、教育院、スコットランド担当大臣そしてアイルランド担当大臣との協議の後、委員会を任命するのは大蔵省でなくてはならないということになった[35]」と指摘している。フィッシャーも自伝の中で、教育院がスコットランドに管轄区を持っていないことが大蔵省管轄の UGC を生み出した要因であり、大学の自治は結果としての利点であったと記している[36]。教育院が UGC の管轄権を手にすることができなかったことの背景には、管轄区の範囲という技術的／行政的な問題があり、UGC はその産物として生まれたのであった。

　この協議の詳細については、史料上の制約からその全容（特に教育院総裁フィッシャーと大蔵大臣 A. チェンバレンの間で諮問委員会所管について如何なる議論が交わされたのか）を明らかにすることは難しいが、公文書館に保存されている大蔵省・教育院の文書や書簡[37]を見る限り、委員会の実質的な内容（補助金額、委員会の構成、対象とする大学・カレッジなど）についてのやりとりが主であったことがわかる[38]。

　公文書館に保存されているこの間の関係文書は、確認できる限りにおいてであるが、68 点ある。取り扱っている案件によってこれを分類すると、次のようになる（ただし手書きで判読不能なものは数に入っていない）。なお、複数の案件を扱うものがあるため、総点数は文書数を上回っている。

　　補助金額をめぐるもの　30 点

　　委員会の構成をめぐるもの　23 点

　　スコットランドとアイルランドの処遇に関するもの　21 点

　　補助金対象の大学・カレッジをめぐるもの　19 点

　　協議の手続きをめぐるもの　9 点

　以下、特に議論が活発になされた論点について述べる。

補助金額をめぐる論点

　この分類からもわかるように、6 ヶ月の話し合いの中で、補助金額は重要なテーマの一つであった。つまり、第一次世界大戦による戦争被害が深刻だったこともあり大学補助金増額が必要不可欠だということは明白であったものの、実際にどれだけ増額するべきかについては大蔵省・教育院それぞれの意見があったため、お互いが納得できる合意点を見出すべく何回も意見をやり取りしていたのである。大蔵省としては、基本的には補助金増額に賛成ではあるものの、教育以外への予算との兼ね合いも考えなければならないとの考えから、増額に対し慎重な態度をとっていたことがわかる。

補助金対象の大学・カレッジをめぐる論点 (スコットランド・アイルランド)

　また、委員会の構成や対象も重要な議題であった。それまでは、補助金諮問委員会はイングランドとウェールズのみを対象としており、スコットランドやアイルランドの大学への補助金交付には関わっていなかった。スコットランド・アイルランドの大学への補助金は別の案件として取り扱われていたのである[39]。教育院は初めのうち、イングランドとウェールズの補助金問題に特に興味を持っており、スコットランドやアイルランドへの補助金についてはスコットランドやアイルランドからの代表者を委員会に加えて合同委員会 (joint committee) とすることで対処しようとしていたようである。しかしながら、新しい補助金交付システムを構築するにあたりイギリス全土を対象とする補助金委員会の必要性が認識されるようになっていった。例えば、1919年 1 月 30 日付のメモにはフィッシャーと A. チェンバレンがイギリス全土に

おいて単一の委員会を設置することが将来的には望ましいという意見で一致
したことが記されている[40]。また、1919 年 2 月 8 日付の教育院事務次官セル
ビー＝ビッグから大蔵省事務官に宛てた手紙には、以下のような記述がある。

　「学術的な仕事や組織における経験がある人々による単一の委員会が設
　立されるべきである。その目的は、イングランド、ウェールズ、スコッ
　トランドとアイルランドにおける大学機関のニーズに対応するために必
　要な資金に関して調査・報告するため…である[41]。」

　さらに大蔵省の T.L. ヒースは、2 月 14 日に大蔵省の閣下達（my lords）[42] が
この提案に同意していることを教育院事務官に伝えている[43]。つまり、（少
なくとも 1919 年 2 月の時点で）大蔵省と教育院は、それまで別々に扱われるこ
とが多かったイギリス内の各国（地域）の大学補助金を統一しひとつのものと
して捉えるべきであるというコンセンサスに達しており、またそれゆえに補
助金に関する委員会は単一のものであるべきだと考えていたのである。

補助金対象の大学・カレッジをめぐる論点（オックスブリッジ）

　スコットランドとアイルランドにおける大学・カレッジの処遇に加え、由
緒ある大学であるオックスフォードとケンブリッジの処遇も重要な課題の一
つであった。オックスフォードとケンブリッジは国庫補助金を受け取ること
に乗り気ではなかった。1918 年、オックスフォード大学トリニティ・カレッ
ジの学寮長を務めていたトムソン（J.J. Thomson）は、

　「どちらを選ぶべきだろうか？政府の補助金を受け取るという考えを私
　は好まないし、ここにいる誰もが好まないと思う……問われているのは、
　大学の効率性を失うことになるかどうかであり、政府からの補助金を受
　け取るのを好まないとしても、無能な大学という考えはいっそうたえら
　れない[44]。」

と述べ、どのような決断をすべきか迷う胸中を吐露している。(ちなみに、その後トムソンは、UGC の初代のメンバーに加わっている。)1919 年 3 月 31 日付の教育院のメモでも、以下のように指摘されている。

> 「オックスフォード——ケンブリッジはおそらく違うが——は、別々の学部 (separate departments) のための、数多くの別々の補助金を欲しており、地方の大学 (引用者註：市民大学のこと) が受け取っているような一括補助金を望んではいない。彼らはこれが自らを他の大学と区別し、より少ない『政府のコントロール (Government control)』に含めるものであると考えている[45]。」

　中世のユニヴェルシタス (universitas) にその起源を持つオックスフォード・ケンブリッジ両大学は、その設立以降、国家からの干渉をほとんど受けないで存在していた。それは、両大学が近代的国家よりも前に設立されたために勅許状すら必要としなかったこと、しかも財政的に豊かであったため、財政援助を国家に求める必要がなかったことの二点に主に起因していると考えられる。

　しかしながら、1914 年からの第一次世界大戦の影響は甚大であり、オックスブリッジといえども無傷ではいられなかった。また、他の大学同様、古典的教養教育と比べて莫大な資金を必要とする科学技術教育・研究を避けて通れなくなっていた。両大学にはもはや、国庫補助金を受け入れる以外の選択肢は既に存在していなかった。バーダールも、「相当な資産を持つオックスフォードとケンブリッジを含めたすべての大学は、莫大な資金難に直面していた[46]」と指摘している。最終的に、両大学も他の大学と同じように視察を受け入れ、その結果に従って補助金が交付されることとなった。グリーンは、「二十世紀に対する〔旧大学〕のもう一つの大きな譲歩は、教育と研究の主要な対象の一つとして、自然科学を徐々にではあれ、着実に受容したことであった。旧大学が、大蔵省からの補助金を受け取ることをしぶしぶ承知することになったのは、実際、自然科学の発展に必要な厖大な経費を、大学

自身の財源でまかなえないことに気づいたためであった[47]」と指摘している。その背景には、オックスブリッジも他の大学と同様の扱いをするべきであるとの政府(特に教育院)の意向、およびカレッジ自治の強いオックスブリッジにおける全学組織(university)強化の意図、があったことが以下に引用する教育院の文書に示されている。

> 「オックスフォードとケンブリッジを特別に扱う十分な理由はない。もし彼らが国庫補助金を欲するのなら、彼らは他の大学と同じ条件(terms)でそれを得なければならない。これらの条件は、実際のところ、いずれにせよ現実の大学自治に干渉(interfere)するようなものではない。オックスフォードとケンブリッジの組織の根本的な欠陥の一つが大学の中央当局(central university authority)の欠如と結果的な脆弱性であることは一般的に認められている、そして、全学(unviersity)によって多様な学部(various departments)に最良の形で配分される一括配当金の中で、全学に与えられるかもしれないいかなる国庫補助金も良いものに他ならない。大学会計を保持し示すより単純で賢明な方法を導き出すであろうあらゆるステップはそれ自体が良いことである[48]。」

この案件に関する政府内の動きとしては、大蔵省と教育院の協議の中で、教育院総裁フィッシャーと大蔵大臣 A. チェンバレンがオックスブリッジへの補助金をどうするかについても意見を交わしている。フィッシャーは、マコーミックにも参加してもらうよう提案しており、フィッシャー、A. チェンバレン、マコーミックの3名でオックスブリッジへの対応を協議したようである[49]。オックスブリッジへの補助金交付決定について、フィッシャーは以下のように述べている。

> 「チェンバレンが大蔵大臣であったのは幸いであった。彼自身ケンブリッジの卒業生であり、かつバーミンガム大学の創設者(引用者註：ジョセフ・チェンバレン)の子息であった。そのような男性にその2つの大学

(引用者註：オックスフォードとケンブリッジ) のニーズを納得してもらうの
に、ほとんど言葉はいらなかった。20 分後、私が大蔵省を後にしたと
き、私はそれぞれの大学に対する年額£30,000 の補助金の保証を得てい
た…[50]。」

　この記述からもわかる通り、オックスブリッジへの補助金の交付は比較的ス
ムーズに決定された。実際に補助金が交付されたのは前述の通り 1922-23 年
度からであるものの、1919 年 7 月 16 日の UGC 初会合の場において、オック
スブリッジにも補助金が交付されることが議長より委員に伝えられてい
る[51]。

3.4. UGC の設立

　前節でみてきた通り、教育院と大蔵省との 6 ヶ月にわたる交渉において、
UGC が大蔵省の下につくられることになった決定的な要因は、公文書館に保
存されている関係文書・書簡といったアクセス可能な一次資料にしたがうな
らば、教育院の管轄区がイングランドとウェールズにのみ及んでいるのに対
し、大蔵省の管轄区はイギリス全土に及んでいたという行政的なものであっ
た。当初教育院は諮問委員会を教育院の下に置くことを強く望んだが、6 ヶ
月の交渉過程において大蔵省と教育院がイギリス全土を対象とする補助金諮
問委員会が設置されるべきであるというコンセンサスに達した時点で、教育
院管轄下での補助金統一は実質的に不可能となり、大蔵省の下に置くという
選択肢しか残されていなかったのである。UGC は大蔵省の管轄下に置かれる
こととなり、大学補助金予算もまた大蔵省の下で統一されることとなった。
　これまで追ってきた協議の内容は、前節で引用した 1919 年 5 月 3 日付の大
蔵省 T.L. ヒースからフィッシャーに宛てた書簡の内容と合致するものであり、
同書簡がこの間の協議の過程を忠実に踏まえ、協議の内容がどのように終結
していったのかを物語る重要な意義を持つものであったことを示唆している。
　教育院の 1919 年 2 月 6 日の覚書には、「大蔵省予算のお金は教育に関係す
る省庁 (Education Departments) によって消費されうるし実際イングランドでは

そうである、そして名目上の責任は大蔵省に帰される、なぜならば大学補助金を一つの予算とすることは便利だからである[52]」という記述がある。そして、1919 年 2 月 8 日付の書簡で、フィッシャーはスコットランドの担当者であるムンロに宛て「…技術的な理由から補助金は大蔵省の予算に置かれることになるだろう[53]」と述べている。また、前述の通り、1 月には補助金が大蔵省予算になる可能性を指摘しながら「ほとんどの人は…大学政策 (unievrsity policy) に対する責任は教育院総裁にあるということに同意するだろう[54]」とも記している。これらの記述を総合すると、教育院は、補助金を大蔵省管轄下に置くことは行政上の理由によるが、そのことが「大学や学校を単一のシステムの中に位置づけるよう努力している[55]」、つまり整合的な教育階梯の構築を目指す教育院にとってそうした活動を進めていく上での阻害要因にはならないと判断したといえるであろう。阻害要因にならないと判断した理由は、あくまでも推論にすぎないが、フィッシャーの 1 月 19 日の言葉にもあるように、教育問題に最終的に責任を持つのは教育院総裁であるという自負が教育院側にはあったからではないか。補助金管轄権を持つことはもちろん望ましいことではあったが、行政的な限界がある以上、どうしようもないことでもあった。そこで、フィッシャーは大学政策に対する責任の所在についてあえて言及したのだと考えられる。

4.　UGC 設立の意義

　では、UGC 設立の意義とはいかなるものであったのか。前述の通り、UGC が大蔵省管轄となったことは当時いかに大学自治が重視されていたかを示すものであるという、これまでの研究で主張されてきた説は、①大蔵省管轄となった背景には行政的な要因があったこと、②そもそも管轄問題と大学の自治論は別物であり、結び付けて考えられるものではないこと、を見落としているといえる。以下では、UGC 設立にかかる議論から導き出せる意義について検討する。

4.1. 先行研究の批判的検討

　バーダールによってイギリス大学補助金制度についての通説が形成された背景には、イギリス大学補助金制度の運用が大学自治の保護に有利に機能してきたという現実とともに、UGC創設をめぐって教育院と大蔵省との間に長期間の交渉があったという経過自体が、この両者による大学自治の保護をめぐる慎重な考慮の結果としてUGCが大蔵省の下に創設されたことを物語っているとするような心証が存在している。だが、こうした心証を裏付けるような事実は通説を形成するいずれの研究によっても提示されていない。バーダールは、UGC創設に至る議論について、「視察は自由だが統制はあってはならないという立場を確認する[56]」ものであったと意義づけている。しかし、バーダールのこうした議論は、なんら一次資料による裏付けをもつものではなかった。

　またハッチンソンは、UGC創設に関する大蔵省と教育院との間の交渉の過程において、教育院のキッドが諮問委員会議長であるマコーミックに宛て、政府委員会が大学補助金に関して「乱暴な支配[57]」を行うことは論外であるとした手紙を送っていたことを明らかにし、UGCの創設過程において大学の自治を擁護する議論があったことを指摘している[58]。

　しかし、ハッチンソンが注意喚起を求めるこの事実もまたバーダールの通説的な主張を根拠づけるものとはならない。キッドのこの手紙は大学補助金を教育に直接関係もたない官庁に所管させることによって大学自治の尊重を果たそうとしたものではないし、また特に大蔵省の下でのUGCの創設を支持したものでもなかったからである。むしろ、それはUGCを教育院の下に設置することを求めるものであった。シン[59]が指摘するように、キッドは同じ手紙の中で「大蔵省がイングランドとウェールズの補助金を持ち続けるべきであるという理由など全くないし、教育院が同じ大学機関に対して…異なる補助金を払い続けるべきであるという十分な教育的理由もない[60]」と述べている。これはまさにモラント以来の典型的な教育院の側の主張であり、教育院側の人間がいかに強く教育院下での補助金統一を望んでいたのかを示唆するものである。キッドの手紙はこの時期、大学自治への発想が大学補助

金の所管官庁の如何とは別の問題として意識されていたことを我々に教えるものとなっているのである。こうして UGC の創設過程において大学自治の観点から議論があったことを示す例とされるキッドの手紙は、むしろ逆に、UGC の創設に関するバーダールによる通説的評価を覆す史料価値を持つものであるといえる。

　本章で明らかにしたように、UGC は、教育階梯全体の整合的な構築を求めて大学補助金の教育院での統一を主張するフィッシャー率いる教育院と、大蔵省での統一を主張する A. チェンバレン率いる大蔵省の間での話し合いの結果生み出されたものであった。大蔵省と教育院は協議を通してイギリス全土を対象とする単一の諮問委員会を設置すべきであるという結論に達したが、それは大蔵省管轄下でしか達成されえないものであった。大蔵省の下での UGC 創設は、あくまでも教育院の管轄区がイギリス全土に行き渡っていなかったという行政的な問題に起因するのである。教育に直接関係をもたない官庁の下に大学補助金を所管させることによって、今日理想化されている「援助すれども統制せず」との理念が制度化されたとするバーダール以来の通説的学説を根拠づけるものは UGC の創設を協議した大蔵省・教育院の間の関係文書・書簡の中にはどこにも存在しない。UGC の創設過程において、大学補助金を大蔵省の所管とすることが「大学の自治」を守る決定的な要因になると真剣に論じられたという歴史的事実は発見しえないのである。UGC の創設と大学自治の擁護との関係はアシュビー＆アンダーソンが通説を批判して論じたように「結果としての利点[61]」にとどまるものであった。

　これまでのイギリス高等教育史研究は、殊更に UGC の管轄省庁の問題に着目し、大蔵省管轄となったことに含意を見出そうとする傾向にある。しかしながら、1889 年以降の大学・カレッジをめぐる動きに鑑みれば、その意義は以下のようにまとめられるであろう。

4.2. 補助金の存在感の増大

　序章でも言及した通り、補助金額は年々増加し、大学運営にとって不可欠なほど大きな割合を占めるようになった。1919 年には大学補助金諮問委員

会の後継組織である UGC が設立され、オックスブリッジを含むイギリス全土の全大学が補助金対象となるなど、大規模化していった。諮問事項も補助金配分のみではなく、大学政策全般へと拡大され、大学制度に対して担う役割は著しく大きくなった。こうした流れの中で、国庫補助金が、大学教育を規定するほどの力を持つようになっていった。つまり、交付開始当初の国庫補助金は、大学・カレッジ側がそれを必要としなければそれで済む程度のものであり、その意味では組織の自立性は補助金の有無に左右されることはなかった。しかし、国庫補助金の重要性が増すにつれ、国家の大学への影響力も比例して増大していく。より多額の国庫補助金が必要とされた背景には、第一次世界大戦による学術発展の重要性の高まりがあったと考えられる。こうして国庫補助金は大学にとって必要不可欠なものとなった。

4.3. 補助金の統一による「大学教育」のさらなる拡大

　1918 年 12 月 19 日にフィッシャーが提案した大学補助金予算の移管は、補助金の統一を求めるものあったが、それは、「大学における教育」という概念を名実ともに拡げる意義のあるものであった。第 3 章 (教育視察にもとづく補助金配分) での検討からもわかるように、補助金交付開始当時の大学補助金は、教育視察において「大学程度」と認められた教育にのみ補助金が配分されるというものであった。そしてその際の「大学程度」の教育とは、アーツ・サイエンスを指し、技術教育や専門職教育などはその対象外であることが明示されていた。その後、例えば 1908 年の諮問委員会報告書[62] を見てもわかるように、大学教育はそれぞれの学位授与権を持つ大学が独自に定めて良いが、そこには「アーツ・サイエンスを必ず含む」べきである、という表現に変わった。とはいえ、「大学補助金」という名目の補助金はアーツ・サイエンス教育に出されるものであった。また、技術教育や医学教育などにも補助金が出されたものの、それは「大学補助金」ではなかった。

　前述のフィッシャーの補助金統一の提案により、様々な省庁が様々な名目で拠出する補助金を「大学補助金」として統一することが決まった。これは、——彼が意識的に行ったものであったかは別として——イギリスにおける

「大学教育」の範囲を名実ともに拡げるものであったといえる。

4.4. イギリス全土の全大学を対象とする委員会としてのUGC

　1889 年に大学補助金が開始された時、その主たる対象はイングランドの
オックスブリッジを除く大学・カレッジであった。オックスブリッジはそも
そも補助金を必要としていなかったし、スコットランド・アイルランドの大
学は別の案件として処理されていた。補助金を求めたのは財政的に厳しかっ
たいわゆる市民大学・カレッジやロンドン大学の構成カレッジであり、これ
らの機関だけが「大学補助金」の対象とされた。大学・カレッジは補助金を
受け取る代わりに視察を受け入れ、補助金を得ていたのであった。

　オックスブリッジは潤沢な資産を有しており、国家の関与というもの自体
を敬遠していたが、第一次世界大戦の勃発による国内の疲弊とより資金が必
要な科学技術教育・研究の発展という環境的な変化は、大学補助金の受け取
りという選択を避けて通れないものとした[63]。それは、1917 年にケンブリッ
ジ大学の学長 (Vice-Chancellor) が述べた、「もし大学が教育と研究の場として
求められる要求に応えようとするならば、経常費ならびに設備投資を大幅
に増額しなければならない[64]」という言葉に如実に表れている。スコットラ
ンドとアイルランドの大学については、オックスブリッジほどの抵抗感はな
かったようであるが、イングランドの他の大学・カレッジなどと同じように
補助金を受け取る以外に選択肢はなかった。

　大学補助金の再編を考えた場合には、イギリス全土にまたがる統一的な組
織が必要であると広く認められた[65]こと、そして、オックスブリッジも特
別扱いはせず他の大学と同じように扱う必要性が認められたことは非常に重
要である。UGC という組織の下にイギリス全土の大学・カレッジが置かれ
たことで、補助金委員会の位置づけが変化した。つまり、イギリスの高等教
育に関するあらゆる事柄を取り扱う委員会としての役割を担うことができる
ようになったのである。実際に、1889 年時にはごく限られた額の補助金を
配分するだけの機関であった前身の諮問委員会とは異なり、UGC の諮問事
項は「連合王国における大学教育の財政上の必要について調査し、かつ、そ

れらの必要に応えるために議会によって交付されるかもしれないすべての補助金の利用に関して政府に助言すること[66]」とされた。後に、UGC の役割はさらに拡大することとなる[67]。大学政策全般において UGC が存在感を発揮し、国家と大学の緩衝装置とまで評されるようになったことの基盤には、1919 年の設立時にイギリス全土の大学やカレッジを対象とする委員会として UGC が設立されたことがあったといえよう。

　シャトックは、1961 年にロビンズ委員会が設立される以前にはイングランドには高等教育制度はなかったと評している[68]。そこで氏が引用しているのは、マンチェスター大学の運営会議の議長 (Chairman of the Council) も務めた E. サイモンが 1946 年に書いた論文である。サイモンは、「イギリスには大学『制度』というものはない。あるのは 16 の自治的な大学 (self-governing universities) であり、それぞれがそれぞれの方法で発展してきた[69]」としている。

　しかしながら本研究の分析が示すのは、1889 年以降に補助金諮問委員会が設置されたことを端緒としつつ、1919 年に UGC が設立されたことで、イギリスにおける高等教育が制度化されたということである。

4.5. 教育階梯の構築

　UGC の設立過程において教育院が一貫して主張していたのは、「大学と学校を単一のシステム (single system) の一部」として位置づけることであった。これは、第 5 章で言及したブリストル大学への勅許状交付における議論における当時の教育院総裁ランシマンの主張とも軌を一にするものであり、教育院はモラントが強い影響力を持っていた 1908 年頃から一貫して包括的な教育階梯の構築を強く望んでいた。

　1911 年から 1925 年にかけて教育院総裁を務めていたセルビー＝ビッグは、退任 2 年後の 1927 年に出版した『教育院 (*The Board of Education*)』という著作の中で、1919 年以降大学教育への補助金は UGC からの支援を受けた大蔵省が行っており、教育院は基本的に大学、ユニヴァーシティ・カレッジ、あるいは大学教育には権限を持っていないと前置きしつつ、①（教育院が助成する）教員養成、②大学で受けられる奨学金、③大学が実施する中等学校のための試験、

④成人学生向けチュートリアル、そして⑤大学での技術・芸術教育(technological and art instruction)には、教育院が責任を負っていると述べている[70]。これら5点のうち、特に②奨学金と③試験は、教育階梯の構築にとって重要なものであった。

奨学金の整備については、1916年の教育院奨学金委員会(Board of Education Consultative Committee)において本格的な議論がなされた。奨学金の整備と並行して、大学入学年齢も標準化された。つまり、大学と中等教育の関係についても審議した1895年ブライス委員会の際には、オックスブリッジの入学者は19歳であるのに対して市民大学への入学者は16、17歳であり、大学類型によって入学年齢にばらつきがみられたが、1916年奨学金委員会においては、中等学校出身者であることが想定できるようになった、ということである[71]。委員会報告書の「19歳以上は、内部では多様性があるものの、大学か最上級技術学校(the highest Schools of Technology)が同じタイプの機関である[72]」という記述からは、当時大学入学者はおおむね19歳であったことが推測できる。

中等教育と大学の接続に係る試験は、1917年の「中等学校試験審議会(Secondary Schools Examinations Council)」の設置[73]と関連している。イングランドにおいて、大学への入学試験は、大学(群)で構成される試験委員会によって実施されていた。第7章で言及した「北部大学合同入試委員会((Northern Universities) Joint Matriculation Board)」や「ブリストル大学学校試験審議会(University of Bristol School Examinations Council)」がその一例である。1917年の時点でのイングランド各大学の試験委員会は以下の通りである。

表4　試験委員会一覧(1917年時点)[74]

名称	略称	設置年
University of Oxford Delegacy of Local Examinations	UODLE	1857
University of Cambridge Local Examinations Syndicate	UCLES	1858
Oxford and Cambridge Schools Examination Board	OCSEB	1873
University of Bristol School Examinations Council	UBSEC	1911
University of Durham Matriculation and School Examination Board	UDMSEB	1858
University of London Extension Board	ULEB	1902
(Northern Universities) Joint Matriculation Board	JMB	1903

　上記 7 つの委員会のための助言・規制機関として、中等学校試験審議会は設置された[75]。各大学の入学試験委員会は、各大学内や近隣の地域内での質保証という観点で重要なものであった。しかしながら、それだけではなく、合同入試委員会間の質保証も必要であるという認識のもとに、各委員会の調整を行う国家レベルの審議会が設立されたのであった。これは、教育院が管轄した。

　これらに鑑みれば、1911 年の諸問委員会の教育院への移管も 1919 年のUGC 設立つまり大蔵省への再移管も、ただ単純な省庁間の権力闘争というよりは、イギリスにおける高等教育制度──ひいては教育制度全般──を整備するためのプロセスであったとみなすべきであろう。繰り返しになるが、教育院の想定する「単一のシステム」とは、単線型の教育階梯を意味するものではない。複線型の教育制度における中等教育と高等教育の円滑な接続は、教育階梯構築には必要不可欠であり、そのためにモラント以来の教育院関係者は大学補助金に関する権限を教育院が一括して管理することを望んだのであった。結果的に、教育院は補助金に関する表立った権限は失うこととなったが、それでもなおイギリス全土の大学・カレッジが UGC という一つの組織の管理下に置かれたことには大きな意義があった。

　前述のシャトックをはじめ、大学制度について論じた先行研究において、教育階梯構築はその考察の射程外にあるように見えるが、高等教育を制度として捉える視点からは、中等教育との接続の問題を切り離して論じるわけにはいかない。(第一部と第二部で明らかにしてきたように)各大学・カレッジは、国庫補助金交付と勅許状交付を通し、各大学・カレッジの特質は残しつつも、ある一定の教育内容、教育水準、そしてガバナンスという点で標準化された。それは、大学・カレッジ間という「水平」のレベルでの制度構築を意味するものであった。それだけではなく、中等教育との円滑な接続が目指され、それは主に教育院が担っていく事項として関係者間で共有された。これが、高等教育と中等教育間でのいわば「垂直」レベルの制度構築であり、イギリスにおける教育階梯が構築されていくプロセスであった。

5. まとめ

　本章では、1919年のUGC創設に至る動きを分析してきた。第一部と第二部で検討した国庫補助金と大学昇格が一段落した後、今度は補助金委員会を整理し、補助金交付を制度化しようという動きが活発化した。ここでは、補助金委員会の対象の範囲はどこまでなのか、監督省庁となるのはどこなのか、補助金委員会の権限とは何か、といったことが関係省庁内での議論の中心となった。

　UGCの成立過程において、1918年11月23日のイギリス全土の大学代表者の集会と1918年12月から1919年5月までの6ヶ月間におよぶ大蔵省と教育院の間の交渉と協議は重要な意味を持っていた。話し合いの中で、補助金額は重要なテーマの一つであった。つまり、第一次世界大戦による戦争被害が深刻だったこともあり大学補助金増額が必要不可欠だということは明白であったものの、実際にどれだけ増額するべきかについては大蔵省・教育院それぞれの意見があったため、お互いが納得できる合意点を見出すべく何回も意見をやり取りしていたのである。

　また、委員会の構成や対象も重要な議題であった。それまでは、補助金諮問委員会はイングランドとウェールズのみを対象としており、スコットランドやアイルランドの大学への補助金交付には関わっていなかった。しかしながら、新しい補助金交付システムを構築するにあたりイギリス全土を対象とする補助金委員会の必要性が認識されるようになっていった。教育院は、補助金を大蔵省管轄下に置くことは行政上の理由によるが、そのことが「大学や学校を単一のシステムの中に位置づけるよう努力している」、つまり整合的な教育階梯の構築を目指す教育院にとってそうした活動を進めていく上での阻害要因にはならないと考えていたといえる。それ故、教育院は大蔵省管轄下の委員会設置と補助金予算の移管を認めたのである。

　委員会の構成という意味では、スコットランドとアイルランドの処遇に加え、由緒ある大学であるオックスフォードとケンブリッジの処遇も重要な課題の一つであった。オックスフォードとケンブリッジは国庫補助金を受け取

ることに乗り気ではなかった。しかし、第一次世界大戦による国内の疲弊と
大学における科学技術教育(古典的教養教育と比べて莫大な資金が必要)が避け
て通れなくなったために、国庫補助金を受け入れる以外の選択肢は既に存在
していなかった。このような経緯で両大学は補助金を望むようになった。最
終的に、両大学も他の大学と同じように視察を受け入れ、その結果に従って
補助金が交付されることとなった。その背景には、カレッジ自治の強いオッ
クスブリッジにおける全学組織(ユニヴァーシティ)強化の意図があったこと
が政府文書において示唆されている。

　このように、UGC は「イギリス全土の大学・カレッジを対象とする」「大
蔵省管轄の」「補助金配分のみならず大学に対して広く助言を行う」委員会と
して設立された。大学制度の確立という視点から見た場合には、特に、イギ
リス全土の高等教育機関を対象とする組織として設立されたということに大
きな意義があるといえよう。

註

1 　University College (Great Britain) Grant in Aid. Report of the Committee, 24th July 1908.
ED 24/513, para.15.

2 　Ibid.

3 　University College (Great Britain) Grant in Aid. Report of the Committee, 6th June 1907.
ED 24/513, p.3.

4 　Allen 1934, *op. cit.*, pp.250-252.

5 　馬場将光「イギリス大学補助金の教育院移管の経緯」『熊本大学教育学部紀要(人
文科学)』第 23 号、1974 年、138-139 頁。

6 　ED 54/1. UGC 5/6.

7 　彼は、1906 年以降 1930 年に亡くなるまで、大学補助金に関する委員会に関わ
り続けた。

8 　ED 24/1938; UGC 7/1065.(馬場 1974、前掲論文、149 頁の訳出参考。)

9 　UGC 7/1065.

10 　University Grants Committee 1964, *op. cit.*, p.176; Ashby and Anderson 1974, *op. cit.*,
pp.98-99.

11 　ED 24/1938; UGC 7/1065.

12　ED 24/519; ED 24/1938; UGC 7/1065.（馬場 1974、前掲論文、150 頁の訳出参考。）

13　UGC 7/1065.

14　T 1/12324; ED 24/1968.

15　Berdahl 1959, *op. cit.*, p.189.

16　Shinn, 1986, *op. cit.*, p.44.

17　M. Shattock, *The UGC and the Management of British Universities*, SRHE and Open University Press, 1994, p.ix.

18　Fry, 1948, *op. cit.*, p.225.

19　UGC 1/1.

20　崎谷 1975、前掲書、6-9 頁。

21　T 1/12324; ED 24/1968.

22　Ibid.

23　UGC 5/8; T 1/12324.

24　UGC 5/8（cited in Hutchinson 1975, op. cit., p. 594）.

25　1910-1922 年庶民院議員（自由党）、1916-1922 年スコットランド担当大臣。

26　一次資料（Draft. To The Rt. Hon. Robert Munro, K.C., M.P. ED 24/1968.）では、下書きの日付が 1919 年 1 月何日であったのかについての部分が綴り紐によって破損している。ゆえに、下書きの余白に手書きで書かれている「1 月 27 日」というメモに沿って記述している。

27　Draft. To The Rt. Hon. Robert Munro, K.C., M.P. ED 24/1968.

28　Copy. Letter from H.A.L. Fisher to Munro. 8th February, 1919. ED 24/1968.

29　Berdahal 1959, *op. cit.*; Shinn 1986, *op. cit.* など。

30　T 1/12324; Ashby and Anderson 1974, *op. cit.*, p.151.

31　T 1/12324; Ashby and Anderson 1974, *op. cit.*, p.151.

32　T 1/12324; Ashby and Anderson 1974, *op. cit.*, p.151.

33　Berdahl 1959, *op. cit.*, pp.57-58.

34　Letter from T.L. Heath to Fisher. 3rd May, 1919. ED 24/1968.

35　Ashby and Anderson 1974, *op. cit.*, p.152.

36　*Ibid.*; H.A.L. Fisher, *An Unfinished Autobiography*, Oxford University PressFisher, 1940, p.116.

37　ED 24/1968; T 1/12324.

38　また、両省庁がスコットランド当局やアイルランド当局と補助金について話し合いをしていたという記録もある。

39　スコットランド・アイルランドの大学については、馬場将光による一連の論考がある。例えば、馬場将光「スコットランドにおける大学財政国庫補助の展開

――経常的補助金を中心に」『信州大学教育学部紀要』第 47 号、1982 年、101-125 頁；
馬場将光「アイルランドにおける大学の成立と国庫補助制度の初期形態 1」『信州
大学教育学部紀要』第 41 号、1979 年、11-24 頁。

40　Memorandum of Interview. 30th January, 1919. ED 24/1968.

41　Letter from Selby-Bigge to the Secretary. 8th February 1919. T 1/12324. (資料が欠け
ており The Secretary, 以下の部分が欠損しているが、文面と前後の資料から The
Secretary, H.M. Treasury であることが推測できる。)

42　第 4 章での記述と同様、ここでも大蔵省の閣下達とは大蔵省卿委員会のメ
ンバーであると推察される。この当時のメンバーは、ロイド・ジョージ首相
(The Right Honourable David Lloyd George)、A. チェンバレン大蔵大臣 (The Right
Honourable Joseph Austen Chamberlain)、プラット議員 (John William Pratt)、パーカー
議員 (James Parker)、タウィン・ジョーンズ議員 (Josiah Towyn Jones, Esquires)、そ
してサンダース議員 (Lieutenant-Colonel Robert Arthur Sanders) の 6 名である (*The
London Gazette*, 25 February 1919, p.2735)。

43　Copy. Letter from T.L. Heath to the Secretary, Board of Education. 14th February 1919.
ED 24/1968.; T 1/12324.

44　グリーン 1994、前掲書、222 頁。

45　Grants to Oxford and Cambridge, 31st March 1919. ED 24/1968.

46　Berdahl 1959, *op. cit.*, p.47.

47　グリーン 1994、前掲書、152 頁。続けてグリーンは、「第一次世界大戦によって、
自然科学の研究に補助金をあたる必要性が強調されるに至った」として科学・産
業研究庁 (Department of Scientific and Industrial Research、略称 DSIR) についても触
れている。確かに、科学研究における DSIR の重要性を過小評価することはでき
ないのであるが、この点については稿を改めて論じたい。

48　Grants to Oxford and Cambridge, 31st March 1919. ED 24/1968.

49　UGC 7/1068.

50　Fisher 1940, *op. cit.*, pp.115-116.

51　UGC 1/1.

52　Board of Education. Minute Paper. 6 Feb. '19. ED 24/1968.

53　Letter from H.A.L. Fisher to Munro. 8th February 1919. ED 24/1968.

54　Draft. To The Rt. Hon. Robert Munro, K.C., M.P. ED 24/1968.

55　Ibid.

56　Berdahl 1959, *op. cit.*, p.58.

57　UGC 5/8.

58　Hutchinson 1975, op. cit., p.594

59　Shinn 1986, *op. cit.*, p.44.

60　UGC 5/8; T 1/12324.

61　Ashby and Anderson 1974, *op. cit.*, p.152.

62　University Colleges（Great Britain）, Grant in Aid. Report of the Committee. 24th July 1908. ED 24/513.

63　グリーン 1994、前掲書、221 頁。

64　同上。

65　Berdahl 1959, *op. cit.*, p.47.

66　UGC 1/1.

67　例えば、1960 年代に新たに設立された大学群にとっては、「全国的な高等教育の計画と視点をもつ U.G.C. の意向が、大学設立の方向や方式を決定する大きな要素となった」（横尾 1975、前掲論文、68 頁）といわれるなど、高等教育計画に大きな役割を果たすようになったとみなされてきた。

68　Shattock 1996, *op. cit.*, p.2.

69　Simon 1946, op. cit., p.79.

70　Sir L.A. Selby-Bigge, *The Board of Education*, London: G.P. Putnam, 1927, pp. 22-23.

71　ロー 1989、前掲論文、237 頁。

72　Board of Education Consultative Committee, *Interim Report of the Consultative Committee on Scholarships for Higher Education: Adopted by the Committee on May 19th, 1916*, London: H.M.S.O.（Cd. 8291）, 1917, p. 14.

73　K. Tattersall, 'A Brief History of Policies, Practices and Issues Relating to Comparability', in P. Newton et al.（eds.）*Techniques for Monitoring the Comparability of Examination Standards*, Qualifications and Curriculum Authority, 2007, p.91.

74　Ibid., p.88 より筆者作成。

75　Ibid., p.91.

終　章

1.　各章のまとめ

　ここでは、本研究による知見を章ごとに整理していく。

　第一部では、国庫補助金交付開始の意義について考察した。まず第 1 章では、1889 年以前の国庫補助金の状況と、国庫補助金開始当初の状況について確認した。1889 年以前にいくつか見られる国庫補助金交付の事例は、あくまでも特例としての扱いであり、国家による財政支援からは程遠いものであった。1889 年になってやっと、国家によって高等教育の重要性が認識されるようになり、国庫補助金の交付が始まったのであった。

　第 2 章では、国庫補助金初期の補助金交付条件とその変遷を明らかにするために、国庫補助金獲得運動の中心的存在でありながら最初の補助金交付時に唯一交付対象から外されてしまったサウザンプトンに関する政府諮問委員会の評価について検討した。この検討から明らかとなったのは、国庫補助金の性格の変化である。1889 年に補助金交付が開始された当初は、補助金の主たる目的は「地方の援助を補完し促進する」ことであった。つまり、市民カレッジの財政は、地方の産業などによって主に支えられるべきものであるという基本理念があったといえる。そこで、①アーツ・サイエンスに対する地方からの収入総額最低 £4,000、②学生授業料収入額最低 £1,500、という財政的な条件が設定され、これらは最も重要な補助金交付基準とされた。また、補助金額に関しても、各カレッジの収入を補う程度のものであった。しかし、補助金増額が不可避となり大学財政における国庫補助金の割合が大き

くなる中で、地方産業などからの援助自体は引き続き奨励されたものの、地方の援助を補完し促進するための国庫補助金交付という当初の理念は現実にそぐわないものとなっていった。そのような流れの中で、もう一つの条件である「大学水準の教育」が重視されるようになっていったのであった。

　第3章においては、教育内容に対する評価と視察について明らかにするために、1897年諮問委員会において「大学水準の教育」に達していないという理由で補助金交付を却下されたレディングとエクセターを中心に、当時のカレッジ視察においてどのような観点で評価がなされていたのかについて分析した。1896年と1901年の視察においては、大蔵大臣等が提示した「大学ランク」の教育の趣旨にもとづいて、当時補助金交付カレッジで重視されていた技術・専門職に関する科目は補助金交付のための評価の対象外とされた。視察者自身は、各カレッジにおける技術・専門職教育の発展を好意的に見ていたことが示されているが、大蔵省の枠組みにおいては「大学教育に対する助成」の対象外とされた。この段階における「大学ランク」の教育とは、教養教育であり、それはアーツ・サイエンス教育と同義であるとされた。そのような判断の背景には、当時の大蔵大臣ゴッシェンらが、新興のカレッジにおける教育はオックスブリッジのそれには到底満たないとしても、代替となるものとして位置づけていたことが指摘できる。そのためには、「大学ランク」の教育は当然要求されなければならないものであった。当時の「大学ランク」の教育とは、既存の大学、つまりオックスブリッジやロンドン大学・ヴィクトリア大学の学位試験で課されていたアーツ・サイエンス科目であった。しかしながらこうした「大学水準の教育」の定義は、後になって変容していくことになる（第7章）。

　第4章では、補助金諮問委員会におけるカレッジのガバナンスと法人化に関する勧告が意味するものについて分析した。大学補助金開始当初は、独立した運営組織は求められていたものの地方自治体との強いつながりは問題視されなかったが、1901年頃になると地方自治体との強いつながりそのものが問題視されるようになった。補助金諮問委員会の勧告内容の変化は、基礎教育・中等教育と同じく、そして他の行政分野と同じく、中央政府による地

方自治体からの高等教育の「買取り」が起こったということを意味している。同時にそれは、国家的な関心事としての高等教育に関する議論へとつながっていく（第5章）。また、カレッジへの法人格取得の勧告は、大学内部におけるガバナンスの標準化とほぼ同義であった。

　第二部においては、1900年代における市民大学の設立について分析した。第5章では、市民大学設立の設立過程を「大学（university）」についての理念の変容という観点から分析し、市民大学設立の意義について考察した。市民大学設立過程においては、大学とは連合制（federation）の形を採るものであり、その役割は専ら試験や学位授与に責任を持つものである、というそれまでの「大学」の理念を変えるかどうかについて議論がなされた。諸外国の大学の形態や、科学教育の発展に伴って大学に求められる役割が変容し、教育と試験／学位授与の両方を単一の機関が行うという、オックスブリッジの単なる模倣ではない、イングランドにおいては新たな形の「単一（unitary/single）」大学が設立されるに至った。それは、公の性格を持つ高等教育が拡大したという点、そして多様な学位が提供されるようになったために、異なるが等価な大学教育に対する質保証整備の必要性が生まれ大学制度構築の契機となった点において、高等教育史上、極めて重要な意義を持つものであったことが指摘できる。

　第6章においては、市民大学設立のための勅許状交付過程における「水準」に関する議論が意味するものについて考察した。市民大学の設立によって、大学の、特に試験も含む教育の面での水準の維持が必要だとされた。具体的には、入学試験や学位の「水準」を維持する合同委員会という形で大学間の質保証を行おうとしていたこと、そして、中等教育との接続も視野に入れた議論がなされたことが明らかとなった。

　第三部では、再び国庫補助金に関する委員会について分析し、「制度」としての大学が作られていく過程を示した。第7章では、第5章と第6章で考察を加えた「大学」理念（組織形態面と教育内容面）の変容を踏まえ、補助金諮問委員会の「大学水準の教育」の定義がいかに変容していったのかについて検討した。第3章でも指摘したように、補助金初期は、大学水準の教育とは

アーツ・サイエンス教育であった。しかし、1900年代に、委員会による「大学水準の教育」に定義に変化がみられるようになった。そこで指摘されたことは、①学位の拡大に伴う大学教育の範囲の拡大、②そもそも純粋科学と応用科学の境界があいまい、③すべての学位の目的には共通性がある、という3点であった。市民大学設立に伴う学位の多様化は、諮問委員会に大学教育の理念について再考させる契機となったといえる。また、大学教育の理念に変化がもたらされたことで、国庫補助金そのものにも変化が必要だという議論につながっていった。

　第8章においては、1919年のUGC設立の意義について考察した。UGCの設立は、1889年の国庫補助金交付開始に始まる国家と大学の関係の結実を象徴するものであった。そこには、主に以下の四つの意義が指摘できる。まずは、「大学水準の教育」という概念を、国庫補助金分野においても名実ともに拡げたという点である。UGC設立にあたっての補助金統一に関する議論により、様々な省庁が様々な名目で拠出する補助金を「大学補助金」として統一することが決まった。第二に、補助金の増加と補助金委員会としての存在感の増大である。それまでのアーツ・サイエンスを中心とした教育とは異なり、大学における科学技術の研究や教育には、膨大な費用が必要とされた。また、高等教育が公の性格を帯びるようになり、その意味においても、国家がより多くの補助金を拠出することは必要不可欠であるという認識が共有されるようになっていたという側面もある。三つ目の意義は、UGCの位置づけに関するものである。オックスブリッジも含む、イギリス全土にまたがる組織としてUGCが設立されたことは、イギリス高等教育にとっては大きな転換点となった。そしてそのために、イングランドのみを対象とする教育院ではなく、イギリス全土にまたがる省庁である大蔵省が大学補助金を管轄することが定められた。最後の点は、UGCが設立される過程において、教育階梯の構築が進んだという点である。これは、イギリス全土内で高等教育が整備され、教育階梯全体が「単一のシステム」として制度化されるようになったという意味において高等教育史上極めて重要な意義を持っていた。UGCの設立過程は、単なる国庫補助金だけの問題ではなく、一連の市

民大学設立の動きとも連関しながら、高等教育が制度として構築される過程でもあったといってよいであろう。

2. 国家と大学の関係のダイナミズム——教育内容の視点から

　本節では、本研究を通じて明らかとなる「大学教育」なるものの変遷について検討する。

　補助金交付開始当初の「大学教育」とは、伝統的大学であるオックスブリッジやロンドン大学の学位試験を模範として、「高等な教養教育」としてのアーツ・サイエンス教育（英語、古典語、フランス語、ドイツ語、歴史学、哲学、数学、物理学、化学、生物学）を指すものであった。そしてその際、技術教育ではない教養教育と大蔵大臣が明言したために技術教育は除外され、人文科学と純粋科学からなるアーツ・サイエンス教育のみが大学教育とされた。こうして、新興のカレッジにおいては教育内容の標準化が促された。

　しかしその後、応用科学系の学問が発展し、新興カレッジが大学に昇格して応用科学系の学位を授与するようになる中で、純粋科学と応用科学の境界線もあいまいなものになっていった。補助金諮問委員会では、もはや両者を明確に区別するものはないとして、「大学教育」を科目によって定義するのではなく、むしろ教育を通じて得られる「科学的・一般的知識」を大学教育の本質とみなすことを定めた。こうして委員会は、新興の市民大学における技術・専門職教育を、教養教育の対極にあるものではなく、教養教育の一角をなすものと位置付けるようになったのであった。ここに、イングランドにおける「大学教育」の理念の変化を見て取ることができる。

　こうした動きは、二つの側面を持っている。つまり、一方で教養教育による精神の涵養こそが大学教育の核であるという、オックスブリッジ流の教育理念を強化する側面と、もう一方で、どのような科目を通じてでも「科学的・一般的知識」を獲得することはできるため、様々な分野が大学教育として認められうるという、大学における学問的領域を拡げる側面である。こうした両側面を的確に捉えることなしに、当時の「大学教育」を理解することは難

しいであろう。

　その論拠となりうるのが、諮問委員会報告書による「大学教育」の定義の変遷である。諮問委員会では、大学・カレッジにおける教育の状況について検討されている。報告書の記述からは、技術・専門職教育としてこれまで「大学教育」のカテゴリーから除外されてきた学問分野に関する学位が市民大学において授与されるようになってきていること、そしてその内実を見る限り、実際には純粋科学と応用科学を明確に分かつことは難しく、技術・専門職教育科目を通じてでも、「科学的・一般的知識」を得ることは可能である、とみなされるようになっていったことが明らかとなる。一方で、諮問委員会報告書では、アーツ・サイエンス科目が大学教育の中心であるということも同時に指摘されたのであった。時を同じくして巻き起こっていた教養教育論争では、精神の涵養という教養教育の目的を達成するために、古典人文学（あるいはアーツ・サイエンス科目）という特定の科目を学ぶことは必須であるのか、あるいは必ずしもそうではないのかということが争点の一つとなった。アーツ・サイエンスが中心であるが、その一方で技術・専門職教育もまた大学教育である、という諮問委員会の定義の表明は、一見すると矛盾するようにも見えるが、教養教育とは特定の科目を指すのではなく、あくまでも目指すべき理念である、とみなすならば一定の説得力を持つ。アンビバレントな「大学教育」の様相は、国庫補助金獲得運動と大学昇格運動、そして科学の発展という時代的背景のダイナミズムの中で変化していった。

　先行研究の市民大学における教育への評価は真っ向から対立するものであった。市民大学における教育は、科学重視のものから人文学重視という「オックスブリッジの価値観[1]」に近いものになったという立場[2]と、市民大学においては技術・専門職教育が発展し、イングランドにおける大学教育に拡がりがもたらされたとする立場である[3]。しかし双方が市民大学における教育を片面からのみ捉えている。本研究の分析結果に従うならば、市民大学における教育は、オックスブリッジ流の教養教育の理念に縛られつつも、学問的領域の拡大に寄与するものであったと結論づけられる。

3. 「大学」の概念の変容——ガバナンスの視点から

　19世紀から20世紀にかけて、イングランドでは、「大学」あるいは「カレッジ」とはどのような機能と性格を持つ（べき）ものであるか、という点についても大きな論点となった。

　19世紀以降イングランドの各都市では、地元の篤志家などから資金の提供を受けつつ、その地域のニーズに見合った教育を提供するために新たなカレッジが設立された。これらのカレッジの設立の経緯はそれぞれに異なっており、組織構造も任意のものであった。一方で、私的に設立された機関であるという点、また財政的にもその地方からの収入に頼っていたという点では共通点を有していた。

　しかし、1889年以降大学・カレッジへの補助金諮問委員会は、教員組織や執行部体制などといったカレッジ内部の組織のあり方について、勧告を行うようになった。また、あくまでも私的な機関として設立された各カレッジに対して、法人化することが望ましいという勧告も出している。（法人化自体は既定路線であったとはいえ、地方自治体と極めて近い関係にあったカレッジにとっては、改革のきっかけとなった。）こうした働きかけもあって、各カレッジのガバナンス形態は、標準化されたのであった。

　20世紀に入り、法人格を得たカレッジは、大学へと昇格することを望むようになった。オックスブリッジ、ダラム大学、ロンドン大学やヴィクトリア大学といった当時のイングランドにおける「大学」とは、試験を行って学位を授与する機関であり、教育機関としての色合いが極めて弱いものであったことは本論で述べた通りである。教育を一手に引き受けていたのはカレッジであった。イングランドの高等教育は、教育機関としてのカレッジと、試験機関／学位授与機関としての大学という二層の構造になっていたのである。この点について指摘したロスブラットは、カレッジを私的な存在と位置づけ、大学を公的な存在と位置づけている[4]。そうしたイングランドにおける従来の「大学」のありように対して、カレッジと大学の役割分担を廃し、教育と

試験・学位授与を包括的に「単一」の大学で行うべきだと求めたのが、市民カレッジによる大学昇格運動であった。これは、UCL やキングス・カレッジといったロンドン大学の諸カレッジが 19 世紀前半には成しえなかった悲願でもあった。

　そうした大学昇格運動の根拠となったのは、ドイツやアメリカなどといった諸外国における大学である。1851 年ロンドン万博以降の科学技術の発展という国際的状況と、そうした流れにイングランドは乗り遅れているという危機感により、大学における教育や研究が必要不可欠であるとの認識が共有されるようになった。そのために、伝統的なオックスブリッジ型の大学ではなく、新たな形の大学が求められたのである。アイヴスらが指摘したように、こうした教育と試験の両方を行う「市民モデル」の大学は、その後イングランドにおいて支配的になっていく[5]。

　カレッジが国庫補助金獲得運動を通じてガバナンス改革が促され、また大学昇格運動を経てカレッジが「公的な」大学となることで、公的な性格を持つ高等教育が拡大したといえよう。繰り返しになるが、各地方都市に設立されたカレッジ・大学は、それぞれの地方のニーズを満たす形で設立されたという経緯があり、その地方のための機関であるという性格が全く消え去ったわけではない。しかし、例えば「大学は、地域的な機関 (local institution) であると同時に非地域的なもの (non-local) である[6]」という指摘が示すように、「二要素からなる側面[7]」を持つ大学というものは、地域のニーズを満たすだけではなく、国家的関心事として公的な性格を有していることが重要だとされた。これは、「国家的効率」という S. ウェッブらの社会思想などとも重なるものであり、当時のイングランドにおける社会的要請を反映したものといってよい。そしてそれゆえに、大学は多額な国庫補助金を交付される存在として認められうるのであった。

　こうした「大学」のあり方の変容は、次節で検討する「水準」への一層の注目を導き出したといえる。従来のイングランドの大学教育は、大学とカレッジという二層構造によって、その質が保たれてきた。カレッジの責任のもと、それぞれのニーズに沿った教育を行ってもよいが、学生は学修の証明として

統一的な大学の試験を受ける。そうすることで、教育内容の多様性を確保しつつ、教育の質保証を行うことができた。しかし、教育と試験・学位授与が包括的に行われ、学位試験自体が多様化することによって、そうした多様な試験が「異なるが等価」であることを示す必要が出てきたのであった。それが制度化の契機の一つとなった。こうした視点はこれまでの先行研究にはなかった点であり、本研究独自の知見であるといえる。

　イングランドの大学は、「独立の自治大学法人」であって「国立の大学」あるいは「国家の大学[8]」ではないというのがこれまでの先行研究における通説的理解であった。そしてその規範となったのは、中世以降長い歴史を持つオックスブリッジであったとされてきた[9]。しかし、本研究で明らかにしてきた市民大学の発展の過程からは、19 世紀以降に私的に設立されたカレッジが、国庫補助金獲得と大学昇格を経て、徐々に「国家の大学」へと変化していく姿が確認できるのである。確かにイングランドの大学は、日本の国立大学のように「国家が設立した国立の大学」ではないが、「独立の自治大学法人」であることと、「国家の大学」であることは、少なくとも 19 世紀後半から 20 世紀前半にかけてのイングランドにおいて両立可能なものだとみなされていたといえるであろう。もう一つ重要な点として、そうした新興のカレッジ・大学が、ガバナンス面ではオックスブリッジをモデルにしていたわけではないことが指摘できる。これは、両大学の教養教育の理念がそのままではないにせよある程度の影響を持っていた教育面とは異なる傾向であるといえる[10]。

4. 国家―大学関係における国家の役割——制度構築をめぐって

　19 世紀後半から 20 世紀初頭にかけての、新興の高等教育機関における教育面とガバナンス面での様々な変化を高等教育史の中に位置づけたときに、どのように評価できるのであろうか。バーダールに代表される先行研究においては、国家と大学の関係を象徴するのは両者の「緩衝装置（buffer）」としての UGC であり、それが教育院ではなく大蔵省の下で設立されたことに大きな意味があったと評価されてきた。日本における先行研究では特にその側面

が強調されており[11]、UGC の「援助すれども統制せず」の基本的原則は、日本の私学助成の理論的根拠としても用いられてきた。

　確かに UGC の設立は、国家と大学の関係にとって極めて重要な意味を持つものであった。しかしながらその意義は、大蔵省の下に置かれたことで「大学の自治 (university autonomy)」の理念的源流になったというようなバーダールらの通説によるものではなく、むしろ、その設立過程が公教育の一部としての大学の制度化の契機となった点に見出せる。そもそも、本論でも確認したように、UGC の大学自治の機能はあくまでも「結果的な利点 (a consequential advantage)[12]」であったことには注意が必要である。

　それでは、国家と大学の関係はどのようなものといえるのであろうか。また、大学の「制度」とは何を指すものなのであろうか。19 世紀後半から 20 世紀初頭にかけての国家の高等教育分野への関与の実態に鑑みれば、国家が計画的に大学を設立しようとしたというよりも、カレッジ・大学側から出された要望と、当時の社会状況の変化を受けて、様々な策を講じていたことがわかる。その意味においては、国家が率先して高等教育を統制しようとしたわけではない。しかしながら、高等教育をめぐる様々な動きが生まれてくるという状況下で、国庫補助金を通じて様々な形で制度構築が試みられていた。それは、大学・カレッジ間の教育、ガバナンス両面での標準化 (同一化ではない) あるいは等価性の維持 (現代的にいえば質保証ということになろう) という意味で、そして中等教育との接続という意味での「制度」である。質保証に関しては、かなりの割合でピア・レビューを用いているが、質保証の枠組みを作り、それの管理 (委員会の管轄も含めて) を行うのが国家の役割であったように見える。中等教育との接続については、初等中等教育も含めた一元型の (しかし複線の) 教育階梯構築という点で、国家の役割は当然あったとみてよいだろう。例えば、1908 年 7 月 24 日報告書にある「教育の国家計画 (national scheme of education)」の一部としての大学教育という言及は、その象徴的なものといってよいであろう。

　市民大学による補助金獲得運動が始まってから UGC 設立に至るまでの 30 年間の国家と大学の関係をまとめると以下のようになる。国家は、補助金交

付や勅許状交付の方針の提示、大学設置認可、学則制定（及び改定）、質保証システム（主にピア・レビュー）の構築、委員会や審議会組織の管理等を行ってきた。一方で、国家は、大学の教育内容やガバナンスに対して、直接的に介入するということは行わなかった。質保証においては専門性が尊重され、ピア・レビューが中心で、視察者にも専門家が任命されている。国家は補助金交付の方針を提示し、視察の方向性に関与することはあったが、常にワンクッション置いていた。その意味で、UGC は確かに緩衝装置であった。しかし、バーダールが高く評価するように、大学の自治を尊重する「善意のエージェンシー」としての緩衝装置ではなく、文字通り国家と大学の間にある機関としての緩衝装置である。

　シャトックをはじめ、1961 年にロビンズ委員会が設置される以前のイングランドには高等教育制度はなかったと評される[13]ことも少なくないが、それは政府主導の高等教育計画がなかったという話であって、高等教育が制度化されていなかったことを意味しているわけではない。本書で明らかにしてきたように、オックスブリッジやダラム、ロンドン大学のみが存在していた時代にはアドホックにしか存在しなかった国家と大学との関係が、国庫補助金や勅許状を通じて経常的・日常的なものとなり、そこで国家と大学との関係が強化された。両者の関係性は時に協調的なものであり、時には対立するものであった。また、国家と大学との間に置かれた補助金諮問委員会も、国家や大学との関係性はその時によって異なるものであった。少なくとも UGC 設立前史においては、政府、補助金諮問委員会、大学の三者はそれ相応の緊張関係の中にあったといえる。しかしそうした緊張関係にあっても、教育制度の一部をなす高等教育が作られていったことは確かである。ヴァーノンは、近代的な大学システムが 1914 年から 1939 年にかけて構築されたと結論づけた[14]。アンダーソンは、より抑制的な表現ではあるものの、1914 年までに「国家的大学システムの諸要素[15]」を大学が有するようになったと位置づけている。これらの研究の結論は、20 世紀初頭に高等教育が制度化されたという点では本研究の知見とも重なっているが、1919 年に一つの到達点に達したとみなす本研究の結論とは異なっている。また、市民大学が大学

212

の制度化のプロセスにおいて重要な役割を担ったと評価する点でも異なっている。大蔵省と教育院が、補助金の諮問委員会の管轄権をめぐって攻防を繰り広げたことは確かである。しかし、これまでの多くの先行研究は大蔵省管轄となったことに理念的意義を見出そうとするあまり、当時の国家と大学との関係を限定的にしか捉えてこなかったといってよいであろう。むしろ本研究で明らかにしたように、国家は、国庫補助金や勅許状を媒介としながら、イギリスの高等教育を制度化していった。イギリス全土の大学を対象とする機関として設立されたという意味では、UGC 設立それ自体に大きな意味がある。しかしそれ以上に、その設立プロセスこそが、イギリス高等教育制度成立にとっては重要なものであった。

5. 今後の課題

　本研究では、国家と大学の関係というモチーフから、その関係性が最も見えやすい市民カレッジを中心として議論を進めてきたが、伝統的な大学のあり方に対して最初に挑戦することを試みたロンドン大学の諸カレッジについての検討は十分になされたとは言い難い。ロンドンのカレッジの先進的な試みは、市民カレッジによってのちに達成されることになるが、その内容について十分に論じる必要がある。ロンドン大学自体も、1836 年設立時にはUCL やキングス・カレッジのための学位授与機関であったのが 1858 年に純粋な試験機関となり、1900 年に教育の機能が付加されたという変遷を辿っており、この動きは一連の市民大学の設立と関連性があるものと考えられる。

　本研究では高等教育制度の成立過程を明らかにするために、国家に対して様々な要求をし、公的な高等教育、高等教育制度の構築を促した市民大学・カレッジに着目したが、本研究で得られた知見と残された課題の検討から導き出される知見を併せて検討し、オックスブリッジの寡占が打破された時代の教育史上の意義を包括的に考察することが今後の課題である。

註

1 アンダーソン 2012、前掲書、220 頁。

2 同上；ロー 1989、前掲論文；ロウ 2000、前掲論文；Vernon 2004, *op. cit.* など。

3 Sanderson 1972, *op.cit.*; 松本 1998、前掲論文；松本 2005、前掲論文など。

4 Rothblatt 1987, op. cit., pp.164-165.

5 Ives et al. 2000, *op. cit.*, p.104.

6 University Colleges（Great Britain）Grant in Aid. Report of the Committee, 24th July 1908. ED 24/513, para. 15.

7 Ibid.

8 安原 2000、前掲論文、37 頁。

9 同上。

10 前出の安原は、「19 世紀以降それぞれの時代と社会の必要性に応じるかたちで大学・高等教育機関が次々と設立されていったイギリス（イングランド）の場合も、そのモデルとされたのはオックスブリッジ」（安原 2000、前掲論文、37 頁）であり、「その両大学の基本的エートスは功利主義的実学主義や研究中心主義にはなく、古典学や数学を中心にしたリベラル・エデュケーション」に存在していたのだとしている。また、1992 年の高等教育一元化について論じた秦は、19 世紀における市民カレッジの大学昇格にも言及している。「…准大学高等教育機関の大学への昇格は、あたかも扇を上方に向けて折り畳むように、それぞれの准大学高等教育機関が大学に昇格し、伝統的大学に近似していく状態を示しており、この状態を『折畳的一元化』とみなすことができる」（秦 2014、前掲書、318 頁）とみなしている氏にとって、19 世紀における旧市民大学の設立は、1960 年代の上級工科カレッジ（College of Advanced Technology: CAT）の大学昇格などと同じく、伝統的な大学、つまりここではオックスフォード大学・ケンブリッジ大学に近いものになったと位置づけられている。

　　しかしながら、本研究の分析が示すように、19 世紀における新興カレッジの発展は、伝統的大学への近似を単純に志向するものではない。先行研究においては大学・カレッジのガバナンス面に対する注目が十分ではなく、教育面でのオックスブリッジの影響力を殊更に強調する傾向にある。しかし、この立場には 2 つの意味で課題がある。第一に教育面でも、19 世紀に発展したカレッジ・大学において、従来型の特定の科目を中心とした教養教育とは異なる形の、多様な科目を通じた教養教育という新たな形が生み出されたことである。もちろん教育面におけるオックスブリッジ的教養教育の影響力を過小評価するわけではないが、科学技術の発展という時代的背景の中で、旧来の教養教育だけを大

学教育として措定することには限界が生じていたのであった。第二に、本論が示すように、新興の教育機関においては、オックスブリッジの模倣ではない、それまでのイングランドにはなかった新たなガバナンス形態が生み出されたことである。このように、ダイナミズムの中で、新たな「大学教育」あるいは「大学組織」像が生み出され、そうした動きに呼応するように伝統的大学に変革がもたらされるようになっていった。

11　馬場、兵頭など。

12　Ashby and Anderson 1974, *op. cit.*, p.152.

13　Shattock 1996, *op. cit.*, pp.1-2.

14　Vernon 2004, *op. cit.*, pp.176-.

15　アンダーソン 2012、前掲書、221 頁。

引用・参考文献

Primary Materials

The National Archives（旧 Public Record Office: P.R.O.）

ED 23/93

ED 23/312

ED 24/78

ED 24/79

ED 24/80

ED 24/81

ED 24/82A

ED 24/513

ED 24/519

ED 24/527

ED 24/567

ED 24/568

ED 24/1938

ED 24/1968

ED 54/1

ED 54/11

ED 54/12

PC 1/1691

PC 1/1692

PC 1/1693

PC 1/1694

PC 1/1698

PC 8/605

PC 8/672

T 1/12324

UGC 1/1

UGC 2/1

UGC 3/1

UGC 5/6

UGC 5/7

UGC 5/8
UGC 5/18
UGC 5/24
UGC 7/1065
UGC 7/1068

Command Papers

Board of Education Consultative Committee (1917) *Interim Report of the Consultative Committee on Scholarships for Higher Education: Adopted by the Committee on May 19th, 1916*. London: H.M.S.O. (Cd. 8291)

University Grants Committee (1964) *University Development 1957-1962*. London: H.M.S.O. (Cmnd. 2267)

Circular

Board of Education (1907) *Memorandum on the History and Prospects of the Pupil-teacher System*, Circular 573, London: H.M.S.O.

Official Journal

The London Gazette

University Calendar

Firth College, Sheffield, *Prospectus*

Hartley Institution, *Report to the Borough Council by the Council of the Hartley Institution*

Mason Science College, Birmingham, *Calendar*

University College of Sheffield, *Calendar*

University of Birmingham, *Calendar*

University of Bristol *Calendar*

University of Leeds, *Calendar*

University of Liverpool, *Calendar*

University of London, *Calendar*

University of Sheffield, *Calendar*

Victoria University of Manchester, *Calendar*

Other Primary Materials

Chamberlain, Sir Austen (1936) *Politics from Inside: An Epistolary Chronicle, 1906-1914*. London: Cassell

Chamberlain, Austen (1995) *The Austen Chamberlain Diary Letters: Correspondence of Sir Austen*

Chamberlain with His Sisters Hilda and Ida, 1916-37. Robert C. Self（ed.）Cambridge: Cambridge University Press

Fisher, H.A.L.（1919）*The Place of the University in National Life.* London: Oxford University Press

Fisher, H.A.L. with a foreword by Lettice Fisher（1940）*An Unfinished Autobiography.* London; New York: Oxford University Press

Haldane, Richard Burdon（1929）*An Autobiography.* London: Hodder and Stoughton

Webb, Sidney（1901）Twentieth Century Politics: A Policy of National Efficiency. Fabian Tract No.108

Webb, S.（1920）*Grants in Aid: A Criticism and a Proposal,* new ed., London: Longmans

Newspaper

The Times, March 12, 1887; November 2, 1902; October 6, 2004.

Secondary Materials

Allen, Bernard M.（1934）*Sir Robert Morant: A Great Public Servant.* London: Macmillan

天城勲・慶伊富長編（1977）『大学設置基準の研究』東京大学出版会

Anderson, R.D.（1992）*Universities and Elites in Britain since 1800.* London: Macmillan

Anderson, Robert（2004）*European Universities from the Enlightenment to 1914.* Oxford: Oxford University Press（＝ R.D. アンダーソン（2012）『近代ヨーロッパ大学史―啓蒙期から 1914 年まで』安原義仁・橋本伸也監訳、昭和堂）

Anderson, Robert（2006）*British Universities: Past and Present.* London: Hambledon Continuum

Anon（1965）*Universities in Britain.* London: The Central Office of Information

Armytage W.H.G.（1955）*Civic Universities: Aspects of a British Tradition.* London: Ernest Benn Ltd.

Ashby, Eric（1958）*Technology and the Academics: An Essay on Universities and the Scientific Revolution.* London: Macmillan（＝ E. アシュビー（1967）『科学革命と大学』島田雄次郎訳、中央公論社）

Ashby, Eric in association with Mary Anderson（1966）*Universities: British, Indian, African: A Study in the Ecology of Higher Education.* Cambridge: Harvard University Press

Ashby, Eric and Mary Anderson（1966）'Autonomy and Academic Freedom in Britain and in English-speaking Countries of Tropical Africa'. *Minerva.* Volume 4, Number 3, pp. 317-364

Ashby, Eric（1968）'A Hippocratic Oath for the Academic Profession'. *Minerva.* Volume 7, Numbers 1-2, pp. 64-66

Ashby, Eric and Mary Anderson（1971）'Consultation or Voting Power'. *Minerva.* Volume 9, Number 3, pp. 400-406

218

Ashby, Eric, and Mary Anderson（1974）*Portrait of Haldane at Work on Education*. London: Macmillan

Ashby, Eric（1974）*Adapting Universities to a Technological Society*. San Francisco: Jossey-Bass Publishers（＝ E. アシュビー （2000）『科学技術社会と大学―エリック・アシュビー講演集』宮田敏近訳、玉川大学出版部）

馬場将光(1966)「イギリスにおける大学財政国庫補助金制度の成立(1)―ウエイルズへの国庫補助金の交付―」『東京教育大学大学院教育学研究集録』第6集、35-43頁

馬場将光(1968)「イギリスにおける大学財政国庫補助金制度の成立(2)―イングランドへの国庫補助金の交付―」『東京教育大学大学院教育学研究集録』第7集、29-38頁

馬場将光(1969)「イギリスにおける大学財政国庫補助金制度の成立(3)」『東京教育大学教育学部紀要』第15号、27-38頁

馬場将光(1970)「ホールデン委員会報告書の分析―イギリスにおける大学財政国庫補助金制度の成立(4)―」『東京教育大学教育学部紀要』第16号、51-62頁

馬場将光(1970)「イギリス大学財政の課題―大学財政は公費か私費か―」教育制度研究会編『教育制度研究』第4号

馬場将光(1971)「常設委員会報告書の分析―イギリスにおける大学財政国庫補助金制度の成立(5)―」『東京教育大学教育学部紀要』第17号、59-71頁

馬場将光(1972)「国庫補助金配分の系譜―イギリスにおける大学財政国庫補助金制度の成立(6)―」『熊本大学教育学部紀要(人文科学)』第20号、71-84頁

馬場将光(1972)「イギリスにおける大学財政国庫補助金制度の成立(7)―Wales, Aberystwyth College への補助金交付要請運動を中心にして―」『熊本大学教育学部紀要(人文科学)』第21号、105-117頁

馬場将光(1973)「ウェイルズ高等教育運動―高等教育機関の財源確保の方途を中心にして―」『熊本大学教育学部紀要(人文科学)』第22号、127-144頁

馬場将光(1974)「イギリス高等教育制度の再編成をめぐって」『国立教育研究所紀要』第85集、35-50頁

馬場将光(1974)「イギリス大学補助金の教育院移管の経緯」『熊本大学教育学部紀要(人文科学)』第23号、137-156頁

馬場将光(1974)「自由主義諸国の大学問題」梅根悟監修『世界教育史大系　大学史I』318-332頁

馬場将光(1975)「ロンドン大学王立審議会報告書における大学財政論」『熊本大学教育学部紀要(人文科学)』第24号、215-233頁

馬場将光(1976)「イギリス大学補助金諮問委員会『第一報告書』提出の経過」『熊本大学教育学部紀要(人文科学)』第25号、261-282頁

馬場将光(1979)「アイルランドにおける大学の成立と国庫補助制度の初期形態(1)」

『信州大学教育学部紀要』第 41 号、11-24 頁

馬場将光 (1980)「アイルランドにおける大学の成立と国庫補助制度の初期形態 (2)」
　　『信州大学教育学部紀要』第 42 号、13-27 頁

馬場将光 (1980)「アイルランドにおける大学の設立と国庫補助制度の発展過程 (1)」
　　『信州大学教育学部紀要』第 43 号、27-45 頁

馬場将光 (1981)「アイルランドにおける大学の設立と国庫補助制度の発展過程 (2)」
　　『信州大学教育学部紀要」第 44 号、19-36 頁

馬場将光 (1981)「アイルランドにおける大学の設立と国庫補助制度の発展過程 (3)」
　　『信州大学教育学部紀要』第 45 号、31-44 頁

馬場将光 (1982)「スコットランドにおける王室・議会による大学財政援助の初期段
　　階」『信州大学教育学部紀要』第 46 号、27-49 頁

馬場将光 (1982)「スコットランドにおける大学財政国庫補助の展開―経常的補助金
　　を中心に」『信州大学教育学部紀要』第 47 号、101-125 頁

馬場将光 (1983)「スコットランドにおける大学財政国庫補助の展開―資本的補助金
　　を中心に」『信州大学教育学部紀要』第 48 号、75-84 頁

馬場将光 (2008)『イギリスにおける大学財政国庫補助制度の展開』

Banks, O.L. (1954) 'Morant and the secondary school regulations of 1904'. *British Journal of Educational Studies*. Vol. 3, No. 1, pp.33-41

Barnes, Sarah V. (1996) 'England's Civic Universities and the Triumph of the Oxbridge Ideal'. *History of Education Quarterly*, Vol.36, No.3, pp.271-305

Bellot, Hugh Hale (1929) *University College, London: 1826-1926*. London: University of London Press

Ben-David, Joseph (1977) *Centers of Learning: Britain, France, Germany, United States*. New York: McGraw-Hill (＝ J. ベン＝デビッド (1982)『学問の府―原典としての英仏独米の大学―』天城勲訳、サイマル出版会)

Berdahl, Robert O. (1959) *British Universities and the State*. Berkley: University of California Press (2nd edition, New York: Arno Press, 1977.)

Berdahl, Robert O. (1963) 'University-State Relations Re-examined'. *Sociological Review*, Monograph No.7, University of Keele, pp.15-30

Berdahl, Robert O. (1990) 'Academic Freedom, Autonomy and Accountability in British Universities'. *Studies in Higher Education*. Vol.15, No.2, pp.169-180

Burns, J.H. (1962) *Jeremy Bentham and University College*. London: Athlone Press

Cardwell, D.S.L. (1972) *The Organisation of Science in England*. Revised ed. London: Heinemann Educational (＝ D.S.L. カードウェル (1989)『科学の社会史―イギリスにおける科学の組織化』宮下晋吉・和田武編訳、昭和堂)

Carswell, John (1985) *Government and the Universities in Britain: Programme and Performance 1960-1980*. Cambridge: Cambridge University Press

Chapman, Arthur W. (1955) *The Story of a Modern University: A History of the University of Sheffield.* London: Oxford University Press

C. シャルル・J. ヴェルジェ (2009)『大学の歴史』岡山茂・谷口清彦訳、白水社

G. クラーク (2007)「イギリス高等教育における質保証」吉川裕美子訳『大学評価・学位研究』第 6 号、3-24 頁

Dahrendorf, Ralf (1995) *LSE: A History of the London School of Economics and Political Science 1895-1995.* Oxford University Press

Dicey, Albert Venn (1887) *The Privy Council: The Arnold Prize Essay 1860.* London: Macmillan

Dodds, Harold W., Louis M. Hacker, and Lindsay Rogers (1952) *Government Assistance to Universities in Great Britain: Memoranda Submitted to the Commission on Financing Higher Education.* New York: Columbia University Press

Eaglesham, E. (1962) 'Implementing the education act of 1902'. *British Journal of Educational Studies.* Vol. 10, No. 2, pp. 153-175

Eaglesham, E.J.R. (1963) 'The centenary of Sir Robert Morant'. *British Journal of Educational Studies.* Vol. 12, No. 1, pp. 5-18

Eaglesham, E.J.R. (1967) *The Foundations of Twentieth-century Education in England.* Routledge & K. Paul

Engel, A. (1983) 'The English Universities and Professional Education'. in K.H. Jarausch (ed.) *The Transformation of Higher Learning, 1860-1930: Expansion, Diversification, Social Opening, and Professionalization in England, Germany, Russia, and the United States.* Chicago: University of Chicago Press, pp. 293-305 (= A. エンゲル (2000)「イングランドの大学と専門職教育」K. ヤーラオシュ編『高等教育の変貌 1860-1930―拡張・多様化・機会開放・専門職化―』望田幸男・安原義仁・橋本伸也監訳、昭和堂、289-303 頁)

R. イングリッシュ・M. ケニー編 (2008)『経済衰退の歴史学―イギリス衰退論争の諸相』川北稔訳、ミネルヴァ書房

Fitzroy, Sir Almeric (1925) *Memoirs.* Volume 1, London: Hutchinson

Fitzroy, Sir Almeric (1928) *The History of the Privy Council.* London: J. Murray

Flexner, Abraham (1930) *Universities: American, English, German.* Oxford Unviersity Press (= エイブラハム・フレックスナー (2005)『大学論―アメリカ・イギリス・ドイツ』坂本辰朗・渡辺かよ子・羽田積男・犬塚典子訳、玉川大学出版部)

Fry, Margery (1948) 'The University Grants Committee: An Experiment in Administration'. *Universities Quarterly.* Vol.2, pp.221-230

藤井泰 (1995)『イギリス中等教育制度史研究』風間書房

藤谷謙二 (1957)『イギリス国庫補助金の研究』法律文化社

福石賢一 (1996)「シドニー・ウェッブと世紀転換期のロンドンの技術教育」中国四国教育学会『教育学研究紀要』第 42 巻第 1 部、47-52 頁

福石賢一（1996）「現代英国におけるビジネス・エリートの変容と高等教育―高学歴化と専門的経営者の誕生」『広島大学教育学部紀要　第一部（教育学）』第 45 号、111-118 頁

福石賢一（1997）「ロンドン・スクール・オブ・エコノミクスの創設」『広島大学教育学部紀要　第一部（教育学）』第 46 号、91-99 頁

福石賢一（1998）「ロンドン・スクール・オブ・エコノミクスの創設とシドニー・ウェッブ―社会改革の手段としての経済学」大学史研究会『大学史研究』第 13 号、19-29 頁

福石賢一（1999）「二十世紀英国におけるビジネス・エリートの教育―パブリック・スクールか大学か？」中国四国教育学会『教育学研究紀要』第 45 巻第 1 部、107-112 頁

福石賢一（2001）「シドニー・ウエッブのロンドン大学改革構想」九州女子大学・九州女子短期大学英語・英文学会『九女英文学』第 31 号、19-35 頁

福石賢一（2002）「二十世紀英国における企業経営者の類型変化―社会移動と学歴」教育史学会『日本の教育史学』第 45 集、257-276 頁

福石賢一（2010）「実業界は大学に何を求めたのか―19 世紀後半から 20 世紀前半のイングランドにおける大学改革と実業界」『大学史研究』第 24 号、32-52 頁

福石賢一（2011）「ケンブリッジ大学工学優等学位コースの創設過程」中国四国教育学会『教育学研究紀要（CD-ROM 版）』第 57 巻、464-469 頁

Gibert, Julie S. （1994）'Women students and student life at England's civic universities before the First World War'. *History of Education*. Vol. 23, No. 4, pp. 405-422.

Gosden, P.H.J.H. （1962）'The Board of Education Act, 1899'. *British Journal of Educational Studies*. Vol. 11, No. 1, pp. 44-60

Green, V.H.H. （1969）*The Universities*. Harmondsworth: Pelican books（＝ V.H.H. グリーン（1994）『イギリスの大学―その歴史と生態―』安原義仁・成定薫訳、法政大学出版局）

秦由美子（2014）『イギリスの大学―対位線の転位による質的転換』東信堂

Harte, Negley and John North （1978）*The World of University College London, 1828-1978*. London: University College London

Harte, Negley （1986）*The University of London, 1836-1986: An Illustrated History*. London: Athlone Press

C. H. ハスキンズ（2009）『大学の起源』青木靖三・三浦常司訳、八坂書房

Heath, H. Frank （1928）'Lord Haldane: His Influence on Higher Education and on Administration'. *Public Administration: Journal of the Royal Institute of Public Administration*. Vol.vi, pp.350-360

土方苑子（2010）「『学校』と『学校でないもの』」『UP』39（1）、14-19 頁

広瀬裕子（2009）『イギリスの性教育政策史―自由化の影と国家「介入」』勁草書房

222

広瀬信 (2012)『イギリス技術者養成史の研究―技術者生成期から第 2 次世界大戦ま
　　で』風間書房

Hutchinson, Eric (1975) 'The Origins of the University Grants Committee'. *Minerva: A Review
　　of Science Learning and Policy*. Vol.xiii, No.4, pp.583-620.

兵頭泰三 (1965)「イギリスの大学補助金委員会制度」『京都大学教育学部紀要』第 11
　　号、135-151 頁

兵頭泰三 (1974)「イギリスの大学補助金委員会―ロビンズ報告以後」『国立教育研究
　　所紀要』第 85 集、3-34 頁

飯島宗一・戸田修三・西原春夫編 (1990)『大学設置・評価の研究』東信堂

Ives, E., D. Drummond, and L. Schwarz (2000) *The First Civic University: Birmingham 1880-1980:
　　An Introductory History*. Birmingham: The University of Birmingham

Jarausch, Konrad H. (ed.) (1983) *The Transformation of Higher Learning 1860-1930: Expansion,
　　Diversification, Social Opening, and Professionalization in England, Germany, Russia, and the
　　United States*. Chicago: University of Chicago Press (＝ K. ヤーラオシュ編 (2000)『高
　　等教育の変貌 1860-1930―拡張・多様化・機会開放・専門職化―』望田幸男・
　　安原義仁・橋本伸也監訳、昭和堂)

Jenkins, E.W. (1978) 'Science Education and the Secondary School Regulations, 1902-1909'.
　　Journal of Educational Administration and History. Vol.X, No.2, pp.31-38

Jones, David R. (1988) *The Origins of Civic Universities: Manchester, Leeds & Liverpool*. London:
　　Routledge

香川せつ子 (1986)「19 世紀後半イギリスにおける女子中等教育の発達」『西九州大
　　学・佐賀短期大学紀要』第 17 号、167-178 頁

香川せつ子 (1997)「19 世紀イギリスにおける大学教育の女性への開放―ロンドン大
　　学学位をめぐる確執」『西九州大学・佐賀短期大学紀要』第 27 号、101-111 頁

香川せつ子 (2004)「19 世紀イギリスの市民大学と女性の高等教育―女性教育団体の
　　活動を中心として」『西九州大学・佐賀短期大学紀要』第 34 号、71-81 頁

香川せつ子 (2010)「イギリスにおける女性のアカデミック・プロフェッションの生
　　成と初期の展開―1870 年から 1930 年までを中心に」『西九州大学子ども学部
　　紀要』No. 1 、37-48 頁

香川せつ子・河村貞枝編 (2008)『女性と高等教育―機会拡張と社会的相克』昭和堂

金子元久 (2013)『大学教育の再構築』玉川大学出版部

慶伊富長編 (1984)『大学評価の研究』東京大学出版会

Kimball, Bruce A. (1995) *Orators and Philosophers: A History of the Idea of Liberal Education*. New
　　York: The College Board

木村雄一 (2009)『LSE 物語―現代イギリス経済学者たちの熱き戦い』NTT 出版

Kluge, Alexander (1958) *Die Universitäts-Selbstverwaltung*. Klostermann (2nd edition, New York:
　　Arno Press, 1977)

Kogan, M. and S. Hanney（1999）*Reforming Higher Education.* London: Jessica Kingsley Publishers

髙妻紳二郎（1991）「イギリス高等教育に関わる国家政策の基盤形成―1919 年大学補助金委員会設置をめぐる史的系譜を中心に」『宮崎女子短期大学紀要』第 17 号、99-111 頁

髙妻紳二郎（2007）『イギリス視学制度に関する研究―第三者による学校評価の伝統と革新』多賀出版

Lockwood, J.F.（1957）'Haldane and Education'. *Public Administration: Journal of the Royal Institute of Public Administration.* Vol.xxxv, pp.232-244

Loder, Carl P.J.（ed.）（1990）*Quality Assurance and Accountability in Higher Education.* London: Kogan Page

Lowe, R.（1983）'The Expansion of Higher Education in England'. in *The Transformation of Higher Learning 1860-1930: Expansion, Diversification, Social Opening, and Professionalization in England, Germany, Russia, and the United States.* ed. by Jarausch, K. H. Chicago: University of Chicago Press, pp. 37-56（= R. ロウ（2000）「イングランドにおける高等教育の拡張」K. ヤーラオシュ編『高等教育の変貌 1860-1930―拡張・多様化・機会開放・専門職化―』望田幸男・安原義仁・橋本伸也監訳、昭和堂、29-50 頁）

Lowe, R.（1987）'Structural Change in English Higher Education'. in *The Rise of the Modern Educational System: Structural Change and Social Reproduction, 1870-1920.* eds. by Müller, D.K., Ringer, F. and Simon, B. Cambridge: Cambridge University Press, pp. 163-178（= R. ロー（1989）「高等教育における構造変動　1870-1920 年」D.K. ミュラー・F. リンガー・B. サイモン編『現代教育システムの形成―構造変動と社会的再生産　1870-1920』望田幸男監訳、晃洋書房、223-246 頁）

Marriott, S.（1983）'The Whisky Money and the University Extension Movement: "Golden Opportunity" or "Artificial Stimulus"?', *Journal of Educational Administration and History,* Vol.15, No.2, pp.7-15

松井一麿（2008）『イギリス国民教育に関わる国家関与の構造』東北大学出版会

松本純（1996）「イギリス産業革命像の再検討―ルービンステインの所説を中心に」『商学研究論集』第 4 号、283-298 頁

松本純（1997）「19 世紀イギリス産業社会における制度的硬直性―技術教育を中心に」『商学研究論集』第 6 号、287-302 頁

松本純（1998）「世紀転換期イギリスにおける科学・技術教育と企業家の対応―市民大学の分析を中心に」『商学研究論集』第 9 号、97-113 頁

松本純（1999）「イギリス経済の盛衰と教育制度」『商学研究論集』第 10 号、73-85 頁

松本純（1999）「19 世紀末ロンドン商業会議所による実学教育の取り組み」『日英教育研究フォーラム』第 3 号、104-112 頁

松本純 (1999)「19 世紀末ロンドン製造業者による技術教育への覚醒―『技術教育に関する王立委員会』および全国技術教育振興協会の活動を中心に」『商学研究論集』第 11 号、1-14 頁

松本純 (2000)「19 世紀後半ロンドン製造業とその技術教育振興活動の展開」『商学研究論集』第 12 号、35-49 頁

松本純 (2001)「19 世紀末イギリス中小商工業者に対する技術教育振興活動の試み―ロンドン・シティ・ギルド協会の活動を中心に」『経営史学』第 36 巻第 1 号、48-70 頁

松本純 (2002)「19 世紀末ロンドンにおけるリヴァリ・カンパニーの技術教育振興策―王立委員会の分析を中心として」『松山大学論集』第 14 巻第 3 号、87-112 頁

松本純 (2003)「19 世紀末イギリスにおける商業教育振興活動の展開―ロンドン商業会議所商業教育委員会の活動を中心に」『松山大学論集』第 15 巻第 3 号、65-83 頁

松本純 (2005)「イギリスにおける実業教育振興の萌芽と市民大学設立運動」『松山大学論集』第 16 巻第 6 号、41-69 頁

松本純 (2006)「技術教育の日英交流に関する史的考察」『経済集志』第 76 巻第 3 号、343-354 頁

松本純 (2010)「先発工業国家における組織間ネットワークの形成―19 世紀末～ 20 世紀初頭イギリスの事例」『経済集志』第 79 巻第 4 号、405-413 頁

松本純 (2011)「産官学ネットワーク形成における先進・後進―19 世紀末～ 20 世紀初頭の日本とイギリス」『組織流動化時代の人的資源開発に関する研究』産業経営プロジェクト報告書、第 34-2 号、24-32 頁

三笠乙彦 (1966)「初期フェビアン協会の教育への接近―1902 年教育改革へのその収束」『教育学研究』第 32 号第 4 巻、12-20 頁

三笠乙彦 (1966)「イギリス 1902 年教育改革の基本的性格について―帝国主義的政策推進者グループの役割をてがかりに」『東京教育大学教育学研究集録』第 5 号、15-22 頁

三笠乙彦 (1968)「初期オーエン教育思想の研究視角について―とくに教育における「歴史と理論」への手がかりとして」『東京教育大学教育学研究集録』第 7 号、81-88 頁

三笠乙彦 (1971)「フェビアン協会とロンドン教育―フェビアニズムの「都市社会主義」段階における教育把握をめぐって」『東京学芸大学紀要　第 1 部門　教育科学』第 22 号、40-55 頁

三笠乙彦 (1976)「近代公教育の論理―教育の私事性原則との関連において」『東京学芸大学紀要第 1 部門　教育科学』第 27 号、165-182 頁

J.S. ミル (2011)『大学教育について』竹内一誠訳、岩波書店

宮腰英一 (1989)「19 世紀イギリスのリベラル・エデュケーション論争—産業社会におけるその存在意義をめぐって」『東北大学教育学部研究年報』第 37 集、21-45 頁

宮腰英一 (2000)『十九世紀英国の基金立文法学校—チャリティの伝統と変容』創文社

望田研吾 (1996)『現代イギリスの中等教育改革の研究』九州大学出版会

Moodie, Graeme（1983）'Buffer, Coupling, and Broker: Reflections on 60 Years of the UGC'. *Higher Education*. Vol.12, pp.331-347

Moodie, Graeme C.（1996）'On Justifying the Different Claims to Academic Freedom'. *Minerva*. Volume 34, Number 2, pp. 129-150

森川泉 (1997)『イギリス中等教育行政史研究』風間書房

Morris, J.（1978）*The Oxford Book of Oxford*. Oxford: Oxford University Press.

Mountford, Sir James（1966）*British Universities*. London: Oxford University Press

Müller, Detlef K., Fritz Ringer, and Brian Simon（eds.）（1987）*The Rise of the Modern Educational System: Structural Change and Social Reproduction, 1870-1920*. Cambridge: Cambridge University Press（＝ D.K. ミュラー・F. リンガー・B. サイモン編 (1989)『現代教育システムの形成—構造変動と社会的再生産　1870-1920』望田幸男監訳、晃洋書房）

村岡健次 (1980)『ヴィクトリア時代の政治と社会』ミネルヴァ書房

村岡健次 (2002)『近代イギリスの社会と文化』ミネルヴァ書房

Murray, Gilbert（1940）*Herbert Albert Laurens Fisher, 1865-1940*. London: H. Milford

Murray, Gilbert（1940）*H.A.L. Fisher: Memorial*. Oxford: University Press

中村勝美 (2010)「イングランドの学士課程教育と教養教育理念—19 世紀大学改革を中心として」『西九州大学子ども学部紀要』第 2 号、27-36 頁

中村勝美 (2013)「19 世紀イングランドにおける大学改革と教養教育をめぐる論争」『大学史研究』第 25 号、4-23 頁

中村勝美 (2014)「大学の歴史を大学教育の視点から考える—イギリスの大学教育改革の歴史から」『日本の教育史学』第 57 集、128-133 頁

中村勝美 (2015)「イングランドの大学における連合制原理に関する歴史的考察」『広島女学院大学人間生活学部紀要』第 2 号、71-76 頁

中村勝美 (2016)「イギリスにおける市民大学の誕生と学士課程教育の理念—バーミンガム大学の成立過程を中心に」『広島女学院大学人間生活学部紀要』第 3 号、39-47 頁

中村勝美 (2020)「イングランドにおける中等学校修了資格試験の成立過程 —SCE を中心として」『広島女学院大学人間生活学部紀要』第 7 号、39-49 頁

成田克矢 (1966)『イギリス教育政策史研究』御茶の水書房

Neave, Guy（1980）'Accountability and Control'. *European Journal of Education*. Vol.15, No.1,

226

pp.49-60

Neave, Guy（1988）'On the Cultivation of Quality, Efficiency and Enterprise: an Overview of Recent Trends in Higher Education in Western Europe, 1986-1988'. *European Journal of Education*. Vol.23, Nos1/2, pp.7-23

Ogg, David（1947）*Herbert Fisher, 1865-1940: A Short Biography*. London: E. Arnold

岡田与好（1975）『独占と営業の自由―ひとつの論争的研究』木鐸社

沖清豪（1997）「アカウンタビリティ（社会的説明責任）の観点からみた大学評価に関する考察」『国立教育研究所研究集録』第 34 号、1-15 頁

沖清豪（1998）「転換するイギリスの高等教育」『教育と情報』第 482 号、第一法規出版、48-51 頁

大中勝美（1995）「オックスフォード大学における近代史優等学位試験の成立」中国四国教育学会『教育学研究紀要』第 40 巻第 1 部、71-76 頁

大中勝美（1996）「ケンブリッジ大学における歴史学優等学位コースの成立」中国四国教育学会『教育学研究紀要』第 41 巻第 1 部、128-133 頁

大中勝美（1996）「マンチェスター大学歴史学科の成立過程」『大学史研究』第 12 号、68-77 頁

大中勝美（1997）「19 世紀末ロンドン大学改革と歴史学教育―ロイヤル・ホロウェイ・カレッジを事例として」中国四国教育学会『教育学研究紀要』第 43 巻第 1 部、308-313 頁

大中勝美（2001）「20 世紀初頭イギリスにおける歴史教育―イギリス歴史協会を中心として」『日本の教育史学』第 44 集、170-188 頁

大中勝美（2002）「資料 The Teachers of Modern History at the University of Oxford, 1870-1914（19 世紀オックスフォード大学の近代史教師たち）」『西九州大学・佐賀短期大学紀要』第 32 号、77-93 頁

大田直子（1992）『イギリス教育行政制度成立史―パートナーシップ原理の誕生』東京大学出版会

大田直子（1992）「サッチャー政権下の教育改革」森田尚人他編『教育研究の現在』世織書房

大田直子（1995）「『秘密の花園』の終焉―イギリスにおける教師の教育の自由について」『人文学報』第 259 号、100-131 頁

大田直子（1996）「イギリス 1944 年教育法再考―戦後教育史研究の枠組みを越えて」『人文学報』第 270 号、127-151 頁

大田直子（1998a）「もう一つの教育行政制度原理―英国中産階級のための教育行政制度構想」『人文学報』第 289 号、39-64 頁

大田直子（1998b）「サッチャリズムの教育改革」鮎川潤他『世界の教育改革』岩波書店

大田直子（2002）「イギリスの教育改革―『福祉国家』から『品質保証国家』へ」『現代

思想』第 30 巻第 5 号、青土社、220-232 頁

大田直子（2003）「評価の政策史―イギリスの経験」『教育社会学研究』第 72 集、21-36頁

大田直子（2010）『現代イギリス「品質保証国家」の教育改革』世織書房

Owen, Tom（1980）'The University Grants Committee'. *Oxford Review of Education*. Vol.6, No.3, pp.255-278

Patterson, A.T.（1962）*The University of Southampton: A Centenary History of the Evolution and Development of the University of Southampton, 1862-1962*. University of Southampton

J. ペリカン（1996）『大学とは何か』田口孝夫訳、法政大学出版局

Perkin, H.J.（1969）*New Universities in the United Kingdom*. Paris: O.E.C.D.（＝ H. パーキン（1970）『イギリスの新大学―大学問題シリーズ 7』新堀通也監訳、東京大学出版会）

Perkin, H.（1983）'The Pattern of Social Transformation in England'. in K.H. Jarausch（ed.）*The Transformation of Higher Learning 1860-1930: Expansion, Diversification, Social Opening, and Professionalization in England, Germany, Russia, and the United States*. Chicago: University of Chicago Press, pp. 207-218（＝ H. パーキン（2000）「イングランド社会の変貌のパターン」K. ヤーラオシュ編『高等教育の変貌 1860-1930―拡張・多様化・機会開放・専門職化―』望田幸男他訳、昭和堂、203-216 頁）

Perkin, H.（1989）*The Rise of Professional Society: England since 1880*. London: Routledge

H. パーキン（1998）『イギリス高等教育と専門職社会』有本章・安原義仁編訳、玉川大学出版部

Petch, J.A.（1953）*Fifty Years of Examining: The Joint Matriculation Board, 1903-1953*. London: George G. Harrap

H.W. プラール（1988）『大学制度の社会史』山本尤訳、法政大学出版局

Pritchard, Rosalind M.O.（1998）'Academic Freedom and Autonomy in the United Kingdom and Germany'. *Minerva*. Volume 36, Number 2, pp. 101-124

H. ラシュドール（1966-1968）『大学の起源―ヨーロッパ中世大学史』全 3 巻、横尾壮英訳、東洋館出版社

Roderick, G. and M. Stephens（1974）'Scientific Studies and Scientific Manpower in the English Civic Universities 1870-1914'. *Social Studies of Science*. Vol. 4, pp. 41-63

Rothblatt, S.（1983）'The Diversification of Higher Education in England'. in K.H. Jarausch（ed.）*The Transformation of Higher Learning 1860-1930: Expansion, Diversification, Social Opening, and Professionalization in England, Germany, Russia, and the United States*. Chicago: University of Chicago Press, pp. 131-148（＝ S. ロスブラット（2000）「イングランドにおける高等教育の多様化」K. ヤーラオシュ編『高等教育の変貌 1860-1930―拡張・多様化・機会開放・専門職化―』望田幸男・安原義仁・橋本伸也監訳、昭和堂、123-143 頁）

Rothblatt, S. (1987) 'The federal principle in higher education'. *History of Education*, Vol.16, No.3, pp.151-180

Rubinstein, W.D. (1993) *Capitalism, Culture, and Decline in Britain, 1750-1990*. London: Routledge (= W.D. ルービンステイン (1997)『衰退しない大英帝国―その経済・文化・教育 1750-1990』藤井泰・平田雅博・村田邦夫・千石好郎訳、晃洋書房)

崎谷康文 (1975)『英国の大学行政―大学補助金委員会 (UGC) の歴史 1919-1972 ―』XXX (= Sakitani, Yasufumi (1975) *The Development in Function and Attitude of the University Grants Committee 1919-1972*. XXX)

Salter, B. and T. Tapper (1994) *The State and Higher Education*. Ilford: The Woburn Press

Sanderson, M. (1972) *The Universities and British Industry, 1850-1970*. London: Routledge & Kegan Paul

Sanderson, M. (ed.) (1975) *The Universities in the Nineteenth Century*. London: Routledge & Kegan Paul (= M. サンダーソン (2003)『イギリスの大学改革 1809-1914』安原義仁訳、玉川大学出版部)

Sanderson, M. (1983) *Education, Economic Change, and Society in England, 1780-1870*. London: Macmillan Press (= M. サンダソン (1993)『教育と経済変化―1780-1870 年のイングランド』原剛訳、早稲田大学出版部)

Sanderson, M. (1987) *Educational Opportunity and Social Change in England*. London: Faber

Sanderson, M. (1988) 'The English Civic Universities and the 'Industrial Spirit', 1870-1914'. *Historical Research*. Vol. 61, Issue 144, pp. 90-104

Sanderson, M. (1988) 'Education and Economic Decline, 1890-1980s'. *Oxford Review of Economic Policy*. Vol. 4, Issue 1, pp. 38-50

Sanderson, M. (1999) *Education and Economic Decline in Britain, 1870 to the 1990s*. Cambridge: Cambridge University Press (= マイケル・サンダーソン (2010)『イギリスの経済衰退と教育―1870-1990s』安原義仁, 藤井泰, 福石賢一監訳、晃洋書房)

関嘉彦 (責任編集) (1967)『ベンサム J.S. ミル―世界の名著 38』中央公論社

Selby-Bigge, Sir L.A. (1927) *The Board of Education*. London: G.P. Putnam

Sharp, P.R. (1968) 'The Entry of County Councils into English Educational Administration, 1889', *Journal of Educational Administration and History*, Vol.1, No.1, pp.14-21

Sharp, P.R. (1971) '"Whisky Money" and the Development of Technical and Secondary Education in the 1890s', *Journal of Educational Administration and History*, Vol.4, No.1, pp.31-6

Shattock, Michael, and Robert Berdahl (1984) 'The British University Grants Committee 1919-83: Changing Relationships with Government and the Universities'. *Higher Education*. Vol.13, No.2, pp.471-499

Shattock, Michael (1994) *The UGC and the Management of British Universities*. Buckingham: SRHE and Open University Press

Shattock, Michael（ed.）（1996）*The Creation of a University System*. Oxford: Blackwell Publishers

Shattock, Michael（2012）*Making Policy in British Higher Education: 1945-2011*. Maidenhead: Open University Press

島田雄次郎 (1964)『ヨーロッパの大学』至文堂 (復刻版：玉川大学出版部、1990 年)

島田雄次郎 (1967)『ヨーロッパ大学史研究』未來社

新堀通也 (1977)「アクレディテーションとアメリカの高等教育」天城勲・慶伊富長編『大学設置基準の研究』東京大学出版会、35-75 頁

Shinn, Christine H.（1980）'The Beginnings of the University Grants Committee'. *Journal of the History of Education*. Vol.9, No.3, pp.233-243

Shinn, Christine H.（1986）*Paying the Piper: The Development of the University Grants Committee 1919-1946*. London: The Falmer Press

Silver, H.（1996）'External Examining in Higher Education: A Secret History', in R. Aldrich（ed.）*In History and in Education: Essays presented to Peter Gordon*. London: Routledge

Silver, Harold（2003）*Higher Education and Opinion Making in Twentieth-Century England*. London: Woburn Press

Simon, E.（1946）'The Universities and the Government', *Universities Quarterly*, Vol.1, pp.79-95

Somerset, E.J.（1934）*The Birth of a University: A passage in the life of E.A. Sonnenschein*. Oxford: Blackwell

空本和助 (1969)『イギリス教育制度の研究』御茶の水書房

Stephens, Michael D., and Gordon W. Roderick,（eds.）（1978）*Higher Education Alternatives*. London: Longman Group Limited

菅野芳彦 (1978)『イギリス国民教育制度史研究』明治図書

皇至道 (1955)『大学制度の研究』柳原書店

Tapper, T. and B. Salter（1992）*Oxford, Cambridge and the Changing Idea of the University: the challenge to donnish domination*. Buckingham: Open University Press

Tattersall, K.（2007）'A Brief History of Policies, Practices and Issues Relating to Comparability', in P. Newton, J. Baird, H. Goldstein, H. Patrick and P. Tymms（eds.）*Techniques for Monitoring the Comparability of Examination Standards*. Qualifications and Curriculum Authority

寺﨑昌男 (1979)『日本における大学自治制度の成立』評論社 (増補版：2000 年)

Trowler, Paul R.,（ed.）（2002）*Higher Education Policy and Institutional Change: Intentions and Outcomes in Turbulent Environments*. Buckingham: SRHE and Open University Press

角替弘規 (1999)「イギリスにおける大学の大衆化と大学評価」『桐蔭論叢』第 6 号、93-106 頁

角替弘規 (2002)「イギリス高等教育改革と質の評価」『桐蔭論叢』第 9 号、97-107 頁

角替弘規 (2002)「教育機関としての大学の課題」『桐蔭論叢』第 9 号、108-115 頁

角替弘規 (2003)「イギリス高等教育の今日的状況と今後の課題―市場化と機能分化

の帰結」『桐蔭論叢』第 10 号、42-53 頁

Tweedale, G.（1986）'Metallurgy and Technological Change: A Case Study of Sheffield Specialty Steel'. *Technology and Culture*

上田学（2009）『日本と英国の私立学校』玉川大学出版部

梅根悟監修（1974）『世界教育史大系 7　イギリス教育史 I 』講談社

梅根悟監修（1974）『世界教育史大系 8　イギリス教育史 II 』講談社

梅根悟監修（1974）『世界教育史大系 26　大学史 I 』講談社

梅根悟監修（1974）『世界教育史大系 27　大学史 II 』講談社

梅根悟監修（1976）『世界教育史大系 29　教育財政史』講談社

University Man（1851）*The Public Right to the Universities*. London: Benjamin L. Green

Vernon, Keith（1998）'Civic Colleges and the Idea of the University', in Martin Hewitt（ed.）*Scholarship in Victorian Britain(Leeds Working Papers in Victorian Studies)*, pp.41-52

Vernon, Keith（2001）'Calling the tune: British universities and the state, 1880-1914'. *History of Education*. Vol.30, No.3, pp.251-271

Vernon, Keith（2004）*Universities and the State in England: 1850-1939*. London: Routledge Falmer

Vincent, E.W., and P. Hinton（1947）*The University of Birmingham: Its History and Significance*. Birmingham: Cornish Brothers

Warner, David, and David Palfreyman,（eds.）（2001）*The State of UK Higher Education: Managing Change and Diversity*. Buckingham: SRHE and Open University Press

White, R.（1986）'The anatomy of a Victorian debate: An essay in the history of liberal education'. *British Journal of Educational Studies*. Vol.34, No.1, pp.38-65

Wiener, M.J.（1981）*English Culture and the Decline of the Industrial Spirit, 1850-1980*. Cambridge: Cambridge University Press（＝ M.J. ウィーナ（1984）『英国産業精神の衰退―文化史的接近』原剛訳、勁草書房）

Wood A.C.（1953）*A History of The University College Nottingham 1881-1948*. Oxford: B.H. Blackwell Ltd.

山本敏夫・山崎恒夫（1958）「イギリスの教育と大学」大学基準協会編『外国における大学教育』大学基準協会、350-403 頁

山村滋（1988）「スクール・サーティフィケートにおける中等教育『修了』の意味―スクール・サーティフィケート成立時までに限定して」『京都大学教育学部紀要』第 34 号、231-242 頁

柳田雅明（2004）『イギリスにおける「資格制度」の研究』多賀出版

安原義仁（1990）「イギリス高等教育の水準維持方式―学外試験委員の役割」『高等教育研究紀要』第 11 号、47-55 頁

安原義仁（1990）「第 4 章イギリス高等教育の水準維持方式―学位授与審議会の役割とその変化」飯島宗一・戸田修三・西原春夫編『大学設置・評価の研究』東信堂、71-89 頁

安原義仁 (1997)「イギリスの大学・高等教育改革―ロビンズ改革から 1992 年高等教育・継続教育法へ」『IDE 現代の高等教育』第 385 号、民主教育協会、28-33 頁

安原義仁 (1999)「第 5 章 イギリス―教育評価を中心に」『高等教育研究紀要』第 17 号、高等教育研究所、68-83 頁

安原義仁 (2000)「イギリス高等教育の量的拡大とその影響」『文部時報』第 1483 号、24-27 頁

安原義仁 (2000)「高等教育改革に関する日英比較研究」『日英教育研究フォーラム』第 4 号、35-42 頁

安原義仁 (2001)「近代オックスフォード大学の教育と文化―装置とエートス」橋本伸也・藤井泰・渡辺和行・進藤修一・安原義仁『エリート教育』ミネルヴァ書房

安原義仁 (2008)『イギリスの大学・高等教育機関の設置形態に関する歴史的研究』(平成 17 年度～平成 19 年度科学研究費補助金 (基盤研究 C) 研究成果報告書)

安原義仁 (2012)「日英高等教育の比較考察―質と水準の保証に着目して」『日英教育研究フォーラム』第 16 号、5-25 頁

安原義仁・R. ロウ (2018)『「学問の府」の起源―知のネットワークと「大学」の形成』知泉書館

安原義仁 (2021)『イギリス大学史―中世から現代まで』昭和堂

横尾壮英・近藤春生 (1973)「ある大学改革の先例―イギリスの場合」『大学論集』第 1 集、37-51 頁

横尾壮英 (1975)「イギリスの大学勅許状 (ロイヤル・チャーター) と設立方式に関する断章」『大学論集』第 3 集、60-73 頁

横尾壮英 (1977)「ヨーロッパの大学とチャータリング」天城勲・慶伊富長編『大学設置基準の研究』東京大学出版会、7-34 頁

横尾壮英 (1985)『ヨーロッパ大学都市への旅―学歴文明の夜明け』リクルート出版部

横尾壮英 (1999)『大学の誕生と変貌―ヨーロッパ大学史断章』東信堂

米川英樹 (1997)「イギリスにおける大学入試制度の変容」『IDE 現代の高等教育』第 385 号、民主教育協会、63-68・72 頁

米川英樹 (1998)「イギリスの入試制度改革とそのインパクト」鮎川潤他『世界の教育改革』岩波書店

吉永契一郎 (2011)「ジョン・ヘンリ・ニューマンの『大学論』」『大学論集』第 42 集、265-278 頁

あとがき

　本書は、2016年3月に東京大学大学院教育学研究科に提出し、同年12月に博士（教育学）の学位を授与された博士論文「イギリス大学制度成立過程の研究 —— 国庫補助金交付運動から UGC 設立まで ——」に加筆修正を加えたものである。なお、本書のもとになった研究は、科学研究費補助金（24830038、15K17342、19K14111）の助成を受けた。

　本研究は、通説に対して抱いた素朴な疑問から始まった。先行研究において、しばしば言及されているが十分には取り上げられていない一次資料を一から読み直すことにした。本当に手探りで、今思えばほとんど無謀とも思える研究の進め方であった。紆余曲折を経て、一次資料を読み進めていくうちに、当時の関係者たちがどのような議論を行っていたのか、何を課題としていたのかが徐々に見えてきた。当初私がやりたいと考えていたことは、国家と大学の理想的関係として強調されている通説に対する反証であったが、むしろ、国家と大学との関係は、公教育制度の成立との関係の中で理解するべきなのではないかと考えるようになった。一次資料に導かれながら何とか一つの研究としてまとめることができたように思う。

　指導教員の勝野正章先生は、大学院進学以降、やりたいこと、研究したいことは漠然とあるもののそれを形にすることに困難を抱えていた私に対して、辛抱強く見守ながら、いつも温かな支援をしてくださった。一方で研究上の課題を鋭く指摘し、ご指導くださった。先生にはご心配をおかけしてばかりであったが、何とか形にまとめることができてほっとしている。

　また、博士論文の副査として審査してくださった先生方にも感謝申し上げたい。大桃敏行先生からは大学院でのゼミなどを通じて、海外の事例を歴史的に研究する際の視点や方法についてご指導いただいた。博士論文をまとめる最終段階で先生からいただいたコメントをもとに大幅に書き直しをしたことで、本書の課題意識をより明確にすることができたのではないかと考えて

234

いる。小玉重夫先生には修士論文の主査をお引き受けいただいたことに続いて博士論文の審査に際してもご指導を賜ることができた。修士論文執筆時より先生からご指摘いただいていた理論的視点について、その重要性を論文完成直前に痛感することになったのであるが、本書では十分に論じることができなかったことは心残りである。それはひとえに私の力不足によるものであるが、今後の課題として引き続き研究していきたい。橋本鉱市先生、福留東土先生からは、高等教育研究の視点から有益なコメントを頂戴した。本研究は教育行政学としての高等教育史研究というスタンスであるために、オーソドックスな大学史研究でも、高等教育研究でもない部分があるが、そうした異色の研究であるにもかかわらず筆者の問題関心に沿ってご指導くださったことがとてもありがたく、また今後の研究につながっていくものであった。

　また、小川正人先生はお目にかかるといつも気さくに言葉をかけてくださり、研究をうまくまとめられず焦っている私にとっては大変な励みになった。今になって改めて先生のコメントを思い返し、教育行政学の観点から高等教育の研究を進めていきたいとの思いを強くしている。村上祐介先生は、草稿の段階でコメントを頂戴した際、荒削りな草稿であったにもかかわらず整理しきれていない部分を明快にご指摘くださった。何とか目標に定めた期日までに提出することができたのは先生のコメントの賜物である。

　大田直子先生には、イギリスの教育に関する一次資料の調べ方や収集方法についてご教示いただき、歴史的研究の進め方についてご指導いただいた。先生のご指導なくしては、歴史研究の手法で研究を進めることは不可能であった。黒崎勲先生には、論文とは何か、研究をするとはいかなることであるのかについて、ご指導いただいた。両先生に直接本書をご覧いただけないことは大変残念であるが、両先生から学んだことを胸に、これからも研究に邁進していきたい。

　セントラル・ランカシャー大学 (University of Central Lancashire) のキース・ヴァーノン博士 (Dr. Keith Vernon) は、イギリスの大学を制度の視点から研究するということについて、丁寧なアドバイスをくださった。研究を進めていく上で行き詰まっている点について相談した際、ヴァーノン博士がその方向

性でよいのではと後押ししてくださったことは、その後の研究の支えになった。

　イギリス調査の際には、イギリス公文書館や大英図書館、各大学図書館のアーカイブ資料室のお世話になった。各大学図書館のアーカイブ資料室では、ほぼいつも利用者は一人という状況の中で黙々と資料を閲覧・複写していたが、あるときアーキビストの方に「遠慮しないでここにあるものはどんどん使ってやりなさい」と言われて励まされたことが特に印象に残っている。また、足繁く通ったイギリス公文書館では、人種や年齢、そしておそらく職業も異なる実に多様な人々がリーディング・ルームで資料を閲覧していたことを懐かしく思い出す。

　そのほか、すべてのお名前を挙げることは叶わないものの、本研究を進めるにあたっては、多くの方々からのご指導とご支援を賜った。

　東信堂の下田勝司社長は、かなりタイトなスケジュールで、無理なお願いにもかかわらず快く出版をお引き受けくださった。心より御礼申し上げたい。

　最後に、長い学生生活を支えてくれた父と母、そして公私にわたっていつもそばにいてくれる夫に感謝を伝えたい。

　2021 年 10 月

山崎智子

事項索引

人名索引

著者紹介

山崎　智子（やまざき　ともこ）

北海道教育大学准教授。東京大学大学院教育学研究科博士課程修了。博士（教育学）。福井大学特命助教、同専任講師、南山大学専任講師を経て、2019 年 10 月より現職。

主な著書・論文

『英国の教育』（共著、東信堂、2017 年）、『教育の法制度と経営』（共著、学文社、2020 年）、「イングランド教員養成における Ofsted 査察の現代的位置づけ—'School Direct'の質保証に注目して—」『日英教育研究フォーラム』（Vol. 20、2016 年）、「イングランド教員養成政策における『学校ベース』の含意の変容—『技能職』と『専門職』をめぐるダイナミクス—」『比較教育学研究』（第 54 号、2017 年）、「イングランド大学制度成立期における『大学』理念の再考—組織形態と教育内容に注目して—」『教育学研究』（第 88 巻第 3 号、2021 年）。

The History of British University System:
The Dynamism of the Relationship between the State and Universities

イギリス大学制度成立史——国家と大学のダイナミズム

2021 年 11 月 30 日　　初　版第 1 刷発行　　　　　　　　　　〔検印省略〕
定価はカバーに表示してあります。

著者ⓒ山崎智子／発行者　下田勝司　　　　　　　　　印刷・製本／中央精版印刷

東京都文京区向丘 1-20-6　　郵便振替 00110-6-37828
〒 113-0023　TEL (03) 3818-5521　FAX (03) 3818-5514　　　発 行 所
株式会社 東信堂
Published by TOSHINDO PUBLISHING CO., LTD.
1-20-6, Mukougaoka, Bunkyo-ku, Tokyo, 113-0023, Japan
E-mail : tk203444@fsinet.or.jp　http://www.toshindo-pub.com

ISBN978-4-7989-1743-6　C3037　ⓒ YAMAZAKI, Tomoko

東信堂

大学の自己変革とオートノミー —点検から創造へ ……… 寺﨑昌男 二五〇〇円
大学教育の創造 —歴史・システム・カリキュラム ……… 寺﨑昌男 二五〇〇円
大学教育の可能性 —教養教育・評価・実践 ……… 寺﨑昌男 二五〇〇円
大学は歴史の思想で変わる —FD・評価・私学 ……… 寺﨑昌男 二八〇〇円
大学改革 その先を読む ……… 寺﨑昌男 二八〇〇円
大学自らの総合力 —理念とSD そしてFD ……… 寺﨑昌男 一三〇〇円
大学自らの総合力II —大学再生への構想力 ……… 寺﨑昌男 二四〇〇円
21世紀の大学：職員の希望とリテラシー ……… 寺﨑昌男・立教学院職員研究会 編著 二五〇〇円
ミッション・スクールと戦争 —立教学院のディレンマ ……… 老川慶喜編 五八〇〇円
一貫連携英語教育をどう構築するか —「道具」としての英語観を超えて ……… 前田一男編 一八〇〇円
英語の一貫教育へ向けて ……… 立教学院英語教育研究会編 二八〇〇円

イギリス大学制度成立史 —国家と大学のダイナミズム ……… 山崎智子 三二〇〇円
イギリスの大学 —対位線の転移による質的転換 ……… 秦由美子 五八〇〇円
イギリス大学経営人材の養成 ……… 高野篤子 二七〇〇円
英国の教育 ……… 日英教育学会編 三四〇〇円
チュートリアルの伝播と変容 —イギリスからオーストラリアの大学へ ……… 竹腰千絵 二八〇〇円
[第三版]オーストラリア・ニュージーランドの教育 —グローバル社会を生き抜く力の育成に向けて ……… 青木麻衣子・佐藤博志 編著 二〇〇〇円
戦後オーストラリアの高等教育改革研究 ……… 杉本和弘 五八〇〇円
国立大学法人の形成 ……… 大﨑仁 二六〇〇円
国立大学・法人化の行方 —自立と格差のはざまで ……… 天野郁夫 三六〇〇円
日本の大学経営 —自律的・協働的改革をめざして ……… 両角亜希子 三九〇〇円
私立大学の経営と拡大・再編 —一九八〇年代後半以降の動態 ……… 両角亜希子 四二〇〇円
学長リーダーシップの条件 ……… 両角亜希子編著 二六〇〇円
教職協働による大学改革の軌跡 ……… 村上雅人 二四〇〇円

〒113-0023 東京都文京区向丘1-20-6
TEL 03-3818-5521 FAX03-3818-5514 振替 00110-6-37828
Email tk203444@fsinet.or.jp URL:http://www.toshindo-pub.com/
※定価：表示価格（本体）＋税

東信堂

旧制東京高等師範学校及び東京文理科大学八〇年のあゆみ ──大学の未来と理想の人間像を求めた人々	山田宣夫	一四〇〇円
大学教育の在り方を問う	山田宣夫	二三〇〇円
転換期を読み解く ──潮木守一時評・書評集	山田宣夫	二六〇〇円
大学再生への具体像〔第2版〕──潮木守一時評・書評集	潮木守一	二四〇〇円
フンボルト理念の終焉?──現代大学の新次元	潮木守一	二五〇〇円
大学史をつくる ──沿革史編纂必携	寺﨑昌男編著	五〇〇〇円
新版 昭和教育史 ──天皇制と教育の史的展開	別府昭郎編著	一八〇〇円
近代日本の英語科教育史 ──職業系諸学校による英語教育の大衆化過程	中野実	一八〇〇円
空間と時間の教育史 ──アメリカの学校建築と授業時間割からみる	久保義三	三八〇〇円
文字と音声の比較教育文化史研究	江利川春雄	三八〇〇円
アメリカ進歩主義教授理論の形成過程 ──教育における個性尊重は何を意味してきたか	添田晴雄	四八〇〇円
大正新教育の実践 ──交響する自由へ	宮本健市郎	三九〇〇円
大正新教育の受容史	宮本健市郎	七六〇〇円
大正新教育の思想 ──生命の躍動	橋本美保編著	四二〇〇円
人格形成概念の誕生 ──近代アメリカの教育概念史	田中智志	三七〇〇円
社会性概念の構築 ──アメリカ進歩主義教育の概念史	田中智志	四八〇〇円
グローバルな学びへ ──協同と刷新の教育	田中智志編著	三六〇〇円
学びを支える活動へ ──存在論の深みから	田中智志編著	三八〇〇円
アメリカ公立学校の社会史 ──コモンスクールからNCLB法まで	田中智志編著	二〇〇〇円
アメリカ 間違いがまかり通っている時代 ──公立学校の企業型改革への批判と解決法	小川佳万・浅沼茂監訳 W・J・リース著	四六〇〇円
教育による社会的正義の実現 ──(一九四五-一九八〇)	D・ラヴィッチ著 末藤美津子訳	三八〇〇円
学校改革抗争の100年 ──20世紀アメリカ教育史	D・ラヴィッチ著 末藤美津子訳	五六〇〇円
	末藤・宮本・佐藤訳 D・ラヴィッチ著	六四〇〇円

〒113-0023　東京都文京区向丘 1-20-6　　TEL 03-3818-5521　FAX03-3818-5514　振替 00110-6-37828
Email tk203444@fsinet.or.jp　URL:http://www.toshindo-pub.com/

※定価：表示価格（本体）＋税